Direito Civil-Constitucional e Teoria do Caos

Estudos Preliminares

A769d Aronne, Ricardo

Direito Civil-Constitucional e teoria do caos: estudos preliminares/ Ricardo Aronne. – Porto Alegre: Livraria do Advogado Ed., 2006.
211 p.; 23 cm

ISBN 85-7348-430-6

1. Direito Civil. 2. Direito Constitucional. 3. Teoria do Direito I. Título.

CDU - 347

Índices para o catálogo sistemático:

Direito Civil
Direito Constitucional
Teoria do Direito

(Bibliotecária responsável: Marta Roberto, CRB-10/652)

Ricardo Aronne

Direito Civil-Constitucional e Teoria do Caos

Estudos Preliminares

Com adendo de **Clarice Costa Sönhgen**

livraria DO ADVOGADO *editora*

Porto Alegre, 2006

Capa, projeto gráfico e diagramação de
Livraria do Advogado Editora

Pintura da Capa
Salvador Dalí - Imagem de Dalí Art Museum

Revisão de
Rosane Marques Borba

Livraria do Advogado Editora Ltda.
Rua Riachuelo, 1338
90010-273 Porto Alegre RS
Fone/fax: 0800-51-7522
editora@livrariadoadvogado.com.br
www.doadvogado.com.br

Impresso no Brasil / Printed in Brazil

Dedicatória

Este pequeno livro é dedicado à minha esposa, Inaiara, por razões que se esclarecem desde a introdução. Na mesma medida em que a complexidade se reconhece na integralidade das abordagens, remetendo os opostos a uma espiral dialógica desconstrutora; nossa humanidade se reconhece na inteireza do indivíduo desvanecido; razão e coração, "*raison avec couer*", "*sense and sensibility*", legitimando-se por equilíbrio, na espiral construtiva dos complementares. Neca, obrigado por dar-me a condição da transcendência... Pelo amor verdadeiro. Preciso... Necessário... Fundamental.

Agradecimentos

Tendo por arauto o afeto, inicio meu agradecimento pelo sangue. Por meu filho Felipe e meus pais, Gilberto e Walderez. A cada ano que passa, denunciando o outono das cores dadas aos valores pelas codificações, mais importante se mostra o desenho familiar nas sociedades líquidas da pós-modernidade. Aos amigos Luiz Edson Fachin e Gustavo Tepedino, cujo afeto supera os umbrais da ciência. Agradeço à minha Instituição. Minha morada epistemológica, sempre acolhedora de linhas de pesquisa desbravadoras de novos horizontes transparadigmáticos. Complexidade e Caos. Meu obrigado a PUCRS, na pessoa de nosso magnífico Reitor, Prof. Dr. Joaquim Clotet, e todo seu Gabinete, do qual destaco àquele que me honrou com o prefácio deste livro, Prof. Dr. Jorge Luis Nicolas Audy. Meu obrigado à Faculdade de Direito, na pessoa de seu Diretor, Prof. Me. Jarbas Lima, e seu Gabinete, pela confiança e pelo apoio. Aos meus amigos docentes, na pessoa dos Profs. Dres. Ingo Wolfgang Sarlet e Eugênio Facchini Neto, cujo afeto somente se suplanta na admiração, talhada pelo convívio compartilhado nos diversos níveis de ensino dos programas de nossa Instituição. Ao corpo administrativo do Núcleo de Pesquisa e Iniciação Científica. Pediram-nos uma evolução, estamos produzindo uma revolução. Aos meus devotados colegas de escritório (Atahualpa, Vanessa, Fabiana, José Luiz, Maraísa e Roberto), guardiões das lides por nós processadas, cujo trabalho conjunto exibe uma pragmática científica e a práxis da ciência. Obrigado aos meus alunos. Graduandos, de extensão, especializandos, mestrandos e doutorandos. Obrigado pela renovação constante e ensinamento diário. Tenham sempre em mim um admirador. E, finalmente, meu agradecimento especial aos irmãos de Grupo de Pesquisa. Aos colegas do Prismas, matriz e razão desta obra. Que seja um marco para o nascimento de nosso Centro de Pesquisas em Caos e Complexidade. Meu especial agradecimento as autores que fundam a pesquisa do capítulo 5 deste livro: Alan Sokal, Jean Bricmont, Cláudio Weber Abramo, Jesus de Paula Assis, Roberto Fernández, Bento Prado Jr., e Olavo de Carvalho. *In memorian* de Roberto Campos e Jacques Derrida.

Prefácio

Meu primeiro contato com o conteúdo deste livro, que tenho a honra e o privilégio de prefaciar, ocorreu em função de uma reunião marcada na Pró-Reitoria de Pesquisa e Pós-Graduação da PUCRS para discutir o mecanismo institucional mais adequado para abrigar uma área de pesquisa que envolvia um pesquisador do nosso Programa de Pós-Graduação em Direito que estava pesquisando as implicações e aplicações da Teoria do Caos no Direito.

Minha primeira reação foi de surpresa e, em seguida, após refletir um pouco, concluí que se tratava de uma confusão de minhas assistentes ao anotar o tema da reunião. Foi necessária uma ligação ao Prof. Aronne para confirmar qual era exatamente o tema de nossa reunião. Para minha surpresa (e satisfação), era realmente para falarmos sobre uma linha de pesquisa envolvendo Caos e Aleatoriedade com Direito!

Ainda assim estava incrédulo com a possibilidade de estarmos, aqui em nosso país, desenvolvendo estudos com a profundidade e o rigor científico demandado nestas áreas, tão distantes para os mais desavisados. Entretanto, após 30 minutos de conversa com o Prof. Aronne, eu já era mais um dos entusiastas desta linha de pesquisa. O tema é tão desafiador quanto apaixonante. Matemática e Direito? Ciências exatas e aplicadas? O que teria o Efeito Borboleta a ver com as Ciências Jurídicas?

Intrigante é a palavra que me ocorreu durante aquela primeira conversa. Desafiador. Complexo. Transdisciplinar. É a ciência em processo. Cada vez mais complexa, inter-relacionada, surpreendente. A pesquisa respondendo perguntas, gerando novas questões, descobrindo novas fronteiras, avançando... Este livro revela uma faceta muito importante da pesquisa científica. A capacidade reflexiva do pesquisador, com uma intencionalidade prospectiva, desenvolvendo seu papel de observador do mundo. Na sua área de conhecimento. No caso, o Direito. E com paixão, admiração.

O Dr. Ricardo Aronne, Professor da Faculdade de Direito e do Programa de Pós-Graduação em Direito da PUCRS na área de Direito Civil-

Constitucional, é um talentoso representante de uma nova geração de pesquisadores que transitam com desenvoltura entre diversas disciplinas, do Direito à Filosofia, da Matemática à Teoria de Sistemas. Este livro abre novas perspectivas de estudo e pesquisa na área de Direito, brindando-nos com novas questões a serem respondidas, aprofundadas. Na verdade, não só na área de Direito, mas em diversas áreas do conhecimento que se inter-relacionam, se completam.

Enfim, este trabalho é fruto do nosso tempo. Desafiador. Complexo. Transdisciplinar. Sem dúvida, é um livro que merece ser lido. Boa leitura!

Jorge Luis Nicolas Audy. PhD

Pró-Reitor de Pesquisa e Pós-Graduação da PUCRS e
Professor Titular da Faculdade de Informática e do
Programa de Pós-Graduação em Ciências da
Computação da PUCRS.

Sumário

Apresentação

Sem abdicar da razão e da racionalidade jurídica, o Professor Doutor Ricardo Aronne enfrenta valorosamente a complexidade dos métodos hermenêuticos utilizados para interpretação e aplicação do Direito Civil em um Estado que se declara "democrático" e que se pretende "social".

Em sua nova obra, inscrita na contemporaneidade, o autor endossa o uso de uma nova racionalidade que ultrapassa os limites lingüísticos, assim concebidos, em muitos casos, por serem aplicados equivocadamente como simples técnica de interpretação normativa e convoca os princípios e regras para atravessarem sistemática e topicamente os direitos fundamentais constitucionais a fim de legitimar a hermenêutica aplicada ao Direito Civil.

Diante dessa concepção, o centro de interesse e proteção jurídica desloca-se para o ser humano, dotado de razão e sentimentos a partir do resgate dialético garantido pela intersubjetividade. As relações jurídicas tornam-se constituídas pelo homem e retornam ao sujeito em sua dimensão axiológica com base, fundamentalmente, nos princípios subjacentes ao movimento sistemático.

A leitura dos textos, escritos com arte e profundo conhecimento jurídico, provocam uma tensão entre diferentes matrizes epistemológicas que ainda acreditam fundar paradigmas excludentes em um mundo contemporâneo invadido por uma nova concepção transparadigmática.

Para além das intensas articulações sintagmáticas e paradigmáticas tecidas em cada frase e parágrafo destes textos, é possível compreender que a busca pela completude daquilo que insistimos em apreender e que, inevitavelmente é inapreensível, nos convoca a transformações não mais lineares e absolutas mas mediadas pelo desfiar da teia da complexidade.

Aqui está o convite inescusável que inaugura mais este des(a)fio!

Clarice Costa Söhngen. MD. PhD.
Professora da Faculdade de Direito e Letras da PUCRS,
Doutora em Linguística, Mestre em Linguística,
Mestre em Direito e Vice-Líder do Grupo de Pesquisa
Prismas do Direito Civil-Constitucional

Introdução – O Corte em Recorte

Como introduzir o caos? Como introduzir o meio ao sujeito? A água ao peixe? O caos ao Direito? Eu mesmo. A vocês.

Para introduzir, devo apresentar-me. No espaço público que se faz em representação. À luz de minha subjetividade. Um olhar. Um recorte. Um corte no baralho do destino. Existe destino? Onde ele se faz determinado? Onde ele se faz provável? Em que padrão? Qual a racionalidade compreensiva?

Interrogações? Quem procura certeza nestas páginas, não deve perder seu tempo. Rasteje de volta aos manuais e códigos. Este livro não vende certeza. Nunca encontrei à venda no mercado da vida.

Este livro vende, porem, esperança. Esperança em uma ciência includente, rediviva e revolucionária. Por meio da qual possamos criar um amanhã melhor, quem sabe, para os nossos filhos e netos.

Aleatoridade? Certamente não se trata disso. Trata-se de um novo paradigma que começou a redesenhar a Ciência nos anos 60 do Século XX. É hora do Direito partilhar da boa-nova. Transdisciplinarmente.

Este livro não se destina exclusivamente ao Direito. Todos que, com base na teoria dos sistemas, ética comunicativa, complexidade, fractais, caos, ou qualquer dos múltiplos componentes de nosso horizonte epistemológico quiserem se aproximar para o diálogo encontrarão facilmente *interfaces* com suas disciplinas. Espera-se sejam textos vocacionados a isso.

Um dos fatores preponderantes que motivou sua reunião para a confecção desta pequena obra tem por fundamento o passaporte dado ao Direito no quadro das ciências chamadas "duras", como as matemáticas, a partir do diálogo que passa a distender com as mesmas.

Este diálogo, de aproximação cautelosa, em nossa pesquisa, não é recente como o são estes textos. É uma reunião da produção científica de uma de minhas linhas de pesquisa na PUCRS, do final de 2005 ao início de 2006. Sinaliza a busca de sua maturidade, fruto de uma evolução caótica que, não obstante remonte a primeira metade da última década do II Milênio, teve no ano de 2005 um impulso imprevisto, ainda que se apontar como provável. Caótico.

São ensaios, cuja própria forma, para que não se fique apenas no tema, mostra a mutação que o objeto traz ao observador, demonstrando que efetivamente podem se tratar de dois sujeitos, como aponta a pós-modernidade.

O primeiro dos textos busca mapear os resultados de nossas investigações no tema, tendo sua profundidade prejudicada pela amplitude. Foi motivado por convite, ao início de 2006, para apresentar o resultado de nossas pesquisas à comunidade científica internacional, de todas as áreas do conhecimento humano que trabalham com caos e aleatoriedade (*IX Experimental Chaos Conference*). É, não obstante, talvez o mais importante de todos os ensaios coletados, em razão da busca da síntese. De uma visão de todo, sem totalizações. É fruto do convite do Prof. Elbert Macau, a quem desde logo agradeço a deferência.

O segundo, trata-se de ensaio apresentado para I Congresso Sul Americano de Filosofia do Direito e IV Colóquio de Realismo Jurídico, a convite do Prof. Wambert di Lorenzo, a quem também agradeço o imerecido convite. Tratava de sistema jurídico. Normatividade. Abertura. Interpretação e aplicação. Teoria do Caos? Por certo.

É o primeiro de meus textos em que explicitamente referi o termo *caos* no sentido de sua aplicação atual. Apontar uma direção. Introduzir sua noção. Nem determinista, nem estocástica. Nem tópica, nem sistêmica. Nem vaga, ou mesmo precisa. Nem funcionalista, tampouco estruturalista. Paradoxal.

Paradoxalmente ambos de quaisquer pares antônimos que o pensamento ocidental, idiossincrático e absoluto, criou e nunca domesticou. Paradoxal como o homem. Belo e feio. Bom e mau. Dialógico. Complexo. Integral, sem necessidade de cálculos que não renais ou de vesícula, para comprovar sua dimensão humana. Digna ou não. Paradoxalmente inesperada, não obstante, inteligível à razão complexa. Não redutora. Não totalitária. Não simplificadora da textura da existência. Fractal. Era o primeiro texto em que ousava ignorar o academicismo da impessoalidade. Como previu o texto, um primeiro ato de um novo roteiro na Ciência.

Roteiro que, sem improviso ou revisão, vem sendo escrito pela riqueza da vida. Distante da recente noite que o embalou, no outono frio de Curitiba, que assistiu naquele mesmo ano de 2005, findo dias atrás, ser escrita uma página definitiva nesta história. Foi em jantar comemorativo (de recente doutorado em que tive o papel de verdugo), entre pessoas queridas, meus mestres, amigos, colegas e a mais linda dentre as mulheres (Inaiara, que não por acaso fiz consorte), que os lábios do mais sábio dentre os sábios e mais amigo dentre os amigos fez soar: – "Qual é o tema do teu pós-doutorado? Está na hora de defendê-lo." Disse Fachin.

Inaiara, então já na ponta da cadeira, tinha quase a resposta de pronto, pois sua felicidade é viajar, estar em vôo. Como travamos singular condição de identidade afetiva, cujo afastamento é dilaceração, sempre viaja comigo. Inquieta, como sua doce natureza, aguardava meu retorno atônito, como quem aguarda o toque de um telefonema muito esperado. Na outra latitude, o sereno olhar do autor da interrogação, do Prof. Luiz Edson Fachin ladeado de Rosana, não era menos implacável. Inexorável. – "Caos". Respondi. Literalmente.

Inevitável o suor de minhas mãos. O tema me era recorrente, como já antecipei, de diversos modos. Encontrara meus estudos, ainda no já distante ano de 1994, quando me pós-graduava em Direito Processual Civil e me intrigava o processo decisório e formação de convencimento na sentença. Determinismo e estocástica eram o elemento principal do trabalho. Os elementos atinentes à Teoria do Caos acabaram afastados, soterrados por um texto de Sokal que me impressionara muito, ao início de meu mestrado, em 1996. Nem o Prof. Boaventura era poupado. Sobravam farpas para Lacan, Derrida e diversos autores com os quais vinha tendo contato. Daí a razão do texto que encerra a obra.

Já trabalhando com o Direito Civil, sempre a partir da operação com a Teoria dos Sistemas e ao lado de meu mestre e ora inquisidor epistemológico, o tema voltara a surgir recorrentemente, como fica provável, quando os olhos se voltam para o passado. Mas quando surge ou retorna, terá sido aleatoriedade? Enfim, diante da pergunta, tendo em vista para onde se dirigiam minhas observações, somente havia uma resposta a ser dada. E foi. Caos. Sem caos.

Como um desencadeador, de volta à província gaúcha, em seminário temático do Grupo, o tema aflorou incendiariamente. De modo contaminador. A Profa. Dra. Clarice Söhngen (que contribui com os indeterministicamente determinantes anexos desta obra), vítima da epidemia epistemológica, imediatamente convocou-me para seminário específico, a partir dos estudos de Ilya Prigogine.

Inaiara, em seguida, começava seu incentivo bibliográfico. Conseguia uma edição esgotada da obra de Gleick, enquanto já acenava com a edição original francesa de Jean Brieckmont e Alan Sokal; este último, o mesmo já denunciado terrorista metodológico e fundamentalista modernista. Os pesquisadores de todos os níveis do Prismas começaram a se voltar para a questão em comum.

Na mesma época, no I Congresso Brasileiro de Economia e Direito, estava eu em exposição e debates, a convite do talentoso Prof. Dr. Luciano

Tim, entre um Prof. de Economia alinhado à Escola de Chicago e uma Mestra, em Direito e Economia, recém-chegada de Princeton e alinhada à *Law and Economics*, quando é levantada a temática da Teoria dos Jogos para sufragar a decantada eficiência econômica. Caos. Tive de trazer o tema em contraponto, necessário como fundamento de algumas opções no sistema, em favor da dignidade humana, às quais não são complacentes com o determinismo da eficiência econômica. Tampouco são aleatórias. O efeito foi devastador!

Chegara o verão, em meio às palestras que se intensificavam, em especial no Prismas, mais dois textos sucederam àquele acerca de sistemas e complexidade. Um buscava traçar uma perspectiva diagonal no pensamento de Habermas, ligando-o mais diretamente à epistemologia do Prismas, com enfrentamento indireto da tematização explícita de caos. O outro, para uma obra de propriedade imaterial, onde a questão da racionalidade, sistema e, aqui pela primeira vez em nossos textos, a questão das ciências exatas em aproximação, é colocado. Não obstante, a tema do caos é de enfrentamento indireto.

Como de início explicitou-se, outro ensaio se imporia para fechar o ciclo bibliográfico preliminar. Paradoxalmente, o ensaio de abertura do livro. Fecha-se um ciclo de instalação epistemológica. Caoticamente rápido. Começa uma fase de decapagem e enraizamento. Interfaces a serem criadas, diante de um conhecimento em comum. Seu elo? Caos. Sua razão? Complexa. Caótica. Um *deja vu* necessário para os cientistas do Direito, como disse o renomado contratualista Paulo Nalin. Realidade.

Assim, tema e autor constroem-se mutuamente, para resultar em texto a ser reconstruído pelo leitor. Ao sabor do vento? Não de qualquer vento. De um *sirocco* que faz sentir-se brisa, diz-se, na cadência do bater de asas de uma borboleta. Da Ciência do Caos. Nem dogmática, nem ceticismo. O caminho do meio. Nem determinismo, nem estocástica. A possibilidade de emancipação da Ciência e de sua humanidade. Complexa como a maturidade. Fascinante como a infância. Esperançosa.

Também é assim que o tema tem de deixar-se ouvir, sem ser atrapalhado pelo interlocutor. Indeterminado. Indeterminante. Indeterminístico. Acredito que assim foi, e o título se construiu como refratário do momento de minha pesquisa. Uma longa preliminar. Mas também um momento com severos limitadores, em face da escassez de fontes. Não obstante, o cálice é bem-vindo. Espero esteja em boas mãos. Nessa esperança busca-se objetivar o tema, para não ser vencido pelo gigantismo dos avanços em desfavor do reduzido número de publicações.

Citei Inaiara. Com os olhos privilegiados de orientador, assisti em sua penúltima pós-graduação, aproximar-se do Direito, que viria depois cursar, e da resistência à Teoria Geral do Direito Civil tradicional, demonstrada na escolha temática de suas investigações. Coincidência? Diria que novamente a razão é o caos.

Citei Inaiara, não por acaso. Sem aleatoriedade. Citei, pois, ao cabo trata-se de, em detrimento da simplificação, retomar o pensamento na sua "inteireza". Como Pascal. Razão e coração. Citei, pois, dentre os muitos elementos introduzidos pelo paradigma emergente, encontra-se o retomar da racionalidade dialógica, muito visível em Morin, mas com profunda desarticulação no Direito.

Estrutura fundamental ao pensamento complexo, onde se inscreve com naturalidade, registrando paradoxos incompreensíveis para com a simplificação dialética.

Deixando espaço ao existencialismo da dúvida, reflexão e incerteza, como imanente ao homem na inteireza. Conduz a Pascal, portanto. Este reconhece no *roseau peasant* da humanidade, a necessidade da razão dos matemáticos e dos guerreiros, para concluir que apenas o olhar do poeta consegue apreender a beleza da vida.[1]

Evoquei Inaiara, como Neruda evocara Matilde e Dali evocara Gala. Para, pela mão de Pascal fazer ciência dura, com poesia, como não nos é dado na realidade dos tribunais. Evoquei para invocar quem trouxe sensibilidade à razão. Invocar, como Pascal, um poeta para lembrar, a todos os nós, que para fazer ciência com senso e vertência ampla, é preciso (navegar?) de ambos hemisférios cerebrais. Para não sucumbir diante do enganoso demônio determinista (navegar ...?) de Laplace.

> ESPLÊNDIDA razão, demônio claro
> do cacho absoluto, do reto meio-dia,
> aqui estamos ao fim, sem solidão e sós,
> longe do desvario da cidade selvagem.
> Quando a linha pura rodeia sua pomba
> E o fogo condecora a paz com seu sustento,
> Tu e eu erigimos este celeste efeito.
> Razão e amor despidos vivem nesta casa.
> Sonhos furiosos, rios de amarga certeza,
> decisões mais duras que o sonho de um martelo
> caíram na dúplice taça dos amantes.
> Até que na balança se elevaram, gêmeos,
> A razão e o amor como duas asas.
> Assim se construiu a transparência.[2]

É nessa margem, transparentemente axiológica, em que o Direito Privado emerge da codificação para se encontrar com a realidade, para

[1] *Pensamentos*. 30 (33), 33 (36) e 35 (38), em especial.

[2] NERUDA, Pablo. *Cem sonetos de amor*. Porto Alegre: L&PM, 1998, p. 65.

além de sua mecanicidade, mas com vistas à inteireza, que pode ser apreendido o paradigma que chega para permanecer em um longo e profícuo diálogo na Ciência. Que agora bate às portas do Direito.

Imaginamos saber de que porto saímos, não obstante sequer este dado nos consola com certezas. Onde atracará esta nau? Será que é dado ao Direito, ou mesmo à Ciência atracar em algum porto seguro? Mesmo que preciso julgar é preciso? (navegar???)?

Alguém procura respostas? Lhes entrego indagações. Em Prismas.

Fev/2006

Ricardo Aronne. MD, PhD.

1. Introdução ao Sistema Jurídico, Direito Privado e Caos: Prismas Sumários de Pesquisa em Direito Civil-Constitucional[3]

1.1. Introdução – *Caótica Opus – Fiat Chaos*

Este texto se faz breve, ou melhor, semibreve, pois, em semibreve e sem descompasso, constrói sentido, ao passo que se constitui. Em uma pausa. Após a longa e desajeitada fanfarra dissonante (para mim distoante), dos códigos de determinismo oitocentistas, ferirem seus "acordes" agonizantes, sem que ainda tenham despertado. Trata-se de uma pausa periodizada, no curso da jornada, onde o caminhante (Arcano 0 de um Tarô mais de Carl Gustav Jung do que de Thoth, mais racional do que místico, mais mitificador do que mítico), ao não querer ser errante, volta os olhos por sobre o ombro, inventariando as léguas percorridas, qual pertença epistemológica colhida (para uns pilhada)[4] em seu caminho. Asfaltado pela desconstrução construtiva, onde o viajante é a própria bússola. Uma parada em síncope. Meio no contrapé. Entre quadros. O momento em que Néo toma nas mãos a pílula vermelha, mas ainda tem o olhar na azul. Acorde. Pausa contada. Contada para contar. Então, um conto, que ora conto e que oro a cada hora e a cada canto. Estas pausas são sempre motivadas, como a reflexão decorrente dos arrolamentos de idéias; por mais que embotadas, por mais que atordoadas, por mais que sabotadas.

---

[3] Versão em português de brevíssimo ensaio consistente em uma síntese de minhas pesquisas com a Teoria do Caos e dos Fractais no Direito, para os anais do *IX Experimental Caos Conference*. Foi feito nos primeiros dias de fevereiro de 2006.

[4] Talvez assim qualificasse Alan Sokal (vide SOKAL, Alan. Rachaduras no Verniz Pós-Moderno. IN: GRECO, Alessandro. *Homens de Ciência*. São Paulo: Conrad, 2001, p. 18-23). Por suas conhecidas críticas, ainda da metade dos anos 90, buscou-se um rigor tido por muitos como extremo, como pode ser colhido da leitura de minha obra, menos jovem do que meus cabelos possam dar a entender (infelizmente). Para mais, vide o cap. 5 desta obra.

Essa não é exceção. Conta uma travessia. Em curso. Idéias. Evoluções. Revoluções. Um conto sobre ciência; razão e paixão.

Com a desafiadora tarefa de proceder uma síntese de meus estudos com a Ciência do Caos no Direito, substanciadores de meus afazeres pós-doutorais, sumariando ainda a produção do Grupo de Pesquisa Prismas do Direito Civil-Constitucional – PUCRS/CNPq, cujas pioneiras linhas vêm desbravando a temática no cenário jurídico-científico em níveis internacionais, motivando, ainda, a integral reconstrução, em curso,[5] de texto recentemente apresentado[6] e publicado,[7] onde passo a enfrentar diretamente a questão do Caos. Ela existe no respectivo ensaio, de modo expresso e explícito,[8] assim como se colhe de toda a minha obra, onde as questões de determinismo, racionalidade e dogmática são fios condutores fundamentais. Aliás, o tema nada tem de novo em Direito.[9] Novo é o paradigma[10] posto a lume. Novo, também, é o momento em que se encontram as Ciências, ditas, Exatas, mormente e em face da transdisciplinarmente complexa e desafiadoramente irreverente Ciência do Caos.[11]

---

[5] ARONNE, Ricardo. *Sistema Jurídico e Unidade Axiológica II – Os Contornos Metodológicos da Teoria do Caos no Direito Civil-Constitucional.* Trabalho a ser apresentado no *IX Experimental Chaos Conference*, 29.06-01.07.2006, cujo texto se encontra neste momento em revisão e aperfeiçoamento.

[6] ARONNE, Ricardo. Sistema Jurídico e Unidade Axiológica – Os Contornos Metodológicos do Direito Civil-Constitucional. *I Congresso Sul Americano de Filosofia do Direito e IV Colóquio Sul Americano de Realismo Jurídico.* Anais. Porto Alegre: EDIPUCRS, CDROM, 2005, 30p.

[7] Texto integrante desta obra, no cap. 2.

[8] Em especial, e logo ao início já se colhe (ob. cit., p. 3-4): "A falta de identidade do Direito Civil-Constitucional com os paradigmas positivistas tradicionais, traçados pelo racionalismo dos séculos passados, não é uma recusa para com a cientificidade do Direito, e sim uma percepção diferida, que deve ser explicitada, pois alinha sua coerência. Sua métrica sem dimensões. Sua razão e caos."

[9] SANTOS, Boaventura de Sousa. *Um discurso sobre as ciências*, 3ª ed. São Paulo: Cortez, 2005, p. 14.

[10] KUHN, Thomas S. *A estrutura das revoluções científicas.* 5ª ed. São Paulo: Perspectiva, 1998, p. 126: "As revoluções políticas iniciam-se com um sentimento crescente, com freqüência restrito a um segmento da comunidade política, de que as instituições existentes deixaram de responder adequadamente aos problemas postos por um meio que ajudaram em parte a criar. De forma muito semelhante, as revoluções científicas iniciam-se com um sentimento crescente, também seguidamente restrito a uma pequena subdivisão da comunidade científica, de que o paradigma existente deixou de funcionar adequadamente na exploração de um aspecto da natureza, cuja exploração fora anteriormente dirigida pelo paradigma. Tanto no desenvolvimento político como no científico, o sentimento de funcionamento defeituoso, que pode levar a crise, é um pré-requisito para revolução".

[11] Evocam-se as, ainda atuais, palavras iniciáticas de Gleick, originalmente escritas em 1987 (GLEICK, James. *Caos – a criação de uma nova ciência.* Rio de Janeiro: Campus, 1990, p. 4): "Hoje, uma década depois, o caos se tornou uma abreviatura para um movimento que cresce rapidamente e que está reformulando a estrutura do sistema científico. (...) Em todas grandes universidades e em todos os grandes centros de pesquisas privados, alguns teóricos relacionam-se primeiro com o caos, e só em segundo lugar com as suas especialidades propriamente ditas. (...) A nova ciência gerou sua linguagem própria, um elegante jargão de *fractais* e *bifurcações, intermitências* e *periodicidades*, difeomorfismo *folded-towel* e mapas *smooth noodle*. (...) Para alguns físicos, o caos é antes uma ciência de processo do que de estado, de vir a ser do que de ser. Agora que a ciência está atenta, o caos parece estar por toda parte."

Talvez essas condições tenham sido a razão do imerecido e amável convite do Prof. Elbert Macau, Pesquisador Titular do *Laboratory for Mathematics and Applied Computation* do *National Institute for Space Research*, para apresentar trabalho junto a *IX Experimental Chaos Conference*, reconhecidamente o mais importante evento internacional voltado à temática do Caos Experimental. Certamente foram as razões para esta pausa e este conto, com vistas à síntese de algo avesso à simplificação. Não menos certo é que fui tomado de surpresa, em igual proporção ao orgulho, diante do prestigioso convite a colaborar; desde logo um chamamento aceito. Diria, com a poetisa polonesa Helena Kolody: a uma viagem no espelho.

Repisem-se as palavras de James Gleick,[12] pois, embaixo de qualquer pedra onde a Ciência olhe, em qualquer horizonte em que sua vista repouse, lá está o Caos. Não é diferente no Direito. No Brasil existem ditos populares (gize-se, ainda que sob pena de neologismo por obliteração, leigos), sobre a imprevisibilidade da cabeça dos juízes. Não os subscrevo de todo, porém devo salientar, como militante, não conhecer advogado que nunca tenha se surpreendido com uma decisão judicial inesperada ou aberrante. Por exemplo.

Reconheça-se que mesmo diante da mais estável jurisprudência, existem desvios casuais. Reconheça-se, ainda, que estes desvios, em macroperspectiva, são probabilísticos. Possuem configurações. Perceba-se que nada é imprevisível, neste movimento da jurisprudência; também nada é determinável. Perceba-se que na aproximação de microperspectiva dos desvios, em crescente, apuram-se as razões pelas quais a solução da respectiva lide tomou determinado rumo (trajetória), o qual, na lógica interna do processo, pode ser encadeado às condições iniciais, colimadas no caso concreto (tópica). Note-se também, que o Direito imprime uma noção artificial e variável de tempo e reversibilidade, que vem sendo revisitada pela jurisprudência na pós-modernidade; reconstruindo a temática do dano e da tutela de urgência, para ficarmos apenas em exemplos iniciais.

Destaquem-se os temas sistema, determinismo e racionalidade, como os mais instigantes da Filosofia do Direito,[13] na atualidade; mormente com a propagandeada aprovação do "novo" Código Civil[14] – renascido idoso

---

[12] GLEICK, James. *Caos*..., ibidem.

[13] Em paralelo, no âmbito da economia, trabalhando com fractais, dentre muitos de seus textos: MANDELBROT, Benoït; HUDSON, Richard. *Mercados financeiros fora de controle – a teoria dos fractais explicando o comportamento dos mercados*. Rio de Janeiro: Campus, 2004. Com caos e complexidade na economia: GLEISER, Ilan. *Caos e complexidade – A evolução do pensamento econômico*. Rio de Janeiro: Campus, 2002.

[14] Para minhas críticas, em maior detalhe e em franca convergência com o tema em trato: ARONNE, Ricardo. *Código Civil anotado. Direito das coisas, disposições finais e legislação complementar selecionada*. São Paulo: Thomson, 2005, p. 17-25 e, ainda, ARONNE, Ricardo. Titularidades e

das prateleiras do Congresso Nacional – e seus possíveis efeitos na jurisprudência brasileira. No mesmo sentido erige-se a questão da complexidade, as múltiplas relações e conexões entre as ciências na realidade da vida, em face de um homem concreto, na busca de seu papel diante dos outros e de seu mundo. Realidade estampada nas páginas dos processos e dos jornais.

Complexidade que faz com que os operadores tenham de conhecer minúcias de áreas inesperadas do conhecimento, em função do conteúdo dos processos, não obstante e até mesmo em razão do comparecimento de peritos e assistentes técnicos especializados, em apoio aos mesmos. A palavra final, sobre a sanidade ou paternidade de alguém, pode não vir de um médico nem de um geneticista. Pode vir de um juiz. Pode contrariar integralmente a conclusão de um laudo. Seu preço? Um bom fundamento. Razão. Racionalidade. Seu meio? Sistema e discurso. Remédios? Recursos. Trajetória? Caótica. Medo? Indeterminação. Instabilidade. Alguém gostaria que fosse diferente? A História responde.

Não obstante, o Direito pode ser chamado a responder se o plano de orçamento da União Federal está adequado. A responder se a técnica empregada por um neurocirurgião ao proceder uma intervenção, foi a mais adequada ou não. Até mesmo se um indivíduo é ou não um bom pai, merecedor da guarda de seus filhos. Se o projeto de um veículo foi corretamente desenvolvido ou não e, se não bastasse, se os responsáveis pela empresa tinham ou não consciência disso antes do lançamento do produto no mercado! Observe-se que todas as questões apontadas são, ao menos em tese, cotidianas ao operador do Direito. E sempre têm de ser respondidas. Certo ou não, o *non liquet*, não é possível ao Direito.[15] Pode-se-lhe perguntar da razoabilidade do que evoco. E ele terá de responder. Conforme sua inafastabilidade (art. 5°, XXXV, CF/88). Medo? Vertigem? Não. Caos.

Diversas pontes passam a se estabelecer dentro das Ciências. Diversas possibilidades de investigação se abrem em novos horizontes, não raro paradoxais, como a vida. Como o homem e as relações que trava consigo e com o meio. Novas possibilidades de racionalidade inauguram, construindo as matrizes de uma Ciência rediviva e humanizada. Talvez um novo Humanismo. Certamente uma nova página na história do Existencialismo. Obviamente um novo paradigma em curso.

---

apropriação no novo Código Civil brasileiro – Breve ensaio sobre a posse e sua natureza. In: SARLET, Ingo Wolfgang. (org.) *O novo Código Civil e a Constituição*. Porto Alegre: Liv. do Advogado, 2003, p. 215-220.

[15] Já trabalhando com principiologia, não obstante a ainda ausente noção hábil de sistema, após visitada: ARONNE, Ricardo. *O princípio do livre convencimento do juiz*. Porto Alegre: SAFE, 1994.

Os estudos ora sumarizados tiveram seu rigor científico de investigação revigorado a partir das conhecidas e, em larga medida, válidas críticas de Sokal e Briecmont,[16] cujo sentido entendo não ter sido corretamente apreendido pela comunidade científica em geral, não obstante seus múltiplos esclarecimentos posteriores. Espero não ser colhido por críticas dirigidas a ícones como Lacan, Derrida, Aronowitz, Delleuze e Virilio.

A linguagem técnica, da qual nos valemos (apropriamos seria termo de uso absolutamente indevido ao texto, não obstante muito utilizado por Sokal), justifica-se por precisão epistemológica e tem amplo suporte metodológico, transparentemente disponibilizado para iluminar a compreensão. Traduz jargão muito menos hermético do que o cientista social, mormente do Direito, é acostumado a utilizar, sem tampouco se distanciar do ferramental teórico tradicionalmente disponível. Facilitam em muito a construção das referidas pontes transdisciplinares, com múltiplos benefícios. Sem imposturas. Sem intelectualismos.

1.2. A Partir da Partida – A Divisão do Começo

Racionalidade e sistema sempre foram temas muito caros ao Direito, mormente privado, desde a modernidade.[17] Quando o cientificismo, travestido de jusracionalismo, o alcançou, na aurora do Século XIX, pelas mãos de nomes como Savigny, pai da Escola Histórica, e em especial ao ser corporificado nas grandes codificações, destacando-se os dois monumentos constantes dos extremos temporais opostos do período – o *Code* (1803), produto da Escola da Exegese na França, e o *BGB* (1896), produto da Pandectista alemã –, a noção de sistema se integrou ao Direito, com essencialidade imanente, claramente despercebida por muitos autores, até porque se passou a identificar Direito e sistema.[18]

Essa identificação progressiva foi importando no esquecimento de sua complexidade característica, diante daquilo que se logrou denominar dogma da completude;[19] o que iluminou o caminho de nossa pesquisa, quanto

[16] Especificamente em: SOKAL, Alan; BRICMONT, Jean. *Imposturas Intelectuais*. São Paulo: Record, 1999. Para mais, vide levantamento ao cap. 5 desta obra.

[17] Vide: CANARIS, Claus-Wilhelm. *Pensamento sistemático e conceito de sistema na ciência do direito*. Trad. A. Menezes Cordeiro. Lisboa: Fund. Calouste Gulbenkian, 1989.

[18] Idem, ibidem, com especial ênfase ao longo ensaio do tradutor.

[19] Por todos que tratam o assunto, vide: BOBBIO, Norberto. *Teoria do ordenamento jurídico*. Trad. Maria Celeste dos Santos. 6ª ed. Brasília: Ed. UNB, 1995. Em respeito à complexidade e interligação do Direito com a Política, visitada pela filosofia e sociologia crítica e ácida do autor, formam complementos à compreensão de suas idéias: *Estado, governo, sociedade: para uma teoria geral da política*. São Paulo: Ed. Paz e Terra, 1995; *Liberalismo e democracia*. 6ª ed. Brasília: Ed. Brasiliense,

à arquitetura do sistema. Ao contrário do que possa parecer, o sistema jurídico pode ser estudado em seu estado de inércia ou dinâmica.[20] Como a Anatomia e a Fisiologia. Com resultados recíprocos para ambos. A lingüística retoma seu devido papel, pois, principalmente na discussão do paradigma emergente, ocupou um papel fundamental nas humanidades, como fora dado à Matemática em relação às Exatas. Ao cabo, Teoria da Comunicação e Simbologia. Signos. No curso do reencontro de saberes, derivado do Pensamento Complexo em detrimento do simplismo da Dialética Metafísica que está na raiz da linguagem cartesiana. Dissociações decorrem do prismar para compreender; dialógicas. Desconstruir para soerguer sem destruir. Exumar as premissas para compreender as patologias do discurso.

Tampouco se deve perder de vista tratar, nosso estudo, de Direito Civil-Constitucional.[21] Não perder contato com o solo da realidade, para não esquecer do atrito, facilmente evitável em fórmulas newtonianas, repetidas pelo Direito Civil alinhado às vertentes tradicionais. Ou seja, o compromisso de nossa pesquisa está diretamente relacionado aos seus resultados práticos no Direito e na Sociedade. Com a construção de um Estado Social includente, plural e democrático realizador dos direitos fundamentais, não obstante os constantes ataques à Constituição Federal de 1988. Mais ainda. Com o homem concreto e complexo, nela idealizado à luz da dignidade humana enquanto valor transformador.[22]

Retome-se o ponto do recorte. Essa identificação apontava um determinado sentido. Dialogar a questão do fechamento da completude do sistema, enquanto paradigmas de segurança do Direito. A questão chegou inconclusa até o Século XX. Ao lado dela, a siamesa questão posta pela metafísica, de cunho determinista, quanto à irracionalidade dos valores e à necessidade do esvaziamento de sua operação em Ciência do Direito.

1994; *O futuro da democracia: uma defesa das regras do jogo.* 6ª ed. São Paulo: Paz e Terra, 1986; e em especial *O positivismo jurídico.* Trad. Edson Bini. São Paulo: Ícone Ed., 1995.

[20] Não obstante subscrevermos a idéia de que interpretar uma norma é concretizá-la à luz de determinados valores, existe uma teoria em torno desta estruturação, cuja discussão é fundamental para nós, pois, em sede de Filosofia da Ciência, estamos a discutir um novo paradigma, com implicações práticas no Direito, mormente Civil-Constitucional e seu Processo. Assim, a distinção entre interpretação e hermenêutica, legitima para nós, sua significância. Aqui um Grupo de Pesquisa forma uma Escola de Pensamento. E assume seu papel e seu lugar.

[21] Por todos, leia-se: TEPEDINO, Gustavo. *Temas de direito civil.* Rio de Janeiro: Renovar, 1999. Especificamente em nossas matrizes: ARONNE, Ricardo. Por um direito civil-constitucional. Idem. (org.) *Estudos de direito civil-constitucional*, Porto Alegre: Livraria do Advogado, 2004, p. 11-15, no Vol. 1 e 2.

[22] Sempre fundamental influência ao Grupo: FACHIN, Luiz Edson. *Teoria crítica do Direito Civil.* Rio de Janeiro: Renovar, 2000.

As geniais teorias de laboratório, fruto do racionalismo cartesiano ainda presente e forte, operadas por Kelsen[23] na primeira metade do único século que assistiu a duas guerras mundiais que arrasaram a Europa, podem ser apontadas como o sinal da agonia de um dogmático positivismo determinista de matriz kantiana,[24] que de muito já se revelara insuficiente para descrever a beleza e o horror do homem concreto.[25]

Importa explicitar que o tema da teoria dos sistemas[26] se manteve no curso destes séculos, na pauta da agenda científica da Teoria Geral do Direito, comportando muitos sentidos e definições, inclusive na busca de sua negação. O tema deve ser posto à luz das Escolas que o costuram, as quais não raro transcendem a fronteira do Direito, como é o caso de Luhmann.[27] Deve ser lido para não ser acolhido por argumento de autoridade, ou recursos desta espécie, muito comuns em sede de Humanas. Procure-se rigor científico e possibilidades práticas, empíricas.[28] Razão comunicativa em detrimento de razão instrumental.[29]

Se na teoria o tema não se domestica, deve ser lembrado que sua relevância resta potencializada na prática, pois afeta o modo de aplicação do Direito pelo intérprete, refletindo-se em toda a jurisprudência. Em sendo o Direito um sistema, o modo como é concebido pode definir seu modo de aplicação.[30] É, por exemplo, no manuseio das noções de fechamento e abertura do ordenamento, que se enfrenta a questão das lacunas. Portanto, como se resolvem nos tribunais os temas não disciplinados na lei, mas abertos à riqueza e indeterminação da vida e sua finitude, importa

---

[23] Em especial, leia-se: KELSEN, Hans. *A teoria pura do direito.* Trad. João B. Machado. 4ª ed. São Paulo: Martins Fontes, 1995; *O problema da justiça.* São Paulo: Martins Fontes, 1996; *Teoria geral das normas.* Trad. da ed. alemã de 1979 por José F. Duarte. Porto Alegre: Fabris, 1986; *Teoria geral do direito e do estado.* Trad. João B. Machado. 2ª ed. São Paulo: Martins Fontes, 1992. Como síntese: MATTA, Emmanuel. *O realismo da teoria pura do direito.* Belo Horizonte: Nova Alvorada, 1984.

[24] Sobre o tema: BARZOTTO, Luis Fernando. *O positivismo jurídico contemporâneo.* Porto Alegre: Unisinos, 1999.

[25] Neste sentido, com os necessários limites da prudência e contextualização ao século de concepção: PASCAL, Blaise. *Pensamentos.* São Paulo: Martin Claret, 2004. Indica-se esta edição, não obstante restrições, em face do excelente texto de Humberto Rohden (Pascal e a humanidade, ob. cit., p. 11-38).

[26] Importante referência, para bem além de Parsons ou Luhmann, não obstante comportar diversas distinções para com nossas perspectivas de arquitetura sistemática: VASCONCELLOS, Maria José Esteves de. *Pensamento sistêmico – o novo paradigma da ciência.* 4ª ed. Campinas: Papirus, 2002.

[27] LUHMANN, Niklas. *Sociologia do direito.* Rio de Janeiro: Tempo Brasileiro, 1983, v. 1 e 2.

[28] SÖHNGEN, Clarice Costa. *Epistemologia e metologia científica.* Vide anexos para íntegra.

[29] Para melhor síntese, permita-me referir: ARONNE, Ricardo. *Summa Habermaseana: Uma Introdução ao Pensamento de Jürgen Habermas Ou Fundamentos Epistemológicos dos Sistemas Axiológicos Instáveis para a Teoria do Caos*, íntegra constante do cap. 3 desta obra.

[30] Para análise histórica sincrônica, voltada para o Direito de Família: TASSINARI, Simone. Do contrato parental à socioafetividade. In ARONNE, Ricardo. *Estudos de direito civil-constitucional.* Porto Alegre: Liv. do Advogado, 2004, Vol. 2, p. 19-105. Na esfera de propriedade: ARONNE, Ricardo. *Propriedade e domínio: reexame sistemático das noções nucleares de direitos reais.* Rio de Janeiro: Renovar, 1999.

à lacuna e sua colmatação. Da "pequeneza" do homem e sua possibilidade de transcender-se.[31] Da imortalidade do pensamento que somente guarda algum sentido na certeza dos limites da existência mundana.[32]

O tema acerca da teoria dos sistemas é muito caro para as linhas de pesquisa do Prismas. Em diálogo com os múltiplos trabalhos nesta seara, com destaque para Ilya Prigogine,[33] Edward Lorenz, Benoït Mandelbrot,[34] Henri Poincaré,[35] dentre outros tantos autores de áreas tão diversas quanto a natureza humana.

No tocante aos sistemas, a temática é muito ampla. Inclui o tempo[36] e alcança a questão fundamental relativa à integração e estabilidade do sistema. Existem sistemas integráveis e não-integráveis, em convívio na natureza e no Direito. Neste sentido, são fundamentais os atuais estudos acerca da dinâmica, para que se possa melhor determinar o comportamento dos princípios e regras no sistema e o modo como se dão os conflitos e antinomias. Novamente aqui, a relação do tempo no Direito com o tempo fora dele, merece um capítulo próprio em um inventário de pesquisa como nos moldes propostos. A questão da abertura do sistema se amplia, bem como sua comunicação com a Teoria do Discurso e um inúmero rol de saberes do qual se isolava.

---

[31] SÖHNGEN, Clarice Costa. *Epistemologia e metodologia científica: uma perspectiva* pluralista. Ob. cit.: "Vivenciamos a expectativa de complementarmos o conhecimento com o nosso próprio conhecimento e, em última e atual instância, com o conhecimento de nós mesmos."

[32] PASCAL, Blaise. *Pensamentos*. São Paulo: Martins Fontes, 2001, p. 200: "O homem não é senão um caniço, o mais fraco da natureza, mas é um caniço pensante". Pascal, nesta obra, operando com pensamento dialógico, em detrimento da dialética, acaba por revelar que os opostos simultaneamente antagonistas e complementares são parte inalienável da condição humana. No que em larga medida, acaba posteriormente acompanhado por Nietzsche e Hanna Arendt, ele percebe na "condição humana" a coexistência de grandeza e miséria; entendendo que a natureza corrupta é inseparável da grandeza humana. Seriam condições opostas e complementares. A grandeza do homem seria sua faculdade de pensar, e sua fragilidade seria a sua miséria.

[33] PRIGOGINE, Ilya. *O fim das certezas: tempo, caos e as leis da natureza*. São Paulo: UNESP, 1996.

[34] MANDELBROT, Benoït. *The fractal geometry of naure*. S. Francisco: J. Wiley, 1982.

[35] POINCARÉ, Henri. *A ciência e a hipótese*. Brasília: UNB, 1988.

[36] O racionalismo que derivou do Século XIX, efetivamente não se ocupara do tempo e da existência. Assim como o Código tem pretensão de completude e validade universal e atemporal, a Física, tanto no modelo teórico newtoniano como no quântico (que equivaleriam respectivamente a Escola da Exegese e a Teoria Pura do Direito, como herdeiros de Kant em última instância), ignoram aquilo que Ilya Prygogine (*Étude thermodynamique des phénoménes irréversibles*. Liège: Desoer, 1947, *passim*) designara como flecha do tempo, dimensionando o fenômeno, inexoravelmente temporal, da irreversibilidade, não absorvida pela física até então. Agora, as pontes transdisciplinares promovidas pela superação da metafísica, trazendo o diálogo científico para um novo platô de racionalidade, oferecido pela intersubjetividade, conseguem fundar uma rediviva instância metodológica, em que sequer as fronteiras entre as Ciências Humanas e Exatas se reconhecem, sem serem transpostas.

1.3. Quem Sistematiza o Sistema? Atraindo a Atração. Fiscalizando o Rappa

Ainda na operação com sistemas, para melhor controle de desvios, principalmente na esfera de discurso, para o qual é reservado o papel principal, pode-se operar de modo claro e eficiente com a idéia de atrator e atrator estranho ou caótico, derivada de Edward Lorenz, aplicável em Karl Larenz,[37] a partir de Canaris e da atual teoria dos princípios, bem representada por Dworkin,[38] Canotilho,[39] Alexy[40] e Hesse.[41]

As normas, grosso modo, operam como gargalos à conformação concreta dos valores, fornecendo bitolas de variável densidade, ao discurso. Limites ao intérprete, com mecanismos de auto-sustentação no sistema jurídico, concretizados pelos instrumentos processuais recursais e na composição colegiada das respectivas cortes superiores. Um sistema, em escala macro, previsível, porém nada determinístico, como se colhe da jurisprudência. Dinâmico e instável. Um sistema caótico. Indeterminado, por vezes, em certos recortes de microescala. Um sistema muito mais probabilístico do que fundado por certezas de resultado, cuja eficácia, em muitos sentidos, também é variável. Paradoxalmente, profundamente conservador.

Os atratores, aqui alicerçados nas regras jurídicas, garantem determinada trajetória ao discurso; o objeto, no paradigma de Newton, em sede de dinâmica, para o observador. As fórmulas para soluções de antinomias de 1° grau e aparentes, atrelam o discurso de conformação do aplicador a um roteiro axiomático, previamente costurado (em fórmulas e equações sociais) pelo legislador, para conduzir a decisão. O Código, enquanto sistema fechado, busca imunizar o sistema jurídico do ambiente, "trazendo condições ideais" para aplicação da lei como concebida no seu texto. Busca, entropicamente, constituir-se um subsistema.

Não fosse a abstração e o artificialismo, conducentes da acumulação de riqueza desmedida e do abuso do poder econômico, derivado do Estado

---

[37] LARENZ, Karl. *Derecho civil: parte general.* Trad.da 3ª ed., Miguel Izquierdo. Madri: Rev. de Derecho Privado, 1978; e em especial *Metodologia da ciência do direito.* Trad. da 5ª ed. alemã revista, por José Lamego. Lisboa: Calouste Gulbenkian, 1983.

[38] DWORKIN, Ronald. *Los derechos en serio.* Madrid: Ariel Derecho, 1985; *O império do direito.* São Paulo: Martins Fontes, 1999; *The philosophy of law.* Oxford: Oxford University Press, 1986.

[39] CANOTILHO, José Joaquim Gomes. *Direito constitucional.* 6.ed. Coimbra: Almedina, 1993.

[40] ALEXY, Robert. *El concepto y la validez del derecho.* Trad. Jorge M. Seña. Barcelona: Gedisa, 1994.

[41] HESSE, Konrad. *A força normativa da constituição.* Trad. de Gilmar F. Mendes. Porto Alegre: Fabris, 1991; *Escritos de derecho constitucional.* Madrid: Centro de Estudios Constitucionales, 1983; *Elementos de direito constitucional da República Federal da Alemanha.* Trad. Luís Afonso Heck. Porto Alegre: Fabris, 1998.

ausente, mínimo, que lhe sufraga condições de existência, poderia ser que o projeto clássico do positivismo jurídico não tivesse soçobrado ruidosamente, voltando neotravestido em um discurso de globalização e impotência, entronizado pelo valor econômico da eficiência. A interpretação do Direito é um processo aberto às mais diversas influências cujo intérprete esteja exposto. Situação econômica. Condição cultural. Estado de equilíbrio deste, desde a esfera emocional até neurológica. Preconceitos. Pressões diversas, com destaque para mídia.

As normas jurídicas, na proposição tradicional, buscam um isolamento disso, em relação à interpretação. Condições ideais. Neutralidade. Condições inexistentes no palco da vida. Palco cujo misoteísmo reduz ao cenário do mercado, mas que é plural. Tomado de atores subjetivos, cujo improvisado roteiro não-linear redige a, ora tragédia ora comédia, novela do caos.

O sistema codificado original é um sistema aprioristicamente estável, ainda que sensível às condições iniciais; aos elementos axiológicos que constroem a respectiva lide a ser solvida e o discurso que a revela. Mesmo nestes casos, podem-se observar desvios, derivados da riqueza tópica. Da estabilidade também pode surgir o caos. Vários cientistas tiveram a ousadia de reconhecer isto. Muitos outros calaram diante de desvios em sistemas instáveis. A quase integralidade. Simplificaram. Tergiversaram. Agora já não podem se negar a ver. A luz atravessa as suas pálpebras. Isso ocorre com os juristas apenas agora. Ao menos formalmente. Já vinha sendo constatado e estudado. Só não era sabido o nome. Nem se tinham as pontes para fundar a travessia. As pontes estão aqui. O nome: Caos.

Ainda que o convívio das regras seja presidido por uma racionalidade dialética, ela também não é determinista. Surgem antinomias de 2º grau não raro insanáveis, "racionalmente", sem o recurso aos princípios. Diante do caso concreto, é natural que para conformação da decisão, seja elastecido ou reduzido o conteúdo de certo comando, conceito, tipo ou presunção. Isso ocorre mesmo diante da mais densa e casuísta regra. Ainda que ausente antinomia.

As normas são ricas em caos.[42] Se visíveis nas regras, é no solo rico do convívio conflitual dos princípios, no paradigma eleito para operação, identificado metodologicamente a Canaris,[43] que germina o plano de nos-

---

[42] SÖNHGEN, Clarice da Costa. *Hermenêutica e lingüística*. Vide anexo desta obra para íntegra.

[43] Em especial na obra: CANARIS, Claus-Wilhelm. *Pensamento sistemático e conceito de sistema na ciência do direito*. Trad. A. Menezes Cordeiro. Lisboa: Fund. Calouste Gulbenkian, 1989. Destaco, na certeza de que seria acompanhado pelo próprio autor, que o texto do Prof. António Menezes Cordeiro, que ilustra a obra, talvez a "pre-texto" de introdução, possui um valor próprio como obra doutrinária, igualado ao texto para o qual, ao servir, suplantou a condição de arauto ou coadjuvante. Deve ser lido e indicado.

sas investigações. Na busca da realização de uma sociedade positivamente desenhada por parâmetros axiológicos democráticos e plurais, constitucionalmente estruturados, assenta-se seu núcleo de legitimação.[44] Na leitura e no diálogo com a jurisprudência encarregada deste afazer.

Identifica-se em Canaris o horizonte epistemológico de nossos estudos, não obstante ampliação do enfrentamento com certas excussões, decorrentes de diversidades concretas nada brandas; dentre as quais se pode citar a diferença entre os respectivos países, das técnicas de controle de constitucionalidade utilizadas, assim como do próprio sentido cultural do federalismo teutônico e brasileiro, com reflexos práticos no Direito.[45] É uma identificação primária. Resulta colhida em prismas.

Também existem ampliações à visão de Canaris, tanto quanto ocorre com Habermas, nas matrizes do Prismas. Procura-se dar maior textura às noções de sistema axiológico, para melhor operar com o paradigma principiológico da pós-modernidade, indiscutivelmente transformador e revelador no Direito.[46] O aparato epistemológico é sensivelmente ampliado, como se vê aqui. A metodologia também tem suas variações significativas, sem importar a extensão.

Traçada a pálida idéia em torno do sistema e seu núcleo axiológico, que necessariamente deve ser retomado e aprofundado, cumpre destacar que o discurso é o seu elemento cinético, na medida em que dá visibilidade comunicativa aos valores e conseqüente movimento de idéias, com o respectivo mapeamento de signos, significantes e significados, na conformação concreta de um horizonte de interesses, em conflito ou não, distinguindo a jurisdição contenciosa da voluntária, em matrizes distintas das comuns.

Aqui reside a importância dos filósofos desconstrutores, da Teoria do Discurso[47] e da Ação Comunicativa.[48] Em especial, dentre um rol aberto, autores como Morin, Foucault, Gadamer, Heidegger, Perelman, Derrida, Nietzsche, Saussure, Pascal e Wittgenstein (I e II). Pela racionalidade

---

[44] Desde logo, como fonte e matriz, aponta-se a extensa obra do Prof. Ingo Wolfgang Sarlet (PUCRS e Max-Planck), em especial na temática dos direitos fundamentais e do princípio da dignidade humana.

[45] Como o papel das constituições locais e seu valor frente à federal, por exemplo, ou a discussão do conteúdo da diretriz chamada pacto federativo.

[46] Vide ARONNE, Ricardo. *Por uma nova hermenêutica dos direitos reais limitados: das raízes aos fundamentos contemporâneos*. Rio de Janeiro: Renovar, 2001. O tema é retomado em *Sistema e unidade axiológica*, ob. cit., *passim*.

[47] Como introdução ao tema: SÖNGHEN, Clarice Costa. *A Nova Retórica e Argumentação – A Razão Prática para uma Racionalidade Argumentativa de Perelman*. Vide anexo desta obra para íntegra.

[48] ARONNE, Ricardo. *Summa Habermaseana: Uma Introdução ao Pensamento de Jürgen Habermas Ou Fundamentos Epistemológicos dos Sistemas Axiológicos Instáveis para a Teoria do Caos*. Íntegra no Cap. 3 deste livro.

dialógica[49] imanente aos princípios, cujo convívio se mantém em caso de conflito, em detrimento da dialética[50] excludente, da lógica do tudo ou nada, contida nas regras,[51] as questões axiológicas remetem-se em uma espiral interrogativa que obedece a outra estrutura. Ao termo, questiona-se criticamente o método e as premissas da interpretação, para aferir de seu acerto. Acerto no sentido de melhor interpretação, dentre as muitas possíveis, no caso concreto.[52] A melhor direção, dentre as muitas, para aquele discurso determinado. Tópico. Relativo. À luz do sistema. Sob influência de seus atratores. Mesmo na lacuna. Ainda aqui estão os atratores estranhos de Lorenz. Há valores. Não há anomia. Não há vácuo axiológico.

Para esta operação, necessitamos apreender com os desconstrutores, na mesma medida em que lhe fornecemos um modelo para que a atuação seja construtora, estruturante e funcional, sem reconhecer-se estruturalista ou funcionalista em algum sentido que se possa tomar por puro. Ou seja, dialogicamente. No todo e na parte. Caos e complexidade. Sem complexos. Sem caos. Fatalmente. Fractalmente.

1.4. Vida e Linearidade – Do Cubismo Jurídico à Renascença Epistemológica

Os estudos que partem da topologia alcançando os fractais passam, como se pode intuir, a ter relevância ao Direito. Por razões que se ubicam no estreito espaço que se destina o texto a ocupar, é impossível enfrentar toda a gama de possibilidades que os fractais abrem. Várias delas já estão dispersas ao longo das linhas antecedentes, ou já são diretamente exploradas por Mandelbrot (pai da concepção de fractais) na economia. Por exemplo, no que diz aos recortes de escala, cujas ampliações distorcem o conteúdo, caso não possua um operador hábil como instrumentalizador. Para perceber se uma determinada decisão original seja um desvio ou revele uma tendência na jurisprudência. Para perceber se um desvio trata-se de erro metodológico ou influências externas, reveladoras da instabilidade do sistema. Para saber se um caso seguirá a tendência ou terá um desvio. Como? Por quê? Quando? Afora a questão inversa, importando em modificar a trajetória ou mesmo a tendência da jurisprudência.

---

[49] PASCAL, Blaise. *Pensamentos*. Ob. cit.

[50] KANT, Imanuel. *Fundamentação da metafísica dos costumes*. São Paulo: Martin Claret, 2003.

[51] ARONNE, Ricardo. *Sistema e unidade axiológica*, ob. cit., *passim*.

[52] Importante leitura neste sentido, também repleta de elementos de caos implícitos: PASQUALINI, Alexandre Câmara. *Hermenêutica e sistema jurídico*. Porto Alegre: Liv. do Advogado, 2000.

Para que a temática não se remeta a um vácuo, pinço um outro ponto em referência, nesta relação do Direito com fractais, pois comporta melhor síntese. Kelsen, dentre as inúmeras contribuições à Teoria Geral do Direito, revelou sua *grundnorm*, reconhecedora da descodificação e publicização do Direito Privado, como princípio de solução formal no sistema, para evitar entropia, garantindo sua coerência.[53]

Daí derivou a fórmula, correta e útil, da hierarquia das fontes, encimada pela Constituição, seguida de tratados e leis complementares, cimeiros à legislação ordinária, decretos e medidas provisórias, que são seguidos por regulamentos e regulações menores. Esta estrutura notabilizou-se, estando presente na doutrina internacional, de maneira pacífica, desde a primeira metade do Século XX.

Ocorre que, na contemporaneidade, esta fórmula já não mais reflete fidedignamente à realidade complexa do fenômeno jurídico. Ainda que não se possa apontar como errada, não se pode acolher como exata. É uma aproximação. Uma simplificação. Concebido o Direito como um sistema não-linear, instável, complexo e dinâmico, com as características já sinteticamente apontadas, seu sentido apenas resulta construído em concreto. Neste ponto, importantes conclusões, atinentes à metereologia e ao caos, foram aferidas por Lorenz e, antes ainda, por Póincaré.[54] Não se faz *pret-a-porter*.[55]

Um princípio que tenha guardado preponderância em uma determinada solução poderá estar relativizado em outra, diante da situação posta ao Direito, para solução. E não há possibilidade de *non liquet*, do Direito dar às costas ao respectivo jurisdicionado, negando-lhe jurisdição. O Direito sempre deverá dar uma resposta, quando for chamado. Isso não acontece em todos os campos do conhecimento.

O Direito é como a vida. Dificilmente reconhece a linearidade como natural. Ela é mais comum nos ambientes preparados para isolar o meio: laboratórios e codificações. Para o desespero de alguns, Deus não é um geômetra. As copas das árvores não são triângulos, laranjas não são esferas perfeitas, nossa pele não é uma superfície plana, o mundo não foi desenhado com compasso e régua. Talvez ao compasso de regras, mas nunca ao sabor delas. Sempre à mão livre. Possivelmente canhota.

O Direito reflete isto. Kelsen, qual um Di Cavalcanti (registrada a diversidade de intenções, sensibilidade e matrizes), pintou o universo

---

[53] Vide KELSEN, Hans. *A teoria pura do direito*. Ob. cit.

[54] Para síntese: GLEICK, James. *A ciência do caos*. Ob. cit.

[55] Apenas para explicitar as raízes do paradoxo que surge ao olhar atento, as conclusões expostas em sede de dinâmica do sistema somente são possíveis por proceder-se estudo de sua condição estática. Importa não resumir a percepção. São estudos necessariamente complementares.

jurídico com as cores de uma abstração, às quais poderão, topicamente, parecer pálidas ou aberrantes demais. As relações humanas não são expressões de uma órbita cubista, redutora dos detalhes da existência.

O Direito guarda fractalidade. Possui uma plástica apta a moldar-se ao caso concreto, até o limite de sua resistência axiológica, de sua torção. Isso refuta as simplificações da teoria tradicional, visíveis em toda a ciência moderna. Variando a lide, poderá variar o sentido da norma incidente, pois varia todo o sistema em sua dinâmica de unidade axiológica, garantidora de coerência material, evitando entropia. A preocupação da ciência jurídica moderna era com a coerência em parâmetro meramente formal. Influência de Kant. Decendência direta da metafísica. Há de superar-se. O sistema é sensível às condições iniciais e ao meio. Isso se reflete no todo e nas partes. Nada é linear. Talvez, em situações determinadas, apenas esforce-se para ter linearidade. Não obstante, persegue coerência e unidade material.

1.5. Pontuando a certo Ponto – A Busca de um Recomeço como Final

Este é o meu ponto, que trago aos colegas em um conto, verídico e em curso, como um rio claro e impetuoso que encontra o mar. Encontra, em certo horizonte epistemológico, também, um lar. Uma terra, cuja cidadania se denuncia pelo rigor do método e consistência da pesquisa. Pelo desapego ao dogma, frente ao dado irretorquível da incerteza. Da incerteza do paradigma. Que agora divide com outras áreas do saber humano. No Caos. Sua morada metodológica. A unidade complexa que se revela em Prismas.

Se caos não é determinística, por certo não é também estocástica. Einstein orava para o mesmo deus de Kelsen. A Lei. Não é o deus dos juízes, da sociedade ou da economia. O Direito tradicional, mormente civil, idólatra da lei fria e fetichista dos códigos fechados à realidade, feneceu, sucumbiu, escafedeu-se. Qual Hendrix. Em seus próprios dejetos. Construindo sua decadência. Seus cultores ainda dialogam com este cadáver, que há décadas vem deixando progressivamente de responder, no tabuleiro ouija da jurisprudência. Resume-se a uma doutrina mediúnica. Espírita. "Kelsenista". Que ouve uma jurisprudência do Século XIX. Dura. Fria. Morta. Embalsamada no Código Civil.

Não obstante a indeterminação como dado, um processo tampouco se decide com a aleatoriedade de um lançamento de dados,[56] mediante irra-

[56] STEWART, Ian. *Será que Deus joga dados? A nova matemática do caos*. Rio de Janeiro: JZE, 1991.

cional processo não apreensível de compreensão diante de tão subjetiva medida ou jogada. Ao contrário. Rasga as portas de outra seara de racionalidade, em platô privilegiadamente voltado para o cenário do Século XXI.

Na irrepetível espiral histórica, as novas ciências se reencontram tardiamente, fruto de um prolongado afastamento formal na modernidade. Voltam com as marcas do dilaceramento secular em sua carne. Voltam amadurecidas pela consciência de suas perdas. Voltam, paradoxalmente, não para um recomeço, e sim, para um retrilhar. Não é o mesmo rio. Passou. É novo, sem sê-lo. Sem dúvida, não se cogita o fim das especialidades, como não mais é cogitável negar a complexidade pela simplificação (outrora ignorante e hoje perversa). Se o indeterminismo, nos padrões metafísicos, arruinou o pensamento moderno como legado, um rastro de razão foi deixado para a pós-modernidade: Caos.

Allea jacta est, disse César ao cruzar o Rubicão. Transposto em quatro milênios, à luz do *bushidô* científico atual, diante de um novo Rubicão, paradoxalmente imemorial, acrescentaria: – *In famulus. Servitus ad calculum non peregriniatur oraculorum.* Visionário? Não, apenas bem-informado.

2. Sistema Jurídico e Unidade Axiológica: Os Contornos Metodológicos do Direito Civil Constitucional.[57]

No cenário nacional de 1988, uma revolução se pôs em curso no Direito Civil brasileiro. A chegada da democracia no Brasil deu origem ao Estado Social e Democrático nacional, projetado na respectiva Constituição promulgada. Novos atores atuando em novos roteiros epistemológicos.

A partir de então, o trânsito jurídico, os projetos parentais e as titularidades de apropriação foram sendo reconstruídos pela jurisprudência e pela doutrina mais arejada a par do núcleo constitucional redivivo em novos moldes axiológicos. Inicia a marcha da repersonalização, da despatrimonialização do Direito. Lenta e gradualmente, mas substancial. À metade da década que findou o Século XX no Brasil, a família, o contrato e as titularidades[58] eram significantes que ostentavam novos significados, cuja fisionomia e silhueta ainda continuaria se transformando.[59]

Passam a ser repensadas, fora do palco da codificação, as categorias fundamentais do Direito Civil, tendo se exaurido o fôlego de sua teoria clássica[60] ainda presente nos manuais, substanciada por uma Jurispru-

---

[57] Ensaio produzido, à convite do Prof. Wambert di Lorenzo, para o I Congresso Sul-Americano de Filosofia do Direito e IV Colóquio Sul-Americano de Realismo Jurídico, a partir do capítulo 2.2 da respectiva tese doutoramento defendida na UFPR em 2000, sob orientação do Prof. Dr. Luiz Edson Fachin. Publicado nos anais do evento. Produzido entre outubro e novembro de 2005.

[58] CARBONNIER, Jean. *Flexible droit: pour une sociologie du droit sans riguer*. Paris: LGDJ, 1992, p. 201.

[59] Para uma análise específica deste ponto, vide ARONNE, Ricardo. *Por uma nova hermenêutica dos direitos reais limitados*. Rio de Janeiro: Renovar, 2001, p. 1-45.

[60] ARONNE, Ricardo. Titularidades e apropriação no novo Código Civil brasileiro – Breve ensaio sobre a posse e sua natureza. IN: SARLET, Ingo Wolfgang. (org.) *O novo Código Civil e a Constituição*. Porto Alegre: Livraria do Advogado, 2003, p. 215-220.

dência dos Conceitos,[61] fantasiosa e egocentrista,[62] na resolução dos problemas oriundos das controvérsias contemporâneas nas relações interprivadas.[63]

Um novo Direito Civil, independente do asfalto, que suba o morro e reencontre a sociedade, não se fez em códigos,[64] é fruto de uma reconstrução epistemológica, capitaneada pela jurisprudência mais compromissada,[65] nucleada na nova dimensão existencial do Direito Privado, que teve por ante-sala um substancioso Diploma Constitucional, destinado a uma sociedade advinda de vinte e um anos de militarismo totalitário.

---

[61] NORONHA, Fernando. *O direito dos contratos e seus princípios fundamentais*. São Paulo: Saraiva, 1994, p. 36-37: "O método jurídico que censuramos, o método positivista, com a sua peculiar técnica de construção do direito a partir de postulados, conceitos e pirâmides de conceitos (do alemão *Begriffsjurisprudenz*): jurisprudência é palavra aqui usada em acepção próxima de "ciência do direito", de acordo com o seu significado na língua alemã, onde a expressão 'jurisprudência dos conceitos' foi cunhada".

[62] A Pandectista, a Escola Histórica, a Jurisprudência dos Conceitos e a Escola da Exegese, que formaram a base metodológica da civilística clássica. Para o respectivo Direito Privado, por sua vez, o centro do sistema jurídico estava localizado no Código Civil, cumprindo à Constituição a tarefa de organizar o Estado e defender o cidadão de seus excessos. Alinhadas à concepção do Estado Liberal de Direito, reduziam o próprio aplicador do Direito à tarefa de simples subsunção formal do caso ao tipo. Mostram-se solipcistas, em face da sua visão de liberdade meramente formal, traduzindo uma visão egoística do Direito, a conceber o código como verdadeira Constituição do homem privado. Nesse sentido, entre outros, Orlando GOMES (*Transformações gerais do direito das obrigações*. São Paulo: RT, 1980, p. 2), em obra dedicada ao estudo das obrigações, tece a seguinte análise da concepção clássica do Direito Civil, a partir de um de seus pilares: "O Direito das Obrigações elaborado no Século XIX, calcado no Direito Romano e aperfeiçoado, principalmente na Alemanha, pela Escola das Pandectas, concorreu para o desenvolvimento econômico, mas legitimou abusos, ao favorecer a prepotência das pessoas economicamente fortes. No pórtico de sua codificação, poder-se-ia ter inscrito, a talho de foice, a legenda: *beati possidentes*".

[63] No mesmo sentido, porém sob diversos paradigmas, Franz WIEACKER, *História do direito privado moderno*. 2ª ed. Lisboa: Calouste Gulbenkian, s.d., p. 716-722.

[64] HABERMAS, Jürgen. *Técnica e ciência como 'Ideologia'*. Lisboa: Edições 70, 1997, p. 49: "A 'racionalização' de Max Weber não é apenas um processo a longo prazo da modificação das estruturas sociais, mas também ao mesmo tempo 'racionalização' no sentido de Freud: o verdadeiro motivo, a manutenção da dominação objectivamente caduca, é ocultado pela invocação de imperativos técnicos. Semelhante invocação é possível só porque a racionalidade da ciência e da técnica já é na sua imanência uma racionalidade do dispor, uma racionalidade da dominação".

[65] Nesse sentido, merece transcrição excerto do extenso voto do Min. César Rocha, na condição de relator do Rec. Extraordinário 15.468-0-RS, junto ao STF, em julgado de 11.11.92, publicado no DJ em 12.04.93 e RTDP 5/265-272, do que se extrai (p. 268): "Todavia como coisa essencialmente viva, o Direito ultrapassa os limites interpretativos que vão se tornando tradicionais, para atualizar o conteúdo da Lei, buscar no domínio axiológico o seu sentido finalístico, através de encadeamentos visualizadores do que seja justo e razoável. O saudoso Professor Nelson Sampaio lecionava que as decisões judiciais devem evoluir constantemente, referindo, é certo, os casos pretéritos, mas operando passagem à renovação judicial do Direito, sem contudo, abrir a porta ao arbítrio judicial. O ato de aplicar a lei ao caso concreto não se resume à subsunção à pragmática das sentenças judiciais anteriores mas que se tenha também como presentes os ensinamentos relevantes da doutrina científica do Direito, fonte subsidiária e elemento revalorizador de todos os julgados. Através de tais operações, não tomará o Juiz liberdades permissivas com a Lei, decidindo contra o seu comando, mas, ao estabelecer, em atividade recriadora, a norma regente do caso concreto, dentre as várias opções interpretativas que se oferecem ao seu espírito, escolherá aquela que mais completamente realize o ideal do justo".

Importa uma ruptura material, de compromissos, com a proposição tradicional do Direito Civil. É nesse passo que se deve abordar o tema. Para bem além do sentido de suposta novidade das cláusulas gerais (apontada como a inovação do "novo" Código Civil), o desafio que este ensaio toma para si, cediço os pressupostos que edificam o Direito Privado na atualidade,[66] é o de sistematizar as bases da noção contemporânea de sistema jurídico, compromissada com a prática e a operacionalidade.

Não se retomará aqui as longas críticas oportunamente tecidas sobre a impertinência da idéia e sentido da recodificação,[67] e sim, como operar com ela, no atual cenário jusprivatista.

A falta de identidade do Direito Civil-Constitucional com os paradigmas positivistas tradicionais, traçados pelo racionalismo dos séculos passados,[68] não é uma recusa para com a cientificidade do Direito, e sim, uma percepção diferida,[69] que deve ser explicitada,[70] pois alinha sua coerência. Sua métrica sem dimensões.[71] Sua razão e caos.

Na recusa dos pressupostos clássicos[72] – pela análise do Direito Civil em bases teóricas diversas – frutifica a busca de uma compreensão meto-

---

[66] Sobre o tema, é notável a intervenção que faz TUTIKIAN,Cristiano (Sistema e codificação: o Código Civil e as cláusulas gerais, *in* ARONNE, Ricardo (org.), *Estudos de direito civil-constitucional*, Porto Alegre: Livraria do Advogado, 2004, p. 19-79, v. 1).

[67] ARONNE, Ricardo. *Código Civil anotado*. São Paulo: Thomson, 2005, p. 17-25.

[68] VIEIRA, Leonardo Alves. Coerção em Kant e Schelling: fundamentação e conseqüências. *Veritas*, Porto Alegre: EDIPUCRS, v. 43, n. 4, p. 866, 1998: "No contexto de modernização e racionalização das sociedades ocidentais analisadas por Weber, Habermas identifica o que ele considera uma unilateralidade no modo como Weber aborda o Direito moderno: a redução da racionalidade do Direito à racionalidade do tipo instrumental. Este tipo de redução levado a cabo por Weber acarreta 1) a sua tese de que a legitimidade do poder é alcançada mediante a legalidade e 2) a recusa e crítica do que ele denominava moralização ou materialização do Direito".

[69] VIEIRA, L. A., op. cit., p. 867: "Aos olhos de Habermas, Weber, em virtude desta crítica à materialização ou moralização do Direito, quer limitar a racionalidade do Direito a uma perspectiva meramente cognitivo-instrumental, impedindo-o de abrir-se à resolução discursiva de pretensões de correção normativa (normative Richtigkeit). [...] Usando a terminologia até então empregada neste texto, Weber desloca o Direito da esfera prático-moral, considerando como algo prejudicial à dinâmica do Direito a aproximação com postulados morais, para o âmbito prático-técnico como sinal do mais alto grau de evolução do Direito. A crítica de Habermas se dirige justamente contra este estreitamento da racionalidade do Direito, colocando-o, em virtude disto, pelo menos no que diz respeito às intenções teóricas, na mesma linha de Kant e Hegel".

[70] ARONNE, Ricardo. Por um direito civil-constitucional. Idem. (org.) *Estudos de direito civil-constitucional*, Porto Alegre: Livraria do Advogado, 2004, p. 11-15, no Vol. 1 e 2.

[71] FERNANDES, Florestan; FREITAG, Barbara; ROUANET, Sérgio Paulo. *Habermas*. São Paulo: Ática, 1993, p. 15-16: "A ideologia tecnocrática é muito mais indevassável que as do passado, porque ela está negando a própria estrutura da ação comunicativa, assimilando-a à ação instrumental. Pois enquanto àquela, como vimos, se baseia numa intersubjetividade fundada em normas, que precisam ser justificadas (mesmo que tal justificação se baseie em falsas legitimações), esta se baseia em regras, que não exigem qualquer justificação. O que está em jogo, assim, é algo de muito radical, que é nada menos que uma tentativa de sabotar a própria estrutura de interesses da espécie, que inclui, ao lado do interesse instrumental, também o interesse comunicativo."

[72] CANARIS, *Pensamento sistemático e conceito de sistema na ciência do direito*. Trad. A. Menezes Cordeiro. Lisboa: Fund. Calouste Gulbenkian, 1989, p. 68-75.

dológica adequada que ampare a empreitada do civilista na sua tarefa interpretativa, rompendo com a ideologia conservadora da civilística tradicional (manutenção do *status quo*), uma vez compreendidas suas premissas e utilizadas como esteio de controvérsia.[73]

A apreensão do sentido do sistema jurídico na resolução das controvérsias sociais e, portanto, rente à realidade social, com franco embasamento axiológico e principiológico, redirecionando a compreensão do Direito Civil contemporâneo, não fundamenta uma perda de racionalidade, e sim, aponta um novo patamar de racionalidade, imbricado com sua interpretação constitucionalizada,[74] visível pela também contemporânea noção de sistema axiológico.

Trata-se de um repensar ínsito voltado à própria teoria da normatividade, em face da regulação constitucional das relações interprivadas, como esteio axiológico que emoldura a sistematização interprivada, trazendo-lhe novos contornos valorativos, não impressos pelos conceitos, e sim, pela Lei Maior, que a fundamenta.[75] [76]

Da negativa desse repensar[77] – pelo apego ao conceitualismo – resulta a ineficácia dos mecanismos do sistema, uma vez que o instrumental

---

[73] SZTOMPKA, Piotr. *A sociologia da mudança social*. Rio de Janeiro: Civilização Brasileira, 1998, p. 14-15: "Uma das peças mais preciosas do saber sociológico é o princípio do historicismo. Ele diz que para compreender qualquer fenômeno contemporâneo devemos pesquisar suas origens e processo de formação. O mesmo se aplica ao reino das idéias; é impossível compreender as visões contemporâneas da mudança social sem identificar quais concepções anteriores elas pretendem aperfeiçoar e a quais teorias se contrapõem. Seguiremos este princípio. [...] Não se trata aqui de um projeto de história das idéias, mas de análise sociológica sistemática".

[74] MIRANDA, Jorge. Direitos fundamentais e interpretação constitucional. *Revista do Tribunal Regional Federal da 4ª Região*, Porto Alegre: O Tribunal, n. 30, p. 21-34, 1998, p. 27-28: "[...] Como toda interpretação jurídica é inseparável da aplicação do Direito, não se destina à enunciação abstracta de conceitos, destina-se à conformação da vida pela norma. Comporta especialidades, não desvios aos cânones gerais (ainda quando se utilizem diversos métodos e vias). A interpretação constitucional tem de ter em conta condicionalismos e fins políticos inelutáveis e irredutíveis, mas não pode visar outra coisa que não sejam os preceitos e princípios jurídicos que lhes correspondem. Tem de olhar para a realidade constitucional, mas tem de a saber tomar como sujeita ao influxo da norma e não como mera realidade de facto. Tem de racionalizar sem formalizar. Tem de estar atenta aos valores sem dissolver a lei constitucional no subjectivismo ou na emoção política. Tem de se fazer mediante a circulação da norma – realidade constitucional – valor. A função integradora da Constituição – desde logo no campo dos direitos fundamentais – reclama a função racionalizadora da interpretação constitucional."

[75] PERLINGIERI, Pietro. *Perfis do direito civil*. Rio de Janeiro: Renovar, 1997, p. 10-12.

[76] CANARIS, op. cit., p. 66-67: "Sendo o ordenamento, de acordo com a sua derivação a partir da regra da justiça, de natureza valorativa, assim também o sistema a ele correspondente só pode ser uma ordenação *axiológica* ou *teleológica* – na qual, aqui, teleológico não é utilizado no sentido estrito de pura conexão de meios aos fins, mas sim no sentido mais lato de cada realização de escopos e de valores, portanto no sentido no qual a 'jurisprudência das valorações', é equiparada à jurisprudência teleológica."

[77] FACHIN, Luiz Edson. Direito civil contemporâneo. *Revista Consulex*, Brasília: Consulex, n. 18, 1998, p. 33.

clássico não é apto para compreensão das bases ou possibilidades de um sistema axiológico[78] e tampouco a operar com a eficácia horizontal dos direitos fundamentais.[79]

Ao se erigir o sistema jurídico pátrio a partir de valores como igualdade, solidariedade, liberdade, fraternidade, pluralismo e bem comum, na consecução de um Estado Social e Democrático de Direito,[80] como princípio jurídico vinculante – não só ao Estado como também aos destinatários da ordem jurídica –, que se desvenda através de princípios, tais como o da dignidade da pessoa humana, cidadania e função social da propriedade, as regras do Direito Privado passam a receber um novo conteúdo e a expressar um novo sentido, diverso daquele que emanava quando adveio à ordem jurídica.[81]

As possibilidades desse novo horizonte não foram ainda devidamente exploradas pela doutrina,[82] arraigada à tecitura conceitual clássica, e tenta proceder timidamente, através de um postulado de cláusulas gerais, a uma

---

[78] GIORGIANNI, Michele. O direito privado e as suas atuais fronteiras. *Revista dos Tribunais*, São Paulo: RT, n. 747, p. 35-55, 1998, p. 36.

[79] Decorre dessa problemática, concreta ante a produção jurídica de ideário arcaico, as pedras dirigidas ao texto constitucional, que deveriam se voltar aos juristas (principalmente os civilistas), pois é neles que se observa a postura conservadora. Assim, Boris FAUSTO (*História do Brasil*. 7ª ed. São Paulo: EDUSP, 1999, p. 525): "Com todos os seus defeitos, a Constituição de 1988 refletiu o avanço ocorrido no país especialmente na área da extensão dos direitos sociais e políticos aos cidadãos em geral e às chamadas minorias. Entre outros avanços reconheceu-se a existência de direitos e deveres coletivos, além dos individuais. [...] O texto constitucional é bastante abrangente, mas, mais do que em qualquer outro campo, há aqui uma enorme distância entre o que diz a lei e o que acontece na prática".

[80] Preâmbulo da CF/88.

[81] LOPES, Mauricio Antonio Ribeiro. A dignidade da pessoa humana: estudo de um caso. *Revista dos Tribunais*, São Paulo: RT, n.758, p.106-117, 1998, p. 115: "Se o *direito à igualdade* já foi reduzido para um *direito de igualdade formal*, pela simples isonomia diante da lei, é imperioso impedir que o mesmo venha a acontecer com a *dignidade da pessoa humana*. Evitar que venha a tornar-se o miserável *formalmente digno* diante do abastado, conferindo-lhe apenas a titularidade de um *direito subjetivo à dignidade*. Não foi esse o espírito constitucional. [...] Ora, os princípios fundamentais do Título I da Constituição representam a base do desenvolvimento da forma de Estado Social e Democrático de Direito que se instituiu no Brasil a partir da vigência do texto maior. Não se pode entender o art. 5º senão consagrador de direitos e garantias individuais em face da peculiar maneira de ser do Estado brasileiro, qual seja, Social, Democrático e de Direito. Todos os incisos positivadores de tais garantias são decorrentes dos princípios fundamentais da natureza do Estado. Se são aplicáveis imediatamente tais princípios e garantias é porque, e somente porque, o Estado Social e Democrático de Direito proposto no Título I já existe em seus valores fundamentais. Corolário disso é que a *dignidade da pessoa* não é um valor futuro, mas presente desde a vigência da Constituição. Todos têm acesso ao *direito de dignidade material*. [...] E, apesar da teimosia de alguns ao interpretar a Carta exclusivamente em seu aspecto formal e não material, tais direitos decorrentes também têm caráter de aplicabilidade imediata".

[82] POPP, Carlyle. Princípio constitucional da dignidade da pessoa humana. In: LOTUFO, Renan (Org.). *Direito civil constitucional*. São Paulo: Max Limonad, 1999, p. 151: "Após o advento da Constituição de 1988 o direito pátrio passou por um redimensionamento conceitual que conduziu a uma releitura de todo o sistema jurídico. Tal situação não foi claramente percebida pela maioria da comunidade jurídica, pois vinculada a um pensamento liberal no sentido de que a regra constitucional não tem aplicação direta e é direcionada ao legislador".

adaptação das regras codificadas ou esparsas pela legislação, como se alteradas por influxo externo, ou se mantém repetindo as lições seculares obradas pela Pandectista.[83]

De início, cumpre evidenciar que a mudança ocorrida em todo o Direito Civil é interna, e não externa. Mais do que regras, os valores que orientam seu sentido sofreram profunda alteração. Nessa medida, o patamar em que se há de perseguir a coerência não é formal, e sim, material, no alinhamento teleológico do conteúdo axiológico renovado que a legislação civil recebeu.

Justamente na forma como se positiva o sistema, emana de sua base formativa precípua a Constituição Federal, princípios e valores[84] que vêm trazer uma feição completamente distinta ao Direito Civil,[85] comparativamente àquele forjado no período liberal, erigido sobre os pilares da família, titularidade e contrato, a partir de uma dicotomia entre o público e o privado.[86] Paulo Luiz Netto Lôbo,[87] tal qual Giorgianni,[88] apreciando a

[83] CARBONNIER, *Flexible droit...*, p. 258.

[84] MORAES, Maria Celina Bodin de. A caminho de um direito civil constitucional. *Revista de Direito Civil*, São Paulo: RT, n. 65, p. 21-32, 1992, p. 24.

[85] ENTERRÍA, Eduardo Garcia de. *La constitucion como norma y el tribunal constitucional*. 3ª ed. Madrid: Civitas, 1985, p. 19-20.

[86] Orlando GOMES (*Raizes históricas e sociológicas do código civil brasileiro*. Salvador: Universidade da Bahia, 1958, p. 57) leciona que a resistência clássica na consolidação do Código em seu projeto original, consistiu em não dar guarida no mesmo aos direitos sociais, hoje reconhecidos em todas as ordens constitucionais modernas do mundo (nas palavras do autor), que trazem novos contornos ao direito privado. A isso soma-se a contemporânea leitura de eficácia horizontal dos direitos fundamentais, não mais como direitos oponíveis somente contra o Estado, como também no âmbito interprivado, matéria essa muito bem introduzida por Ingo Wolfgang Sarlet ("Os direitos fundamentais sociais na constituição de 1988". *O direito público em tempos de crise*. Porto Alegre: Livraria do Advogado, 1999, p. 129 e segs.).

[87] LÔBO, Paulo Luiz Netto. Contrato e mudança social. *Revista dos Tribunais*, São Paulo: RT, n. 722, p. 41, 1995: "A Declaração dos Direitos do Homem e do Cidadão, da Revolução Francesa, em 1798, proclamou a sacralidade da propriedade privada ('Art. 17. Sendo a propriedade um direito sagrado e inviolável...'), tida como exteriorização da pessoa humana ou da cidadania. Emancipada da rigidez da Idade Média, a propriedade privada dos bens econômicos ingressou em circulação contínua, mediante a instrumentalização do contrato. Autonomia de vontade, liberdade individual e propriedade privada, transmigraram dos fundamentos teóricos e ideológicos do Estado liberal para os princípios de direito, com pretensão a universalidade e intemporalidade. Considere-se o mais brilhante dos pensadores da época, Kant, especialmente na Fundamentação da Metafísica dos Costumes, onde distingue o que entende por autonomia de heteronomia. A autonomia é o campo da liberdade, porque os seres humanos podem exercer suas escolhas e estabelecerem regras para si mesmos, coletivamente ou interindivindualmente. A heteronomia, por seu turno, é o campo da natureza cujas regras o homem não pode modificar e está sujeito a elas. Assim, o mundo ético, em que se encartaria o direito, seria o reino da liberdade dos indivíduos, enquanto tais, porque a eles se dirige o princípio estruturante do imperativo categórico kantiano. Na fundamentação filosófica kantiana, a autonomia envolve a criação e aplicação de todo o direito".

[88] GIORGIANNI, op. cit., p. 38-39: "Como acenamos há pouco, a distinção entre Direito Público e Direito Privado encontra-se há tempos em 'crise', sobretudo na doutrina juspublicista. Se se quisesse procurar as razões pelas quais os privatistas – e especialmente os civilistas – sinalizaram muito pouco aquela 'crise', ou a entenderam quase exclusivamente como 'crise' do Direito Privado, elas deveriam

moldura jurídica do Estado Liberal, faz compreensiva síntese dos seus paradigmas, traduzidos na interdependência da propriedade e do contrato, exteriorizadores primeiros da desmedida autonomia da privada, fetiche do Estado Moderno.

A superação do ideário oitocentista implica tenha o intérprete noção da matéria-prima com a qual trabalha, cujo estado da arte da ciência do Direito conduz à assumida recusa do modelo clássico – de subsunção formal abstrata – cuja regência conceitualista refuta o essencial substancialismo do Direito,[89] em prejuízo do ser humano e do próprio mundo que o cerca.

---

ser individualizadas, talvez, em uma postura intelectual de 'conservação' frente à própria disciplina. É observação bastante comum que tal postura intelectual é certamente favorecida, se não mesmo totalmente provocada, pela codificação, que – cristalizando um determinado esquema de ordenamento jurídico – cria a ilusão de eterna validade. Os privatistas, portanto, estão geralmente ancorados a um esquema, por assim dizer, "jusnaturalista" do Direito Privado, como foi aquele recepcionado pelo *Code Napoléon*, ainda que com as impurezas que acompanham qualquer 'idéia' quando ela se transforma em 'ato'. [...] Como se sabe, jusnaturalismo e racionalismo levaram a conceber o ordenamento jurídico, então entendido essencialmente como 'Direito Privado', em função do indivíduo cujas origens ideais remontam justamente ao movimento renascentista, está o 'sujeito' de direito, subvertendo-se, assim, a origem etmológica de tal termo, relacionada, ao contrário, a um estado de sujeição (*subiectum*). O direito subjetivo é por isso entendido como poder de vontade do sujeito, e no centro do sistema sobressai o 'contrato' como a voluntária submissão do indivíduo a uma limitação da sua liberdade: pode-se dizer que todo o direito positivo, através da ficção do 'contrato social', é reconduzido aos esquemas voluntarísticos do Direito Privado. Nesse sistema, as relações do Direito Privado com o Direito Público são muito claras. [...] As duas esferas são quase impermeáveis, reconhecendo-se ao Estado o poder de limitar os direitos dos indivíduos somente para atender a exigências dos próprios indivíduos. [...] Este sistema, surgido da mente dos filósofos ou jusfilósofos, foi codificado pelo *Code Napoléon*, e baseado nela a pandectista alemã esforçou-se – ou, como foi observado recentemente, iludiu-se – para construir o edifício destinado a transportar do plano filosófico-jusnaturalista ao plano jurídico-positivo, a idéia do indivíduo-sujeito de direito e aquela e aquela do 'poder (*potestà*) de vontade' do individuo como único motor do Direito Privado. Os dois pilares desta concepção eram constituídos pela propriedade e pelo contrato, ambos entendidos como esferas sobre as quais se exerce a plena autonomia do indivíduo. Deles, sobretudo a propriedade individual constituía o verdadeiro eixo do sistema do Direito Privado, tanto que o contrato, na sistemática dos códigos oitocentistas, era regulamentado essencialmente como 'modo de aquisição da propriedade'".

[89] No prefácio ao quinto tomo de seu Tratado, dirigido ao direito das coisas, tal assertiva já era pressentida por Bonnecase, professor da Faculdade de Direito de Bordeaux, na França do início dos anos 30 do Século XX, no trato da classificação clássica dos direitos de crédito e dos direitos reais. BONNECASE, Julien. *Traité théorique et pratique de droit civil.* Paris: Recueil Sirey, 1930. Tomo 5, p. 1-2: "Elle se ramène, en effet, à l'ouverture d'une sorte de parenthèse, quelque pei étendue il est vrai, dans laquelle nous nous sommes efforée de grouper toute une série de problèmes intimement unis les uns aux autres malgré les apparences contraires, de projeter une vue d'ensemble sur ler discussions dont ils sont l'objet depuis quelque temps, et montrer comment les solutions proposées ou recherchées sont susceptibles soit de rénover, soit simplement d'eclairer, soit même troubler la physionomie traditionelle, sinon séculaire du Droit civil".
"Ela reconduz, com efeito, à abertura de uma espécie de parênteses, no qual somos levados a colocar uma série de problemas, apesar de suas aparências contrárias, de projetar uma visão de conjunto sobre discussões, nas quais eles são objetos há algum tempo, e mostrar como as soluções propostas ou procuradas são suscetíveis, seja de renovar, seja de esclarecer ou até mesmo perturbar a fisionomia tradicional, se não secular do Direito Civil". (Tradução livre)

O substancialismo torna-se atingível, sem perda da racionalidade jurídica,[90] pela intersubjetivação do imperativo categórico kantiano, de modo a manter-se um racionalismo jurídico em outro patamar, para bem além do formal,[91] que se revela pelo discurso do intérprete. Para isso, implica seja revista a sua própria noção, tanto de racionalidade quanto de sistema, tendo por superadas a completude e a pureza axiológica deste último.

O sistema jurídico deve ser compreendido dialogicamente pelo intérprete, ciente de sua abertura e teleologismo axiológico.[92] A malha jurídica se constitui não só de regras, como também de princípios e valores que se hierarquizam axiologicamente na tópica incidência,[93] com vistas à concretização de um Estado Social e Democrático de Direito.

A repersonalização perseguida advém de uma nova noção, substancializada, de sistema, bem como da análise de seus componentes axiológico-normativos. Ou seja, na positivação do princípio da dignidade da pessoa humana, no grau de princípio fundamental, as normas do direito das coisas passam a receber seu influxo, migrando para uma nova dimensão finalística. O sujeito, intersubjetivamente considerado, no seu meio e interação social, por imposição do ordenamento, retoma o centro protetivo do Direito, em detrimento da pertença.

Uma hermenêutica de Direito Privado que possa dar conta disso, sem que seja preciso se fundar em uma "nova" codificação, parte de premissas diversas das que confeccionaram a leitura tradicional. A primeira, e talvez mais básica de todas essas premissas, é a do que venha a ser o próprio

---

[90] O termo *racionalidade* ora empregado possui um sentido completamente diferente da postura positivista conservadora kelseniana, cumpre alertar, embora a noção resulte desde logo clara. Racionalismo advém no sentido intersubjetivado. A negativa de um racionalismo ao Direito implicaria reduzi-lo a uma teoria do discurso, mera retórica (CANARIS, op. cit., p. 255-256). Dizer que o intérprete não pode distinguir qual seria a melhor interpretação de uma norma, entre as muitas possíveis, seria dizer-se não ser o Direito uma ciência. Portanto, assim como jamais se pode admitir um dogmatismo jurídico, o seu contraposto absoluto, num ceticismo substancial, não é menos errado. Se o intérprete caminha em uma via de dois extremos, qual o pêndulo (potenciosamente preciso) de Galileu, cujo primeiro ponto é a completa vinculação, e o outro, a ampla discricionariedade, não menos correto é que o mesmo não toca em nenhum desses extremos. Portanto, a mais concreta regra é passível de interpretação e qualquer postura não regulada também é possível de apreciação qualitativa e valorativa à luz de princípios vinculantes.

[91] HABERMAS, Jürgen. *Consciência moral e agir comunicativo.* Rio de Janeiro: Tempo Brasileiro, 1989, p. 63.

[92] CANARIS, op. cit., p.101-105.

[93] HESSE, Konrad. *Escritos de derecho constitucional.* Madrid: Centro de Estudios Constitucionales, 1983, p. 44-45: "'Compreender' y, con ello, 'sólo es possible con respecto a un problema concreto. El intérprete tiene que poner en relación con dicho problema la norma que pretende entender, si quiere determinar su contenido correcto aqui y ahora. Esta determinación, así como la 'aplicación' de la norma al caso concreto, constituyen un proceso único y no la aplicación sucesiva a un determinado supuesto de algo preexistente, general, en si mismo compreensible. No existe interpretación constitucional desvinculada de los problemas concretos".

sistema jurídico e a intolerância ao fragmentário discurso dos microssistemas.

O sistema jurídico é uma rede aberta, tópica e axiologicamente hierarquizada de regras, princípios e valores, positivados no ordenamento.[94] Concebido o sistema desse modo, sem que se perca a noção de historicidade intrínseca ao Direito na condição de fenômeno social, e justamente por ter-se presente tal historicidade – que implica transformação evolutiva –, o método histórico de interpretação, próprio da Pandectista e dessa forma instrumental essencial da Escola da Exegese no resgate de conceitos, há de sofrer natural relativização, com a possibilidade de uma reestruturação interna dos institutos de Direito Privado.[95]

A interpretação seja histórica, literal, teleológica, doutrinária, sociológica, gramatical, integrativa, até a conforme a Constituição, constituem momentos pelos quais passa o operador no curso de uma interpretação necessariamente sistemática do Direito. Interpretação no sentido verticalizado, hierarquizando regras, princípios e valores, colmatando lacunas, evitando conflitos e resolvendo antinomias, na busca de coerência material.[96] Toda interpretação do Direito é assim uma interpretação constitucional, em algum sentido. Destaque-se aqui o fato da "siamesa" forma de controle de constitucionalidade brasileira, que conjuga, com sucesso ímpar, o método difuso com o concentrado. O Juiz de Direito da comarca de Cacimbinhas/RS é juiz constitucional. O de Munique, não.

Em razão da unidade material do sistema, cada norma topicamente aplicada não o é em isolado, visto incompreensível o fenômeno jurídico em sua apreensão fragmentária. Toda norma somente se revela no todo,[97] teleo-

---

[94] FREITAS, Juarez. *A interpretação sistemática do direito*. São Paulo: Malheiros, 1995, p. 40: "Em tal linha, sempre em atenção a imprescindível e irrenunciável meta de um conceito harmônico com racionalidade intersubjetiva, entende-se mais apropriado que se conceitue o sistema jurídico como uma rede axiológica e hierarquizada de princípios gerais e tópicos, de normas e de valores jurídicos cuja função é a de, evitando ou superando antinomias, dar cumprimento aos princípios e objetivos fundamentais do Estado Democrático de Direito, assim como se encontram consubstanciados, expressa ou implicitamente, na Constituição."

[95] HABERMAS, *Consciência moral...*, p. 62-63: "De início, quero destacar a validez deôntica das normas e as pretensões de validez que erguemos com atos de fala ligados a normas (ou regulativos) como constituindo aqueles fenômenos que uma ética filosófica tem que poder explicar. Ficará claro então que as posições filosóficas conhecidas, a saber, as teorias definitórias de gênero metafísico e as éticas intuicionistas do valor, por um lado, e as teorias não cognitivistas como o emotivismo e o decisionismo, por outro lado, já deixam escapar os fenômenos que precisam de explicação, ao assimilarem as proposições normativas ao modelo errôneo das valorações e proposições descritivas ou das proposições vivenciais e imperativas. Coisa semelhante vale para um prescriptivismo que se orienta pelo modelo das proposições intencionais."

[96] FREITAS, Juarez, *A interpretação...*, p. 16.

[97] SOUZA, Valdemarina Bidone de Azevedo e. "Interdisplinariedade: busca da harmonia perversa?" In: *Participação e interdisciplinariedade – movimentos de ruptura/construção*. Porto Alegre: EDIPUCRS, 1996, p. 17: "Ao mesmo tempo, na criação da globalidade, emerge a idéia de que o todo

logicamente orientado aos casos concretos. A hierarquização axiológica do sistema é tópica, de modo que uma mesma regra poderá traduzir conteúdos distintos do tecido axiológico normativo em casos distintos.

O próprio sentido das normas, em compreensão substancializada, conduz a uma abissal diferença do que se verifica classicamente, em que o público ocupa espaços privados e vice-versa, ante a unidade axiológica do sistema,[98] a rejeitar partições materiais da malha jurídica.[99] [100]

Também sucumbe a completude como dogma que a teoria tradicional do Direito Civil, em sua constante visão de excludência social (por vezes direta, em outras indireta), pela compreensão do sistema como aberto,[101] visto não se exaurir em regras, incompleto porém sempre completável sob pena de anomia – por inexistir lacuna de valores[102] – que conduz a necessidade de resposta e proximidade social do Direito para com o destinatário da ordem jurídica, forte no princípio da inafastabilidade e adequação da tutela.[103]

Isso é decorrência do próprio sistema jurídico ao qual o intérprete se vincula, como moldura dentro da qual este se movimenta teleologicamente orientado pelos valores que a integram e lhe é limite a refutar subjetivismos discricionários.[104]

---

pode ser superior ou inferior a soma das partes. Na subordinação das partes ao todo (idéias e pessoas) o ajustamento das complementaridades, as especializações, a retroação, a estabilidade do todo, os dispositivos de regulação e controle implicam imposições pelas partes interdependentes, das partes sobre o todo e do todo sobre elas (Morin, 1987a)".

[98] CANARIS, op. cit., p. 66: "As considerações críticas feitas até agora facultaram também as bases para o desenvolvimento de um conceito de sistema que esteja apto para captar a adequação interior e a unidade da ordem jurídica".

[99] FREITAS, Juarez, *A substancial inconstitucionalidade da lei injusta*. Porto Alegre: Vozes, 1989, p. 18: "A raiz desse mal parece repousar na sofística separação entre as 'cidades' do temporal e do atemporal, do concreto e do abstrato, do público e do privado, do positivo e do não positivo. Antes de tudo, porém, sem nenhuma contradição com nossa proposta transdogmática, importa assinalar que não se pode servir a dois senhores, isto é, ou se advoga uma deontologia jurídica que seja capaz de manter a lealdade à justiça real e concreta ou não estaremos mais com as leis da justiça, em que pesem todos os argumentos em defesa da segurança das instituições".

[100] PASQUALINI, O público e o privado. In: SARLET, Ingo (Org.). *O direito público em tempos de crise*. Porto Alegre: Livraria do Advogado, 1999, p. 36: "Dessarte, o todo e a parte são indissociáveis e possuem, dentro em si, o fundamento um do outro. Em sua substância e conteúdo, cada qual pressupõe o outro numa circularidade onde tudo se torna, simultaneamente, público e privado, onde tudo, até mesmo a vida, define-se pela participação no todo, porém através da consciência de si. Em outras palavras, público e privado são, na unidade teleológica dos interesses universalizáveis, uma mesma e única realidade, nascida dos mesmos princípios e voltada aos mesmos fins: um é a vida do outro."

[101] CANARIS, p. 106.

[102] CANARIS, p. 241.

[103] Art. 5º, XXXV da CF/88.

[104] CANARIS, p. 76-78: "[...] Mas isso significa que, na descoberta do sistema teleológico, não se pode ficar pelas 'decisões de conflitos' e dos valores *singulares*, antes se devendo avançar até os valores *fundamentais* mais profundos, portanto até aos *princípios gerais* duma ordem jurídica; trata-se, assim,

Do exposto advém a própria negativa a qualquer formulação no sentido de uma teoria geral do Direito Civil,[105] uma vez que pela unidade axiológica não há como seccionar o Direito Civil do todo, imprimindo-lhe uma racionalidade própria, em prol de uma autonomia reducionista.[106]

Uma das próprias proposições básicas da teoria do agir comunicativo é de que a razão é a razão[107] do todo e de suas partes.[108] Os valores e princípios constitucionais, desse modo, alimentam o Código e a legislação esparsa preexistente, que se reestruturam a partir deles ou são retirados do ordenamento. A teoria da normatividade contemporânea, reafirmadora dos direitos fundamentais e publicizadora dos interesses interprivatísticos, é seara fértil para a demonstração ora referida, como causa vulneradora de conservadorismos que ainda amealham seguidores nas correntes manualísticas.[109]

Dessa compreensão constitucionalizada do ordenamento jurídico, ascende o sujeito enquanto ser humano ao centro protetivo do Direito – por força do conteúdo axiológico concretizado nas normas que o integram –, retomando-se a necessária instrumentalidade social perdida na virtualização da pessoa obrada pela Jurisprudência dos Conceitos, independente da alteração da estrutura do Código ou do advento de um "novo", e sim, fundamentalmente, de sua releitura substancializada pelos valores consti-

---

de apurar, por detrás da lei e da *ratio legis*, a *ratio iuris* determinante. Pois só assim podem os valores singulares libertar-se do seu isolamento aparente e reconduzir-se à procurada conexão 'orgânica' e só assim se obtém aquele grau de generalização sobre o qual a *unidade* da ordem jurídica, no sentido acima caracterizado, se torna perceptível. O sistema deixa-se, assim, definir como uma ordem axiológica ou teleológica de princípios gerais de Direito, na qual o elemento de adequação valorativa se dirige mais à característica de ordem teleológica e o da unidade interna à característica dos princípios gerais."

[105] CARVALHO, Orlando de. *A teoria geral da relação jurídica: seu sentido e limites.* 2ª ed. Coimbra: Centelha, 1981, p. 9-13.

[106] RIBEIRO, Joaquim de Sousa. Constitucionalização do direito civil. *Boletim da Faculdade de Direito*, separata do v. 74, Coimbra: Universidade de Coimbra, 1998, p. 729-730: "Esse reconhecimento mais não é, nesta perspectiva, do que uma forma de regulação, a nível constitucional, das esferas da vida onde esse sujeito se movimenta, reflectindo uma dada valoração de interesses que aí conflituam. Valoração que, tendo em conta a unidade do sistema jurídico e a posição cimeira que, dentro dele, as normas constitucionais ocupam, não pode deixar de influenciar a apreciação, a nível legislativo e judicial, da matéria civilística."

[107] O conteúdo de racionalidade adotado é de ordem intersubjetiva, no sentido habermasiano, como revelado na transcrição de Canaris, e não formal ou de resgate histórico, como tratado tradicionalmente, repise-se.

[108] PIZZI, Jovino. *Ética do discurso: a racionalidade ético-comunicativa.* Porto Alegre: EDIPUCRS, 1994, p. 9.

[109] NORONHA, op. cit., p. 38: "Apesar de parecerem irrefutáveis os seus argumentos, não foi fácil às jurisprudências dos interesses e dos valores imporem-se, havendo ainda hoje muitos mestres, magistrados e advogados que raciocinam nos termos (positivistas) da jurisprudência dos conceitos. A aceitação das novas idéias é, porém, cada vez maior".

tucionais, com esteio no pensamento jurídico contemporâneo,[110] que revela os novos paradigmas do Direito Civil.[111]

A par da noção de sistema adotada, o tratamento das normas e dos valores que o perfazem difere em muito do observável na teoria jurídica do Século XIX,[112] que operava com um sistema formal de regras sustentado conceitualmente, não admitindo normatividade principiológica[113] e, em tese, não operando com valores.

Adveio radical alteração no núcleo essencial do Direito Civil como percebido pela ciência jurídica dos séculos anteriores, na esteira da mudança do papel do Estado nas relações interprivadas. Afora isso, tal mutação teve sua ocorrência a partir da Constituição, ou seja, fora da codificação e de sua própria concepção. Soma-se a isso o fato de que tampouco se trata de modificação legislativa – no sentido estrito do termo – e sim principiológica.[114]

Repisa-se a completa mutação do conteúdo normativo das regras do Código, constitucionalmente imprimida, decorre da nova estrutura principiológica e axiológica agasalhada pela CF/88. A construção de uma hermenêutica apta a compreender esse fenômeno, e dar sua tradução no Direito Civil, passa pela operação com tal dimensão do sistema, é refuta-

---

[110] SZTOMPKA, op. cit., p. 27: "[...] Além disso, segmentos qualitativamente distintos da sociedade, como a economia, a política e a cultura também podem ser compreendidos em termos sistêmicos. Assim, de acordo com os teóricos sistêmicos, Talcott Parsons (1902-1979) por exemplo, a noção de sistema é não apenas generalizada como também considerada de aplicação universal.
Nesse contexto, considera-se como mudança social aquela que ocorre dentro do sistema social ou que o abrange. Mais precisamente, ela corresponde à diferença entre vários estados sucessivos de um mesmo sistema".

[111] KUHN, Thomas S. *A estrutura das revoluções científicas*. 5ª ed. São Paulo: Perspectiva, 1998, p. 126: "As revoluções políticas iniciam-se com um sentimento crescente, com freqüência restrito a um segmento da comunidade política, de que as instituições existentes deixaram de responder adequadamente aos problemas postos por um meio que ajudaram em parte a criar. De forma muito semelhante, as revoluções científicas iniciam-se com um sentimento crescente, também seguidamente restrito a uma pequena subdivisão da comunidade científica, de que o paradigma existente deixou de funcionar adequadamente na exploração de um aspecto da natureza, cuja exploração fora anteriormente dirigida pelo paradigma. Tanto no desenvolvimento político como no científico, o sentimento de funcionamento defeituoso, que pode levar a crise, é um pré-requisito para revolução".

[112] MIRANDA, J., *Direitos fundamentais...*, p. 22.

[113] BONAVIDES, Paulo. *Curso de direito constitucional*. 6ª ed. São Paulo: Malheiros, 1996, p. 231-232.

[114] BONAVIDES, *Curso de direito...*, p. 232: "Impossível deixar de reconhecer, pois, nos princípios gerais de Direito, conforme veremos, a base e o teor da eficácia que a doutrina mais recente e moderna, em voga nas esferas contemporâneas da Ciência Constitucional, lhes reconhece e confere, escorada em legítimas razões e excelentes argumentos. O 'tudo ou nada' caracteriza, segundo Dworkin, a tese positivista sobre o caráter das normas, que ele tão duramente combate. Todo o discurso normativo tem que colocar, portanto, em seu raio de abrangência os princípios, aos quais as regras se vinculam. Os princípios espargem claridade sobre o entendimento das questões jurídicas, por mais complicadas que estas sejam no interior de um sistema de normas."

dora do objetivismo dogmático e do subjetivismo cético, assentando a intersubjetividade como parâmetro de racionalidade.

Esses elementos do sistema – regras e princípios – são vinculantes, justamente por serem percebidos como integrantes da ordem jurídica, sem que a ciência jurídica abra mão do reconhecimento de suas diferenças e complexidade. O ordenamento é composto de regras, princípios e valores – guardando unidade axiológica –, cuja compreensão somente se faz possível por meio da noção de normatividade regente, reafirmadora da respectiva correlação obrigatória das espécies normativas e seu inafastável substrato valorativo.

Os direitos fundamentais, ante sua aspiração principiológica, constituem-se mutuamente, sem se eliminar, com vistas à concretização da dignidade da pessoa humana; desiderato esse próprio da noção contemporânea de Estado e sua respectiva legitimidade, independente do caráter público ou privado das relações em análise.

Dessas noções, abre-se a possibilidade da reconstrução da própria concepção do Direito Privado.[115] Advém uma orientação teleológica distinta da classicamente concebida.[116]

---

[115] PASQUALINI, Alexandre. *Hermenêutica e sistema jurídico: uma introdução à interpretação sistemática do direito*. Porto Alegre: Livraria do Advogado, 1999, p. 23: "A exegese, portanto, não se dá a conhecer como simples e secundário método ancilar à ciência jurídica. Como fenômeno algo transcedental da cognição, o acontecer hermenêutico não é exterior, passivo, muito menos neutro em face do seu objeto. A experiência interpretativa se sabe interior e imanente à ordem jurídica. Na sua relação com o intérprete, o sistema não atua como um sol que apenas fornece sem nada receber em troca. Que fique claro que o sistema ilumina, mas também é iluminado. A ordem jurídica, enquanto ordem jurídica, só se põe presente e atual no mundo da vida através da luz temporalizada da hermenêutica. São os intérpretes que fazem o sistema sistematizar e, por conseguinte, o significado significar".

[116] PASQUALINI, *Hermenêutica...*, p. 24-26: "[...] No Direito, ninguém dá a última palavra (interpretação): o fim sempre constitui um novo e eterno começo. Um texto (normativo ou literário) está longe de ser uma espécie de animal doméstico mansamente acomodado aos pés do intérprete ou, ao reverso, uma besta selvagem totalmente rebelde às aproximações da exegese. [...] Apesar disso, o certo é que há boas e más interpretações, e a ordem jurídica não pode abrir mão de perseguir as melhores – as que promovam a máxima integração com o mínimo de conflito entre os elementos constitutivos do sistema. Eis o cálice do qual o intérprete não tem o direito de se afastar sem romper a aliança com o sistema e consigo mesmo. Os princípios, normas e valores alimentam diferentes leituras e sistematizações, mas são, também eles, em sinergia com a cultura humanístico-jurídica, os quais mais auxiliam no desafio de decifrar o melhor sentido. O intérprete, na multifecundidade dos significados, descobre a pluridesigualdade das interpretações, cujo necessário esforço de hierarquização, ultrapassando as escolhas politicamente arbitrárias, convoca o auxílio integrativo das linhas axiológicas do ordenamento jurídico. O Direito não deve e não precisa, na sua aberta unidade sistemática, abdicar do que possui de melhor. O sistema jurídico é, com certeza, um 'ícone' ou 'índice' móvel, mas permanece, ainda e eternamente, um sistema e, como tal, evoca, em muitos casos, um número ilimitado de interpretações, sem, contudo, justificar, levadas pelo voluntarismo, leituras incontinentes e dogmáticas. A hermenêutica, embora não configure um cálculo epistemológico exato e sem resto, é, evidentemente, *meno aleatoria di una pùntata sul rosso o sul nero*. À diferença do que pensava Valéry de seus versos, a ordem jurídica não tem, pura e simplesmente, o sentido que se lhe queira atribuir ou impor. Em cada ato interpretativo, estão presentes, em distintos níveis de

A malha jurídica perfaz um sistema à medida que todos os seus componentes se comunicam, de modo a que um ganhe sentido no outro – a partir dos valores que o integram –, para que não se vislumbrem como significantes vazios, em face da intersubjetividade que lhes reveste de significado, no que consiste a defendida noção de unidade e seu sentido axiológico.[117]

Daí expressar Alexy que a renúncia à compreensão da normatividade dos princípios equivale a uma renúncia à racionalidade.[118] Ainda que as regras codificadas, formuladas à luz da concepção pandectista do Direito Civil, restem inalteradas ainda que reescritas em um "novo" Código, seu conteúdo e significado mudaram, em razão da nova carga axiológica que as alimenta e que alimenta o próprio Direito Civil vigente, de feições e funções diversas das com que se apresentava nos séculos passados.[119]

Da compreensão da normatividade e do sentido de sistema na acepção renovada da metodologia ora esgrimida, observa-se a razão de ser interna, e não externa à alteração do Direito Civil brasileiro. Ou seja, o que ora se coloca não é mera semântica. A reformulação do Direito Privado está para além de sua adaptação às normas superiores, ou de leituras formais do fenômeno da "constitucionalização" do Direito Civil.[120]

---

densidade, não só os apontados princípios, normas e valores jurídicos, mas, antes, junto à consciência dos operadores do Direito, a tradição histórica, doutrinária e jurisprudencial, com base em que a exegese faz o sistema falar. Trata-se, portanto, sem prejuízo da regra da poliinterpretabilidade do sistema, de tarefa intrinsecamente dialógica e crítica, em que a comunidade hermenêutica dos juristas culmina ou por sufragar as interpretações mais adequadas ou, então, por desenganar as mais aberrantes."

[117] RIBEIRO, J. S., op. cit., p. 730: "Esta projecção do direito constitucional no direito civil é um fenômeno contemporâneo que, tendo como pressuposto um certo modelo de sociedade e uma certa idéia de Estado, dá resposta normativa a exigências da nossa época".

[118] ALEXY, Robert. *El concepto y la validez del derecho*. Trad. Jorge M. Seña. Barcelona: Gedisa, 1994, p. 173.

[119] RIBEIRO, J. S., op. cit., p. 733.

[120] ALDAZ, Carlos Martínez de Aguirre y. *El derecho civil a finales del siglo XX*. Madrid: Tecnos, 1991, p. 85-86: "*Es preciso, por el contrario, lograr una verdadera actuación de los principios constitucionales a través de las normas civiles, de las que aquéllos vendrían a ser como la guía interna, el criterio inspirador. Es decir, que la Constitución y sus principios no deben influir en el Derecho civil 'desde fuera' – a la manera en que es externa la luz al libro cuya 'relectura' se pretende –, sino que debe penetrar en el mismo del sistema, y desde ahí vitalizar enteramente el Derecho civil, constituyéndose en la fuerza interna inspiradora de la aplicación e interpretación de las normas civiles. Así, no es suficiente (aunque muchas veces sea útil y hasta necesario) acudir al artículo 3.1 del Código civil para justificar el recurso a los principios constitucionales, amparándose en uno u otro de los criterios interpretativos ofrecidos por tal precepto. Será preciso, más bien, partir de la consideración de los principios constitucionales como principios generales informadores del ordenamiento jurídico (art. 1.4º del Código civil), vía por la que quedan introducidos ya como elemento interno del Derecho civil, y precisamente con carácter informador; pero, después, será también necesario, según propone GORDILLO, que los principios generales 'pasen a desallar plenamente su admitida – aunque hoy notablemente atrofiada – virtualidad informadora y fundamentadora del ordenamiento'.*"

As normas passam a integrar o sistema em um processo de densificação gradual que parte de princípios abstratos até chegar às normas individuais reguladoras dos casos concretos.[121] O sistema positivo contém como seu elemento mais abstrato valores jurídicos, integrantes do ordenamento e que se encontram na raiz de toda e qualquer norma, senão de modo expresso, ao menos implícito, no processo concretizador da malha jurídica.[122]

A construção de uma nova compreensão jusprivada passa por um anterior processo, que é justamente compreender a densificação dos elementos do sistema em sua interligação e unidade axiológica, pois ele é o embrião da alteração do conteúdo das regras da codificação.

A falta de tal percepção, ainda verificável em diversos nichos da doutrina e dentre operadores do direito, dificulta a operacionalização da norma constitucional, tanto em eficácia vertical como horizontal.[123] Resulta, assim, o tratamento da matéria atinente ao Direito Civil, correlato ao período codicista ora redivivo, como se à espera da alteração da legislação infraconstitucional, para que a questão social adentre ao mundo do Direito Civil, mantendo-se indiferente à exclusão social em afronta ao sistema jurídico repersonalizado.[124]

---

[121] CANOTILHO, J. J. Gomes. *Direito constitucional.* 6ª ed. Coimbra: Almedina, 1993, p. 167-169 e 180-183. O referido autor expõe com clareza e didática, sem perda de precisão, a matéria em tela, com respaldo nas conclusões de Dworkin, Larenz e Alexy.

[122] PASQUALINI, Alexandre. Sobre a interpretação sistemática do direito. *Revista do Tribunal Regional Federal da 1ª Região*, Brasília: O Tribunal, v. 7, n. 4, p. 96, 1995: "Em outras palavras, a lei se apresenta tão-só como o primeiro e menor elo da encadeada e sistemática corrente jurídica, da qual fazem parte, até como garantia de sua resistência, os princípios e os valores, sem cuja predominância hierárquica e finalística o sistema sucumbe, vítima da entropia e da contradição. Vale dizer, a unidade só é assegurada por obra do superior gerenciamento teleológico, patrocinado pelos princípios e valores constituintes da ordem jurídica. Vai daí que a idéia de sistema jurídico estava a reclamar conceituação mais abrangente, sob pena de se tornar incapaz de surpreender o fenômeno jurídico em toda a sua dimensão, principalmente na esfera decisória."

[123] O explicitado é facilmente observável nas linhas do juiz e professor gaúcho Romeu Marques RIBEIRO FILHO (*Das invasões coletivas: aspectos jurisprudenciais.* Porto Alegre: Livraria do Advogado, 1998, p. 69): "Ora, não se nega se dever do proprietário [sic.], dar à sua propriedade função social. Contudo, questionável é assertiva no sentido de que a sociedade teria – ou tem – o direito de exigir do proprietário o cumprimento de seu dever. Ainda no plano argumentativo, se propriedade inócua é aquela destituída de funcionalidade social, admissível se mostra o posicionamento enquanto tratado em tese, tão somente. Todavia é curial que não compete ao Poder Judiciário, e muito menos a grupos invasores organizados, eleger ou mesmo apontar, qual propriedade está ou não cumprindo sua destinação social. Pois, como visto, tal competência, consoante mandamento constitucional expresso, é exclusivo do Poder Público municipal e da União, conforme o caso".

[124] RIBEIRO FILHO, op. cit., p. 112: "Ora, os nossos Tribunais [sic.], ordinariamente, além de prestar jurisdição ao caso concreto, terminam por preencher aquelas lacunas sociais, de competência única e exclusiva da Administração, não cumpridas por inconcebível omissão do Estado. É certo que aos olhos da opinião pública, é o Poder Judiciário quem reintegra, mantém ou proíbe. Aqui não se perquire se a Administração cumpre ou não seus deveres constitucionais. Daí ser correta a assertiva de que a paz social jamais poderá ser feita com o sacrifício da ordem jurídica, vez que a exclusão social pode ser fato econômico ou político, mas nunca jurídico, isso na exata medida em que todos se mostram iguais perante a lei".

Emerge de tal problema concreto a necessidade de retomar a própria teoria da normatividade, em suas diversas dimensões – valores, princípios e regras –, como se segue, a partir do caminho de densificação do sistema jurídico, explicitador da unidade axiológica que o cimenta.

Os valores antecedem o conteúdo normativo principiológico ou regrativo trazendo o ideário axiológico do sistema, de modo vinculante. Eles integram as normas, porém não são normas jurídicas. Para análise, observe-se que a formação do sistema vigente se iniciou pela opção de seus valores de arrimo, no preâmbulo da Constituição, que positivou a solidariedade, o pluralismo, a justiça, a igualdade, a liberdade, entre outros, como valores supremos, na base do princípio estruturante, alimentando-o axiologicamente para dar-lhe sentido objetivo, de racionalidade intersubjetiva.[125]

A simples alteração dos valores que cimentam o sistema influencia o sentido das normas de conteúdo mais concreto, como as que regulam os institutos de direitos reais limitados, pela comunicatividade da cadeia normativa em sua explicitação teleológica e intersubjetiva asseguradora da unidade axiológica.

O princípio estruturante, enfeixador dos valores constitucionalmente garantidos, densifica-se em princípios fundamentais, que se densificam em princípios gerais, passando-se aos especiais, em seguida aos especialíssimos, que se concretizam em regras, que são ainda concretizadas em normas individuais.

O princípio estruturante é a norma de maior abstração do ordenamento, o qual no sistema vigente se constitui do princípio do Estado Social Democrático de Direito,[126] diretamente decorrente dos valores positivados e enfeixador da integralidade dos mesmos, que haverão de se especificar no curso da concretização normativa.

Em tal medida, o princípio estruturante é o nascedouro normativo da ordem jurídica, e seu sentido concreto somente se revela nas normas de maior densidade; porém, não deve ser perdido de vista na qualidade de alfa do próprio conteúdo normativo do sistema.

Os princípios fundamentais são normas fundantes da ordem jurídica explicitadoras da senda constitucional desveladora da ordem jurídica estruturada.

---

[125] Preâmbulo da CF/88: "Nós, representantes do povo brasileiro, reunidos em Assembléia Nacional Constituinte para instituir um Estado Democrático, destinado a assegurar o exercício dos direitos sociais e individuais, a liberdade, a segurança, o bemestar, o desenvolvimento, a igualdade e a justiça como valores supremos de uma sociedade fraterna, pluralista e sem preconceitos, fundada na harmonia social e comprometida, na ordem interna e internacional, com a solução pacífica das controvérsias, promulgamos, sob a proteção de Deus, a seguinte CONSTITUIÇÃO DA REPÚBLICA FEDERATIVA DO BRASIL".

[126] Preâmbulo e *caput* do art. 1º da CF/88.

Nesta seara, observam-se princípios como dignidade da pessoa humana, acesso a uma ordem jurídica justa, reserva legal, dentre tantos quantos se revelam a partir dos princípios estruturantes.

Os princípios gerais densificam os anteriores, decorrendo dos mesmos a fim de concretizá-los, na gradual perda de abstração. Aqui se observam princípios como liberdade, igualdade, publicidade e inafastabilidade.

Os princípios especiais, no mesmo sentido, explicitam os anteriores para áreas específicas do direito, como é o caso do princípio da anterioridade, transparência, liberdade para contratar, *nulla poena sine praevia legem*, função social da propriedade, garantia da propriedade privada, entre tantos.

Os princípios especialíssimos são, juntamente com os especiais, espécies de cláusulas gerais,[127] porém de maior densidade, quase na concretude de regras; também voltados para áreas próprias, porém, alcançando as demais, por sua porosidade, abstração, multifuncionalidade e forma de incidência. Observam-se na espécie exemplos como vulnerabilidade do consumidor, igualdade entre os cônjuges, garantia à herança, não-lesividade da execução, elasticidade e fungibilidade dos recursos.

As regras são as normas de direito positivo (no sentido estrito) de maior concreticidade, regulando condutas, fatos ou atos específicos, de incidência explícita, como formas registrais, capacidade, prazos, recursos, exemplificativamente.

As normas individuais são as disposições jurisprudenciais e contratuais, reguladoras específicas de casos concretos, do que lhes advém a condição de fonte formal e material de direito.

Do ora verificado, compreende-se a noção de unidade axiológica do sistema jurídico, visto que as normas ganham seu esclarecimento umas nas outras, de modo que o todo é maior que a soma das partes, inviabilizando a compreensão do sistema em fatias, por implicar redução do próprio ordenamento a uma ou a um grupo de normas cuja própria apreensão restaria deficitária.[128]

Exemplo do ora explicitado, tomam-se as regras acerca do adimplemento no Código Civil, concretizadoras do princípio da obrigatoriedade dos contratos, densificante do princípio da autonomia de vontade, que

[127] LARENZ, *Metodologia...*, p. 156.

[128] PASQUALINI, Sobre a interpretação..., p. 96: "Sem descuidar da valiosa e indispensável busca de 'coerência lógica mínima do ordenamento', chama a atenção para o fato de que tal exigência de unidade jamais será lograda apenas no patamar formal, uma vez que, na origem mais remota do Direito, estão presentes princípios e valores jurídicos potencialmente contraditórios. Isso importa em afirmar-se optar por outra formulação – que o Direito, com asas de cera do formalismo dedutivista, nunca atingirá coerência sem comprometer, ato contínuo, sua eficácia e legitimidade substanciais."

decorre do princípio da liberdade, que é concretizador do princípio da dignidade da pessoa humana, o qual, sem o devido resguardo, arranharia a própria noção de Estado Social constitucionalmente assegurada e vinculante. Não obstante, o mesmo dispositivo do Código resta alimentado pelo princípio da vulnerabilidade do consumidor, densificador da isonomia contratual, concretizador do princípio da igualdade, que também densifica o princípio da dignidade da pessoa humana.

Portanto, o sistema somente ganha sentido teleológico, na incidência tópica, conforme os valores emergentes do caso concreto, poderá o princípio da vulnerabilidade relativizar o da obrigatoridade dos contratos, com vistas à revisão do pacto, em caso de constatação de desequilíbrio.

Os princípios se constituem mutuamente, só havendo liberdade material em existindo igualdade material, pois nenhum desses existirá na falta da dignidade da pessoa humana e essa, por sua vez, não existirá na falta de qualquer deles, cumprindo a hierarquização axiológica dos princípios concretizadores, em eventual conflito, sem sua anulação.[129] "O pensamento jurídico contemporâneo reconhece a importância dos princípios que, após se articularem com as normas de diferentes tipos e características, passam a ser um facho que ilumina a compreensão das normas jurídicas concretas".[130]

Compreendido o sentido de normatividade dos elementos necessariamente substanciais e interligados do ordenamento, não só formal, mas principalmente, materialmente apanhados, desde já isso deságua na negativa da concepção da dogmática clássica da civilística.[131]

Os conceitos não devem aprisionar o intérprete, porque hão de emergir do sistema enquanto significantes que ganham sentido nos casos concretos, axiologicamente compreendidos à luz dos valores implícita ou

---

[129] FREITAS, Juarez. *O controle dos atos administrativos e os princípios fundamentais*. São Paulo: Malheiros, 1997, p. 50.

[130] LUPION, Ricardo. A força obrigatória dos contratos *versus* a revisão judicial por onerosidade excessiva. *Direito & Justiça*, Porto Alegre: EDIPUCRS, v. 20, 1999, p. 284.

[131] PASQUALINI, Sobre a interpretação..., p. 98: "Tal conceito de sistema jurídico induz simétrico alargamento no de interpretação sistemática. No campo do Direito, como em qualquer âmbito do conhecimento, nenhuma mudança se deixa isolar: tudo repercute em tudo. Uma vez assinalada a natureza aberta, axiológica e hierarquizada do sistema jurídico – formatado não somente por normas, mas, com primazia, por valores e princípios jurídicos –, parece imperioso estender iguais características à interpretação sistemática. Donde resulta – destacando a insuperável precisão do nosso autor – que *interpretar uma norma é interpretar um sistema inteiro*, pois *qualquer exegese comete, direta ou indiretamente, uma aplicação de princípios gerais, de normas e de valores constituintes da totalidade do sistema jurídico*. Se o Direito é, em essência, sistema axiológico, sistemático-axiológica deverá ser a sua exegese. Para conhecer o alcance da lei, convém indagar o alcance teleológico do próprio sistema. É por essa razão que *não se pode considerar a interpretação sistemática, [...], como um processo, dentre outros, da interpretação jurídica. [...] Neste sentido, é de se afirmar, [...], que a interpretação jurídica é sistemática ou não é interpretação*".

explicitamente apreendidos na malha jurídica, instrumentalmente apanhada.

A inversão imposta por uma Jurisprudência dos Conceitos faz com que se submeta a norma ao conceito na sua aplicação, retirando a possibilidade do intérprete de adequação justa e equalizadora das normas ao caso concreto, ou seja, dos valores que emergem da sociedade.

Tal noção de unidade, no patamar material, implica a apregoada "constitucionalização" do Direito Civil, posto desaconselhável proceder a leitura do Código sem antever a precedência regulativa constitucional, como esteio axiológico normativo do sistema, em prol de sua coerência intersubjetiva ou, como explicita Perlingieri, a "solução para cada controvérsia não pode mais ser encontrada levando em conta simplesmente o artigo de lei que parece contê-la e resolvê-la, mas, antes à luz do inteiro ordenamento jurídico, e, em particular, de seus princípios fundamentais, considerados como opções de base que o caracterizam".[132]

As regras codificadas somente ganham sentido, *ratio*, no todo, alimentadas pelos princípios e valores que densificam, de modo que uma alteração principiológica no sistema pode implicar um sentido completamente diferente a uma mesma regra. Observa-se, assim, que os conceitos derivam do respectivo sistema dentro do qual se interpreta, e não o contrário, como opera a Escola da Exegese.[133]

Também, em face do concurso valorativo entre princípios em eventual concorrência conflitiva em dados casos concretos, a relativização destes pode implicar resoluções diversas para casos distintos, em razão dos valores que personificam os fatos aos quais o Direito deverá responder.

Cumpre ao operador do Direito contemporâneo, diferentemente dos seus ancestrais clássicos, mais que o domínio de regras e conceitos, essencialmente o dos princípios e de suas hierarquizações axiológicas.[134] Com esse fim, há que vislumbrar as respectivas formas de incidência e normatividade, para avançar rumo à compreensão da nova fisionomia do Direito Civil. O sistema, no âmbito normativo, é composto por princípios em inúmeros graus de densificação (variáveis de sistema para sistema) que são normas em face de sua vinculatividade aos sujeitos destinatários do ordenamento.

---

[132] PERLINGIERI, op. cit., p. 5.

[133] LARENZ, *Metodologia...*, p. 21: "Foi PUCHTA quem, com inequívoca determinação, conclamou a ciência jurídica do seu tempo a tomar o caminho de um sistema lógico no estilo de uma 'pirâmide de conceitos', decidindo assim a sua evolução no sentido de uma 'Jurisprudência dos conceitos formal'".

[134] ALEXY, op. cit., p. 173: "*Sólo una teoria de los principios puede conferir adecuadamente validez a contenidos de la razón prática incorporados al sistema jurídico en el más alto grado de jerarquía y como derecho positivo de aplicación directa*".

Pensar principiologicamente dentro do sistema jurídico é alinhar segurança à justiça social, passível de percepção intersubjetiva, na dialética normativo-axiológica do sistema, que o horizonte da principiologia abre para o operador do direito. Trata-se de uma ruptura com o dogmatismo sem cair no ceticismo, pela recusa do objetivismo e subjetivismo, na perseguição da interpretação mais adequada ao caso concreto, ditada pelos valores do sistema, teleologicamente alinhados.[135] Racionalmente indeterminadas; intersubjetiva.

O sentido diferido para as espécies de normas, princípios e regras não é somente semântico. Sem prejuízo algum de sua jurisdicidade, regras e princípios possuem incidência normativa diferente. A distinção entre regras e princípios é distinção entre espécies de normas, salientando-se, ainda, que os princípios são superiores às regras.[136] Tal superioridade se explica pelo fato de que os princípios podem permanecer contidos em nosso sistema, mesmo em conflito, cabendo, tão-somente, nestes casos, ao intérprete hierarquizá-los axiologicamente.[137] Mediante abordagem dialógica. As regras, em razão de sua concreticidade, não podem permanecer em conflito, devendo aquela que se oponha ao sistema ser expurgada do ordenamento, sob pena de colocarem-no em contradição. Dialeticamente.

Os princípios, além do caráter normativo, porém de modo não menos vinculante, são, perante o sistema, informativos – por traduzirem maior conteúdo axiológico, ante sua abstração, dando o sentido das regras que os densificam –, cabendo sempre ao operador do Direito interpretar ou

---

[135] FREITAS, Juarez, *A substancial...*, p. 21: "Destarte, diante do problema máximo da aplicação jurídica – a lei injusta – cabe ao decisor, mesmo porque a lógica jurídica não é uma lógica formal ou abstrata, realizar uma interpretação teleológica ou finalistica, recorrendo, primordialmente, aos princípios gerais do Direito e aos princípios fundamentais da Constituição, que estão, ou deveriam estar, na base e simultaneamente no topo do sistema jurídico. Tal procedimento faz com que o julgador, sem sucumbir a decisões *contra legem*, graças a lógica dialética, possa buscar e descobrir, por intuição, o justo no caso concreto e, somente após, buscar amparo e fundamentação legal à pretendida decisão justa, eventualmente desconsiderando a abstratatividade que negue a justiça dos princípios gerais, que devem ser postos na hierarquia jurídico-positiva, de modo mais genérico, a permitir que se confira ao juiz, mais do que ao legislador, diante do caso, a aplicação adequada do melhor Direito. Neste sentido as leis devem passar a ser vistas como critérios gerais, por mais minudentes que sejam, tendo em vista o escopo de evitar a abstração do julgamento, bem como qualquer servilismo – nunca abstrato, aliás – à vontade do legislador, que é inconciliável com a noção de autonomia ética do juiz, sem a qual sua independência seria fictícia. Dito de outra maneira, o Poder Judiciário é – e deve ser – criador, sob pena de servir apenas ao Estado formal do Direito, sem servir, como deve, ao Estado democrático, por apego à exegese tradicional, a qual produz o contrário do que se busca".

[136] PASQUALINI, *Sobre a interpretação...*, p. 97.

[137] Sobre hierarquização axiológica, Juarez FREITAS, *A interpretação...*, p. 80: "O princípio da hierarquização axiológica é uma meta-regra, um operador deôntico que ocupa o topo do sistema jurídico. Em face de sua natureza de metaprincípio, aspira a universalização sem se contradizer, e se formula, expressa ou implicitamente, do modo mais formal possível, distinguindo aspectos e escalonando os demais princípios, assim como as normas e valores. Trata-se de lei ou dever-ser que é somente predicado e que veda as contradições, embora tolere o atrito dos opostos ou contrários concretos".

aplicar as regras à luz dos princípios. Ou seja, ao interpretar uma regra, deve-se fazê-lo, em consonância com os princípios, axiologicamente hierarquizados, na orientação teleológica traçada pelos valores do sistema, na resolução dos casos concretos.

E sempre que se interpreta uma regra, precisa-se dos princípios, para dar-lhe o sentido, a otimização e a forma de aplicação, ou mesmo, de incidência. A recíproca não é verdadeira.

Um sistema "fechado" e "completo", formado exclusivamente por regras, como os clássicos objetivaram, além da regulação restrita, mostra-se antropofágico por sua rápida inadequação social, que conduz à inaplicabilidade à luz da instrumentalidade que deve guardar o Direito. É francamente indesejável um sistema dessa espécie no cenário jurídico atual.[138]

Na dicção de Karl Larenz,[139] os princípios transmitem a idéia de Direito, do que é certo, correto, diferentemente das regras, meras reguladoras de conduta. Nessa mesma esteira, Dworkin[140] refere serem *standards* juridicamente vinculantes ao intérprete.

Como exposto por ambos os juristas, o princípio afastaria eventual subjetivismo do intérprete, ao obrar em interpretação. Vincula-o não a sua idéia do que é ou não correto, e sim, à do sistema, pelo seu conteúdo axiológico, não característico das regras. Os princípios traduziriam a *ratio iuris* do ordenamento jurídico,[141] o que não implica dogmatismo ou conceitualismo, e sim, referenciais axiológicos do sistema, evitando possíveis arbítrios do intérprete, sem afastar-lhe a possibilidade de conformação tópica do Direito.

De outra banda, as regras podem vir a ter caráter meramente funcional, mesmo sendo também vinculantes. Uma regra poderá ter uma função única e exclusivamente administrativa, voltada tão-somente para um órgão da administração. Isso não ocorre com os princípios, que sempre, gize-se,

---

[138] PASQUALINI, *Sobre a interpretação...*, p. 96-97: "Ademais, é preciso notar que o Direito, ao contrário do que faz supor o pensamento dedutivo-normativista, não se apresenta – nem poderia se apresentar –como um sistema fechado e completo. Não é fechado porque aberto à mobilidade (*Wilburg*) e à indeterminação dos conceitos jurídicos (*Engisch*); não é completo porquanto *as contradições e lacunas acompanham as normas à feição de sombras...* Trata-se, por conseguinte, de uma unidade axiológica bastante peculiar: subsiste através do conflito e da indeterminação. Se, de um lado, é limite, de outro, é abertura. Por isso, longe de obstaculizar, tal natureza assume, no seio do sistema, a condição de um de seus pressupostos lógicos, eis que, abolindo a arbitrária dicotomia entre 'interno' e 'externo', assegura, em face do caso concreto e, principalmente, sem recorrer ao moroso legislativo, sua espontânea e natural modernização."

[139] LARENZ, *Metodologia...*, p. 218 e 404.

[140] DWORKIN, Ronald. *Los derechos en serio*. Madrid: Ariel Derecho, 1985, p. 54.

[141] CANARIS, op. cit., p. 77.

terão um sentido jurídico, exatamente por sua proximidade da idéia de direito, em seu sentido ideal e valorativo. Nunca burocrático.

Tome-se como exemplo do exposto o princípio da economicidade (norma de conteúdo implícito disperso no texto da CF/88). Tal princípio, voltado prioritariamente para a administração pública, vincula-se à idéia de Direito, do que é correto, certo, no sentido que o dinheiro do contribuinte não deve ser malbaratado em gastos públicos inúteis. E mais, o conteúdo de tal princípio (os valores nele residentes), está difuso pelo ordenamento alcançando todo o sistema jurídico. Tal princípio, em âmbito de direito processual civil, aplica-se em sede de citação, por exemplo.

As regras têm como uma de suas funções intrínsecas a densificação dos princípios, dentro do sistema, residindo aí a natureza normogenética destes últimos; e, reafirmando uma superioridade dos princípios sobre as regras, é juridicamente indevido que uma regra possa contrariar um princípio, devendo, ao contrário, ser lida à luz dos princípios que concretiza.

Vislumbra-se uma multifuncionalidade nos princípios, que não é visível nas regras. Dos princípios, decorre a *ratio legis*, de uma disposição legal, traduzindo os valores compreendidos no sistema, de forma integradora e sistemática, de modo a viabilizar uma congruência sistemática à interpretação, capacitando-a à compreensão da *ratio iuris* do ordenamento como um todo, nos casos concretos.

Os princípios podem revelar ao intérprete normas que não são expressas por qualquer enunciado legislativo, à medida que estiverem implícitas neste ou no sistema inteiro (implícita ou explicitamente), de modo a possibilitar ao intérprete desenvolver, integrar e complementar o direito (colmatando lacunas).

O sistema, portanto, é sempre completável, na mesma medida em que é incompleto, cumprindo aos princípios o parâmetro valorativo de integração na colmatação de lacunas. É indiscutivelmente, aberto. Com vinculação.

Por último, igualmente as regras são os princípios, normas de clara exigibilidade e incidência, sendo, portanto, qualitativamente diferentes das regras. Tais diferenças qualitativas são várias, devendo ser analisadas.

Os princípios são normas impositivas de otimização, compatíveis com vários graus do concreticidade, conforme os condicionantes fáticos e jurídicos que os envolvem e vinculam o intérprete. Tais condicionantes decorrem do caso concreto ou da hipótese concretizante, e devem ser observadas pelo mesmo. Para além da dialética, atendem à uma operacionalidade dialógica. Distintamente das regras.

Os princípios regulam não apenas no plano da validade como também no da valoração,[142] estando sempre presentes, uma vez que informam positiva e negativamente os indivíduos.

Já as regras são *applicable in all-or-nothing fashion*, no dizer de Ronald Dworkin,[143] prescrevendo, de forma imperativa, uma exigência (impõem, permitem ou proíbem), que poderá ou não ser cumprida.

A regra da *exceptio non adimplenti contractus* do Código dispõe que, nos contratos bilaterais, o contratante inadimplente não pode exigir adimplemento do outro. Ao que adimpliu, tal norma não incide, por não implementada sua prescrição (inadimplemento). Noutro sentido, orienta-se o princípio da vedação ao enriquecimento sem causa, que informa materialmente a conduta de todo e qualquer indivíduo a todo instante.

As cláusulas gerais são princípios e estão presentes em todos os contratos e condutas (por exemplo), independente de sua previsão, justamente por sua natureza normativa principiológica. Portanto, apesar de visões em sentido distinto, ou opera-se com as denominadas cláusulas gerais como princípios, ou retorna-se ao final do Século XIX, para aplaudir o Projeto IV do BGB, que introduziu esta figura, à qual a jurisprudência alemã levou 50 anos, por exemplo, para dizer o sentido do que era boa-fé.

Na prática, o operador contemporâneo opera em distinto paradigma. O princípio da não-lesividade informa materialmente a conduta dos contratantes, de modo que se pode apreender objetivamente quando um deles procede à conduta antijurídica ao ofendê-lo, com conseqüências diretas na relação jurídica em tela, que podem ir desde a revisão do pacto até sua desvinculação rescidenda integral.

Nessa medida, para que se integre ao discurso contemporâneo, é admissível que se diga que todos os princípios são cláusulas gerais, indisponíveis, ao contrário das regras, informando materialmente os indivíduos, em todos os seus atos, positiva e negativamente. Um indivíduo que tenha uma conduta ofensiva a um princípio não precisa incidir em uma regra para que a mesma seja antijurídica.

Observe-se o exposto, quando, em sede de contratos, o sujeito pactua negócio acerca de propriedade imobiliária, que resultará em nocivo impacto ambiental, a afrontar, entre outros, o princípio da função social. Em que pese sua conduta contratual encontrar esteio nas regras do ordenamento, o negócio guarda antijuridicidade, cumprindo seja revisto.

É de fácil apreensão que os princípios veiculam interesse, mais que transindividual, coletivo ou difuso, trazendo a intersubjetividade necessá-

[142] CANOTILHO, op. cit., p. 168.

[143] DWORKIN, Ronald. *O império do direito*. São Paulo: Martins Fontes, 1999, p. 272.

ria à vitalização axiológica da malha jurídica. Também implicam a clara noção da unidade, em que a razão do elemento deverá se alinhar à razão do todo.

O princípio da boa-fé, identificável pela moderna teoria clássica como um dos suportes da ordem contratual,[144] não se enclausura em tal disciplina. Explicitando: se um sujeito, mediante conduta fraudulenta, contrai duas núpcias, tal atitude jamais poderá se reverter em seu benefício, na resolução das lides que se formem, sob pena de privilegiar-se a conduta de má-fé, em que o indivíduo se valha de sua torpeza para auferir quaisquer vantagens para si, porém tampouco poderá prejudicar as respectivas consortes.

Da natureza normogenética dos princípios, podem-se abstrair os valores integrantes do sistema, denotando a *ratio iuris*, de todo o sistema ou a *ratio legis* de um dispositivo ou conjunto de dispositivos, revelando, ainda, normas que sequer são expressas por qualquer enunciado legislativo (princípios intrínsecos), de modo a possibilitar desenvolvimento, integração e complementação do Direito, segundo a lição de Canotilho.[145]

Gize-se, não deve o operador se afastar da idéia da normatividade dos princípios. São estes, também, tais como as regras, normas de conduta, plenamente exigíveis, porém vão muito além disso.

Os princípios contrários coexistirão no sistema, mesmo quando se chocam. As regras, ao contrário, excluem-se. Pelo exposto, classifica-se a convivência dos princípios conflitual, e tal conflito se resolve por meio da hierarquização axiológica. Dialogicamente.

A concepção principiológica do Direito Civil dá margem à revisão dos estatutos clássicos do Direito Civil, repondo o ser humano, e seu ambiente sustentável, no patamar de entes de máxima relevância ao ordenamento jurídico. Com isto se impõe uma releitura cabal das instituições de Direito Privado, ainda arcaicas em face do conservadorismo da dogmática reinante, de caráter patrimonialista.

A operação com princípios, em sua porosidade, multifuncionalidade e axiologismo, de modo científico e apegado à realidade, independente da alteração legislativa codicista (que não se trata de solução para os problemas do direito privado contemporâneo), revela um "novo" Direito Civil, em grande parte ausente dos manuais.

Se o sistema é uno, e as normas se explicitam no caminho de densificação existente, uma encontrando sentido na outra, a alteração de qualquer princípio na teia normativa implica reflexo em todo seu conteúdo.

---

[144] AZEVEDO, Álvaro Villaça. *Teoria geral das obrigações*. 6ª ed. São Paulo: RT, 1997, p. 116.
[145] CANOTILHO, op. cit., p. 167.

O Código, como qualquer conjunto de regras, deve ser analisado como via concretizadora dos princípios aos quais densifica. Resulta antijurídica a análise das regras de Direito Civil sem ter em mente princípios que as antecedem e lhes dão carga axiológica. Pensar o contrário significa identificar o Direito a um conjunto de regras, ou mesmo, como se observou no auge do liberalismo, o Direito Civil ao Código Civil.[146]

O conteúdo principiológico que desenha o Estado democrático brasileiro, em face da alteração da moldura constitucional, traz sentido completamente distinto às regras do Código, considerando os valores que inspiraram os princípios que o conformaram.[147]

A positivação de um Estado Social[148] em substituição a um Estado Liberal, desde o sentido das normas infraconstitucionais remanescentes até o movimento impulsionador de intervenção do Estado nas relações interprivadas,[149] como fator exógeno do respectivo sistema jurídico, resulta em um Direito Civil renovado com as aspirações de reposição do sujeito no centro protetivo do ordenamento.[150]

---

146 TEPEDINO, M. C. B. M. *A caminho...*, p. 22.

147 GOMES, O., *Raízes históricas...*, p. 42-43: "[...] Aquela aparência de civilização, brilhantemente ostentada em meia dúzia de capitais, especialmente na federal, contrastava de modo chocante, com o atraso geral, em que permaneciam, principalmente, as populações do campo. Como a economia do país estava baseada na exploração da terra por processos primários e dependia do mercado externo, a renda dos fazendeiros só poderia ser obtida mediante desumana exploração do trabalhador rural, realizada impiedosamente, em larga escala. Por sua vez, o comerciante, tanto importador como exportador, tinha interesse vital na conservação dêsse sistema. Dêsse modo, os grupos dominantes da classe dirigente – a burguesia agrária e a burguesia mercantil – mantinham o país subdesenvolvido, porque essa era a condição de sobrevivência de seus privilégios econômicos e de sua ascendência social no meio em que vivia. Por êsse interêsse fundamental explicam-se suas inclinações ideológicas. Para defendê-lo encontram no liberalismo econômico sua mais adequada racionalização. Os expoentes da intelectualidade brasileira de então, situados na classe média, inspiravam-se, por isso mesmo, no pensamento e nas formas políticas de povos mais adiantados, transplantando para o nosso solo instituições alienígenas, que nessas regiões começavam a murchar. O desenvolvimento das metrópoles, então dependente da atividade econômica da burguesia mercantil, interessava fundamentalmente às classes médias, e, de modo particular, à elite intelectual."

148 Arts. 1° e 3° da CF/88.

149 RAMOS, Carmem Lucia Silveira. A constitucionalização do direito privado e a sociedade sem fronteiras. *Repensando os fundamentos do direito civil brasileiro contemporâneo*. Rio de Janeiro: Renovar, 1998, p. 5-6: "Nos códigos civis típicos do Século XIX, o ser humano, personificado como sujeito de direito, titular de direitos virtuais, abstratos, no gozo de sua capacidade de fato e autonomia de vontade tem a capacidade de se obrigar. No entanto, considerando-se o modelo de produção capitalista vigente, o exercício de direitos ficou vinculado à apropriação de bens, restando, à maioria da população, como direito único, o de obrigar-se, vendendo sua força de trabalho. Qual seja: preocupado com eliminar as discriminações pessoais características do medievo e do período absolutista monárquico, o Estado de Direito liberal ignorou as desigualdades econômicas e sociais, considerando todos os indivíduos formalmente iguais perante a lei, parificação esta que só acentuou a concentração do poder econômico capitalista, aumentando o desnível social cada vez mais, na esteira do desenvolvimento tecnológico e produtivo. Como não poderia deixar de ser, no Brasil esta incoerência, não assumida pela codificação, contribuiu para as desigualdades e exclusão social da porção mais considerável do povo."

150 No mesmo sentido, observa-se Konrad HESSE, *Elementos de direito constitucional da República Federal da Alemanha*. Porto Alegre: Fabris, 1998, p. 161-162.

A espiral interrogativa e crítica a que a metodologia remete, conduz, em certo grau, a uma ruptura com a dogmática, reconcebendo a complexidade pela intercomunicação dos elementos do sistema, pelo viés da intersubjetividade. Publiciza-se o privado, na interação principiológica dos elementos do ordenamento, identificando-se o que pode apresentar-se como um ponto de partida para análise da "repersonalização" do Direito Civil.

Nada de novo no horizonte. O rei está nu. Novo é o modo de ver aquilo que histórica e sociologicamente se põe. Inaugura, porém, uma nova possibilidade de diálogo entre sistema, discurso e caos. (...) Cai o pano. (...) Fim do primeiro ato.

3. Summa Habermasiana – uma introdução ao pensamento de Jürgen Habermas ou fundamentos epistemológicos dos sistemas axiológicos instáveis para a Teoria do Caos[151]

3.1. Introdução

O presente texto foi construído com o olhar voltado aos pesquisadores do Grupo de Pesquisa Prismas do Direito Civil-Constitucional (PUCRS/CNPq), matriz fundamental da construção de uma nova metodologia transdogmática e transdisciplinar, nascida no Pensamento Jurídico Tópico-Sistemático modulado por Canaris a partir do pensamento de Karl Larenz e que hoje ancora sua epistemologia na Teoria do Caos, iniciando a construção de uma linguagem tão própria quanto mestiça, tão cabocla quanto universal, para compreensão do Direito no Século XXI.

Em matriz filosófica pós-metafísica, as teorizações do Prismas percebem em Habermas a importância que Kelsen atribuíra a Kant na Teoria Pura do Direito. Órfãos da metafísica – pelo reconhecimento da impossibilidade dos recortes abstratos procedidos na racionalidade dogmaticamente tecnocrática –, Habermas importa representar-nos uma leitura emancipatória, revelando novos paradigmas de racionalidade para o Grupo.

---

[151] Trata-se de palestra do autor, em painel temático de seu grupo de pesquisa (Prismas do Direito Civil-Constitucional – PUCRS/CNPq), no ciclo introdutório à Ciência do Caos (maio de 2005). Foi reconstituída, em dezembro de 2005 com revisão em janeiro de 2006, a partir da estrutura de exposição radiografável pelas notas e apontamentos do autor, ampliadas pelas intervenções dos demais membros e participantes. O texto possui algumas referências neste sentido, como salvo conduto à sua liberdade de forma decorrente. Foi reduzido a texto por convite de um *expert* em Habermas, no Direito, do Prof. Dr. José Sebastião Fagundes Cunha, para publicação na a revista do Centro de Estudos dos Campos Gerais/PR, bem como para solidificar as contribuições iniciais junto ao BDJUR do STJ, na biblioteca virtual do respectivo Grupo de Pesquisa.

Havemos de admitir uma herança metafísica, na medida em que a busca por segurança e certeza não se traduz em um abandono ou negação; sendo inclusive um elemento motriz das preocupações epistemológicas do Grupo. Altera-se o paradigma dessa dialética. Localize-se (ou não) uma ruptura nesse sentido, o fato é que operamos com sistemas axiológicos discursivos complexos, dinâmicos e instáveis no Direito.

Para operar com estes sistemas, deriva-se uma nova forma de racionalidade – eis que nem a dogmática ou o ceticismo podem nos trazer algum conforto –, pois, ao contrário de outras ciências (também denominadas sociais aplicadas), o Direito tem de dar a palavra final em face dos conflitos que lhe são dados a solver – essa é a lição do paradigmático constitucionalista Ingo W. Sarlet (*Dimensões da Dignidade*, 2005) –, não dispondo do privilégio de devolver uma interrogação como resposta para a sociedade.

Habermas abre, com suas teorias, diversos canais possíveis de oferecer soluções aos dilemas da pós-modernidade, que se enfileiram diante de nós. Para a questão da intersubjetividade, como platô de racionalidade do sistema. Para a questão, novamente ligada à racionalidade, da comunicação entre os sistemas abertos. Para a questão dos *inputs*, *outputs* e *feedbacks*. Para a questão do sistema e do ambiente. Essas, dentre muitas outras mais específicas, como legitimidade e democracia, encontram teorias férteis em Habermas.

Como se colhe, toda a questão da racionalidade, superando a dicotomia tradicional entre os mundos objetivo e subjetivo, entre sujeito e objeto, entre observador e ciência, têm possibilidade de reconstrução em Habermas. É, pois, fundamental para a operação com a Ciência do Caos, com seus novos paradigmas, dentro do Direito, percebido nos contemporâneos padrões de sistema. Aberto, dinâmico, complexo, axiológico e teleológico.

Esse texto, centra-se nas notas de uma de minhas exposições temáticas ao Grupo, em painel dedicado a Habermas, nos seminários regulares dos pesquisadores do Prismas. Daí o modo socrático de exposição, não obstante a matriz aristotélica de pensamento, bem como o prejuízo para composição de notas de rodapé, sendo posterior o respectivo referenciamento, indicativo das obras gerais de Habermas ou de minhas fontes, objeto da exposição. Procurei trazer ao texto as intervenções dos pesquisadores no curso do seminário, de modo a enriquecer o esqueleto expositivo inicial.

A questão da racionalidade (e caos) é um tema fundamental a todas as nossas linhas pesquisa. Ela permeia toda a obra de Habermas, potencializando a importância deste à nossa epistemologia, conseqüentemente expondo os pesquisadores, desde neófitos, às suas idéias.

Seu relevo, desde logo, se faz sentir. A complexidade de seu pensamento também. Fazendo do canteiro da Filosofia Contemporânea um paralelo com Hollywood, onde o perspicaz Morin faria às vezes de Woody Allen; Derrida figuraria como o agitado Quentin Tarantino; o mítico, descritivo e indireto Freud seria Pier Paolo Pasolini; Luhmann compareceria como o talentoso e criativo, porém venal e mercadológico, Steven Spielberg. Neste panorama exótico, sem dúvida Habermas corresponderia ao enigmático e quase insondável David Lynch.

Esta complexidade, em Habermas, perfaz uma ponte possível – para nós, essencial – com o pensamento de Edgar Morin, na caracterização do homem e suas relações, bem como do conhecimento na pós-modernidade. Situa, assim, o homem concreto denunciado por Luiz Edson Fachin e descrito substancialmente na produção jurídica da Escola do Paraná, identificada ao Grupo Diálogos da UFPR, concretizando um determinado compromisso epistemológico.

Aproveitando a pausa em uma ponte para identificar outra, no Grupo Perfis/UERJ, da Escola do Rio de Janeiro, onde se pode destacar a liderança de Gustavo Tepedino, cuja produção científica é de muita influência e identificação em nossas linhas, também encontra fontes promissoras na complexidade do pensamento Habermasiano, aplicadas ao Direito Civil-Constitucional.

Habermas diferencia três áreas cognitivas genéricas primárias nas quais o interesse humano gera conhecimento. Estas áreas determinam categorias relevantes para o que interpretamos como conhecimento. Os denominados conhecimentos constitutivos, são os que determinam o modo de descobrir o conhecimento e como podem ser garantidas as necessidades desse conhecimento. Estas áreas definem os interesses cognitivos ou os domínios de conhecimento. São fundamentados em aspectos diferenciados da existência social como o trabalho, a interação e o poder.

O trabalho refere-se ao modo como a pessoa controla e manipula o seu ambiente ou meio. Isto é comumente conhecido como ação instrumental. O conhecimento é baseado em investigação empírica e governado por regras técnicas. O critério de controle efetivo da realidade define o que é ou não é uma ação adequada.

As ciências empírico-analíticas que usam teorias hipotético-dedutivas caracterizam este domínio. Muito daquilo que consideramos por domínio da pesquisa científica, por exemplo. Física, Química e Biologia (ciências exatas) são classificadas por Habermas como pertencendo ao domínio de Trabalho.

O domínio prático identifica interação humana social ou ação comunicativa. O conhecimento social é governado por normas consensuais, as quais definem expectativas recíprocas sobre o comportamento entre os indivíduos. Normas sociais podem ser relacionadas a proposições empíricas ou analíticas, mas sua validade é fundamentada só na intersubjetividade da compreensão mútua de intenções. O critério de clarificação de condições para a comunicação e a intersubjetividade (o entendimento do significado em lugar da causalidade) é usado para determinar o que é uma ação apropriada, para Habermas.

Aqui reside um paradigma de superação do critério metafísico de aferição daquilo que Kant descreveu como imperativo categórico. Busca-se, com esta matriz, superar o recorte dogmático, identificado às Escolas Positivistas tradicionais, de construção de uma racionalidade sectária, de apenas dois continentes: os incomunicáveis mundos do objetivo e subjetivo.

Muitas das disciplinas hermenêuticas, dentre as quais a ciência social descritiva, história, estética, literatura etnográfica e assim sucessivamente, são classificadas por Habermas como pertencendo ao domínio do Prático.

O domínio emancipatório significa autoconhecimento ou auto-reflexão. Envolve reconhecer como a história e a biografia de alguém constrói a leitura que este faz de si próprio e suas expectativas e papéis sociais. A emancipação tem a ver com as forças institucionais ou ambientais, que limitam nossas opções e o controle racional sobre nossas vidas, que podem ser percebidas como além do controle humano (reificação).

Percepções obtidas através do autoconhecimento crítico são emancipatórias, na medida em que possibilitam ao indivíduo reconhecer as razões para seus problemas. Conhecimento é obtido através de auto-emancipação. Por meio da reflexão condutora a uma consciência ou perspectiva de transformação. Exemplos de ciências críticas incluem a teoria feminista, psicanálise e a crítica de ideologia, consoante Habermas.

Cada vez mais, em igual medida ao amadurecimento epistemológico do Prismas – para uma fisionomia metodológica própria –, aproximam-se as matrizes e cresce a substancialidade do pensamento habermasiano para nós, motivando a feitura deste texto instrumental.

Afora o exposto, a Profa. Me. Dra. Clarice Beatriz Sohngen, com brilhante ensaio em torno de Perelman,[152] inaugurou os estudos doutrinários do Grupo sobre os autores seminais, que constituem matrizes teóricas nossas ou de Escolas "dialética ou epistemologicamente adversas" ao Prismas.

Muitos hão de seguir este. Gadamer, Mandelbrot, Luhmann, Morin, Foucault, Prigogine, Freud, Kuhn, Lacan, Larenz, Lorenz, Nietzsche,

[152] Íntegra constante dos anexos desta obra.

Derrida, Wittgenstein, Weber, Marx, Adorno, Appel, Einstein, Offe, Newton, Kappra, Adam Smith, Bohr, Keynes, dentre outros nomes que dialogam, "ou não" (e isso pode ou não ser uma forma de diálogo), em nossos nichos teóricos e espaços de compreensão.

Diante do clamor dos pesquisadores, vai aqui, em recensão ampla, mesmo que superficial, uma de nossas matrizes fundamentais: Jürgen Habermas, atualmente o mais nobre filho da Escola de Frankfurt.

3.2. Gênese e Desenvolvimento: Frankfurt e Habermas

Era 1929, uma figura exótica, carismática e exaltada, que fizera discursos fermentados pelas cervejarias de Munique, rondava Nuremberg e dominava a República Alemã. Eram os primeiros anos do Partido Nacional Socialista, que acabaria implantando um projeto político de extrema direita, dando vida ao Nazismo, arremetendo a guerra sobre a Europa e precipitando o holocausto sobre todo um povo.

Boas-novas também havia. Nietzsche, estaria auto-exilado da Alemanha doente, na Itália, em Turim, não tivesse morrido décadas antes. Suas idéias, apesar de Hitler anunciar o respectivo alinhamento (no mesmo sentido a suspeição à Heidegger), estavam vivas e imunes ao totalitarismo. A crítica à modernidade tardia, tampouco falecera. Fora o ano de fundação da Escola de Frankfurt. Em Düsseldorf, nascia Jürgen Habermas.

Finda a guerra, já com 25 anos, obtendo sua graduação a partir de um estudo em torno de Schelling (*O Absoluto e a História*), torna-se assistente de Adorno em Frankfurt. Assim permaneceria de 1954 a 1959, quando vai para Heidelberg dedicar-se à cátedra de filosofia, com apenas 31 anos.

Em 1961, publicou seu *Entre a Filosofia e a Ciência – O Marxismo como Crítica*, encartada em *O Estudante e a Política*. Muda novamente, passando a lecionar filosofia e sociologia na Universidade de Frankfurt.

Em seguida, passa a publicar e produzir muito. *Evolução Estrutural da Vida Pública*, em 1962; *Teoria e Práxis*, em 1963; *Lógica das Ciências Sociais*, em 1967; e *Técnica e Ciência como Ideologia* e *Conhecimento e Interesse*, ambas publicadas em meu ano natalício, 1968. Não havia Iraque. Os olhos fechados do mundo estavam sobre o Vietnã.

Naquele produtivo ano, enquanto o Brasil se via agrilhoar pelo AI-5, Habermas muda-se para Nova Iorque e torna-se professor da *New York School for Social Research*. Retorna à Europa no ano da "morte física", de Kelsen, em 1972. Vai para Starnberg, assumindo a direção do Instituto Max-Planck.

Mas o paradigma está em Frankfurt. Em 1983,[153] eu entrava na dura e longa adolescência, saindo da frieza da vida de programador de computadores (dividida com Forte Apache, Jogo de Botão, War, ...), criando sistemas de informática ao fim da infância, para viver (d/n) a Música, que me acolheria até o semestre seguinte à minha colação de grau acadêmico. Para o desespero paterno. Gravava, então, meu primeiro "LP" (chamavam-se assim e eram de vinil), quando Habermas tornava a lecionar na Universidade de Frankfurt, permanecendo até 1994, continuamente influenciando o pensamento social ocidental.

Aposentado, no ano de minha primeira publicação jurídica, nunca deixou de contribuir através de contínuas palestras, obras publicadas e outras atividades que mantém até hoje. Quando nasce o Prismas, em 1997, Habermas já era um paradigma na filosofia ocidental contemporânea há décadas.

Suas preocupações cobrem a hermenêutica jurídica; trabalha criticamente com o positivismo em sua expressão resultante, o tecnicismo (que passo a explorar diretamente a partir de *Por uma Nova Hermenêutica dos Direitos Reais Limitados*, 2001), o Marxismo e outros tantos relevantes temas. É representante da segunda fase da Escola da Frankfurt, cuja marca da Teoria Crítica é muito influente em toda a epistemologia do Prismas.

A grande preocupação do filósofo é a crítica ao tecnicismo e cientificismo, redutores do conhecimento humano à técnica fria, modelada pelo método das ciências empíricas e limitadora do campo de atuação da razão humana a todo conhecimento que fosse objetivo e prático. O alcance, portanto, à esfera de influência do operador do Direito é muito abrangente, alcançando a essência da Teoria Geral do Direito cuja crítica à vertente metafísica e neometafísica é natural e característica da produção científica de nossos pesquisadores.

Destacam-se, assim, três idéias fundamentais seguidas por Habermas:

A Teoria da Ação Comunicativa, de onde resulta extraída a perspectiva de intersubjetividade que a epistemologia do Prismas se apropria. Portanto, o fundamento de racionalidade com que o Grupo opera tem o paradigma (no sentido dado por Kuhn) revelado por Habermas nesses estudos específicos.

A defesa da existência de uma esfera pública, na qual os cidadãos, livres de domínio político, podem expor idéias e discuti-las. Destaque-se

[153] Para que o texto publicado consiga transmitir um pouco da intimidade epistemológica dentro do Grupo (ou de um grupo de pesquisa), que vai de graduandos a doutorandos, de estudantes a pesquisadores, mantive o ponto de alinhamento biográfico, que iria extirpar do trecho ou substituir por referências mais significantes. No intuito referido, aliado à crença de que a alteração acabaria por incorrer em pedantismo, acabou preservado o conteúdo original da exposição.

que Habermas afirma que a mídia exerce influência no sentido de, potencialmente, diminuir este espaço. Este ponto de estudo habermasiano é muito caro ao Prismas, na medida em que encerra a percepção de legitimidade fundante, que é essencial à operação com sistemas axiológicos, mormente quando instáveis, complexos, dinâmicos, plurais e abertos. Portanto, imprevisíveis ao objetivismo moderno. Caóticos.

Mesmo bem antes de chegar-se às fronteiras do caos, como em Juarez Freitas (*A Interpretação Sistemática do Direito*, 1994) ou Alexandre Pasqualini (*Hermenêutica e Sistema Jurídico*, 1999), para ficarmos dentre juristas significativos da PUCRS, observa-se que a operação com sistemas axiológicos abertos, nos moldes propostos por Canaris, conduzem à operação com um paradigma de racionalidade intersubjetiva. Conduzem, portanto, a Habermas, revelando a essencialidade de suas teorias. Concorde-se ou não.

A idéia de que as ciências naturais seguem uma lógica objetiva, enquanto as humanas – uma vez que a sociedade e a cultura são baseadas em símbolos – seguem uma lógica interpretativa, também integra o círculo de interrogações de Habermas. Nesse tema, encontra-se o ponto de ligação entre o desenvolvimento teórico da matriz do Prismas para alcançar a Teoria do Caos, a partir do estudo da teoria dos sistemas (Canaris) e da teoria do discurso (Foucault), fundado no pressuposto do pluralismo (Bobbio) e da complexidade (Morin).

Essenciais, ainda, para a epistemologia do Grupo, os estudos de Boaventura de Sousa Santos, em sentido semelhante, bem como os trabalhos da Escola do Rio e da Escola do Paraná. Destaque, conseqüente, na Escola Italiana, para Pietro Perlingieri, mestre de todos nós e revelador do paradigma do Direito Civil-Constitucional.

Está claro que há uma realidade objetiva, e que as ferramentas das ciências naturais são bem preparadas para explorá-las. Também está claro (em Habermas) que a lógica das ciências naturais não é a mesma que se aplica às ciências humanas.

A razão deste recorte se assenta na sua premissa de que sociedade e cultura são domínios estruturados ao redor de símbolos. Enquanto símbolos, irão exigir interpretação. Qualquer metodologia que ignore o esquema interpretativo pelo qual a ação social acontece, está destinada a fracassar. É desenvolvida a hipótese de um terceiro nível de lógica: a de poder e dominação que serão radiografadas usando a lógica da teoria crítica.

Em cada tema do elenco, expressa-se a característica de Habermas como herança da Escola de Frankfurt: sua abordagem "crítica" a respeito das teorias, das ciências e do próprio presente. Importa resultar um conhecimento engajado e revolucionário, diretamente em contato com os compromissos emancipatórios assumidos pela epistemologia adotada pelo Prismas, além da retomada do papel do intelectual, no sentido de Sartre, frente à sociedade concreta em que se insere, conforme também pregamos. Engajamento. O *front* da pós-modernidade é a Ciência.

Seguindo este eixo e introduzindo uma nova visão a respeito das relações entre linguagem e sociedade, em 1981, Habermas publicou aquela que é considerada sua obra mais importante: a *Teoria da Ação Comunicativa*. Nela, pode-se constituir um ambiente (comunidade de intérpretes) apto a projetar "tecituras" – o termo vai assim grafado para melhor refletir a noção de tecido, importante à epistemologia do Grupo, pois é atento à dimensão de textura, futuramente útil na operação com fractais (Mandelbrot), substituiva da visão piramidal kelseneana – axiológicas racionais, em sentido distinto ao classicamente verificado.

Deve-se aqui, em atenção à epistemológia do Prismas, referenciar a intervenção metodológica de Foucault, com seus modelos teóricos para análise e crítica do discurso. Destaque-se, ainda, Perelman, no estabelecimento das pontes principiológicas, enquanto ligações axiológicas entre as normas, que atribuem, topicamente, teleologia ao sistema (ver meu *Sistema Jurídico e Unidade Axiológica – Os Contornos Metodológicos do Direito Civil-Constitucional*),[154] dentre outras contribuições em nossas matrizes, analisadas em estudos próprios, em especial Clarice Sohngen (*A Nova Retórica e Argumentação – A Razão Prática para uma Racionalidade Argumentativa de Perelman*).[155]

Cabe porém adiantar que tal operação precipita um modelo (no sentido hegeliano e portanto atento à Escola de Frankfurt) capaz de operar com os filósofos desconstrutores (em especial Nietzsche e Derrida) na axiologia discursiva. Serve à análise do sistema e dos discursos com aporte nas normas.

Pela ausência de fronteiras (como estabelece Luhmann), para os sistemas de racionalidade discursiva, Habermas é apto ao trabalho com pluralismo e complexidade e ao diálogo imposto na pós-modernidade tardia, com a economia e à matriz da Escola *Law and Economics*, de paradigmas distintos aos nossos. Aqui se centra a dialética conflitiva entre dignidade e eficiência, preocupação do discurso do Grupo.

Retomando a radiografia em curso, por mais superficial que ela se proponha e se faça, enquanto guia, deve destacar outros pontos principais das obras centrais de Habermas, por abordar as ciências sociais em diversos de seus títulos.

---

[154] Cap. 2 desta obra.

[155] Vide anexos desta obra.

Em *Conhecimento e Interesse*, publicada em 1968, Habermas apresenta uma distinção entre as ciências exatas e as humanas, afirmando a especificidade das ciências sociais (aqui devem ser aportadas, não só as percepções contemporâneas da Teoria do Caos, mas, também a obra do Prof. Dr. Boaventura de Sousa Santos, ampliando a perspectiva original); em *A Transformação Estrutural da Esfera Pública* (*Strukturwadel der Öffentlichkeit*), publicada em 1962, aborda o fundamento da legitimidade da autoridade política como o consenso e a discussão racional; em seu *Entre Fatos e Normas*, publicado em 1996, o filósofo faz uma descrição do contexto social necessário à democracia, bem como espana a questão axiológica da legitimidade como fundamento do Direito, de direitos fundamentais, bem como uma crítica ao papel da lei e do Estado.

As obras acima retratadas servem de pilares ao pensamento habermasiano. São leituras fundamentais para compreensão das que lhe servem de ligação e complemento, na respectiva bibliografia. A leitura dos textos intermédios fica, assim, muito facilitada por encontrar as temáticas já posicionadas pelo autor, para ancoragem.

3.3. A Teoria Crítica e a Epistemologia de Frankfurt

A navalha de Okhan cortou na carne a subjetividade da Ciência. Com menos perícia, porém, do que acreditava obrar, encantada com o matemático mundo que estava criando para colocar um "homem objetivo" (já verificado em Keppler), esqueceu-se de dar lugar às existências concretas. *Sollen*. Viu-se um mundo como a burguesia acreditava "dever-ser".

A Revolução Francesa e o Iluminismo fizeram do Século XIX a "era das luzes", em uma, mais suposta, emancipação do homem pela razão, que trouxe, efetivamente, diversos avanços tecnológicos e um progresso expressivo da ciência.

Nele, a herança do Positivismo se fez presente nos pensamentos de Hegel, principalmente na crença de que a razão era o instrumento para se instaurar a harmonia e a felicidade entre os homens. Hegel lança também as sementes da intersubjetividade, não obstante, vítima de seu tempo, coisificar o homem (para minha crítica: *Por uma Nova Hermenêutica dos Direitos Reais Limitados*, 2001, cap. 2.4).

Na esfera das ciências exatas, nasce o reino da certeza, que se projeta quase imediatamente sobre as ciências sociais. Como resultado, a instauração de um caos crescente, com a exploração da classe trabalhadora e a miséria oriunda das desigualdades sociais impostas pelo capitalismo (*Por uma nova hermenêutica...*, cap. 1).

O Estado passara, no curso do Século XIX, insensível e assustador, frente à sociedade, nos círculos exteriores às elites burguesas, atento ao seu papel de "vigiar e punir" as classes proletárias, campesinas e o operariado. Um demônio (Hobbes) castrado pela teoria constitucional emergente, assentada na teoria dos freios e contrapesos de Montesquieu, e fundada no recorte jurídico dos Direitos Fundamentais de primeira dimensão, de fundo contratualista (Rousseau e Locke). Um Leviatã impotente, dimensionado como Estado-Polícia (*Gendarme*), atento à manutenção do *status quo.*

No século passado, as atribulações sociais na Alemanha não foram diferentes das ocorridas nas demais regiões da Europa. Não obstante, trouxeram peculiaridades. Em 1918, é proclamada a República, deixando para trás a dominação que perdurava desde o Século XII, pela família dos Hohenzollen. Forma-se uma República, com a unificação dos principados independentes. Em 1923, eclode outra insurreição operária, dos operários de Bremen. Esta restou sufocada pelo Partido Socialista Alemão, governo da época.

O Século XX trouxe perturbadoras ondas sociais, desde seu início. A Europa, principalmente a Alemanha, vivenciava a brutalidade da 1ª Guerra Mundial. O comunismo aportava na Rússia, e o fascismo, na Itália. Hitler se impunha, trazendo consigo o horror do holocausto da próxima guerra, no antigo continente. E Ásia e África? Importante indagar. Serão retomadas em estudos futuros do Grupo.

Nesse contexto histórico e social, criou-se e desenvolveu-se o movimento que, em 1924, gerou a Escola de Frankfurt. Era encabeçado por Theodor W. Adorno, filósofo, sociólogo e musicólogo, Walter Benjamin, ensaísta e crítico literário, Herbert Marcuse, filósofo, e Max Horkheimer, filósofo e sociólogo.

Todos tinham como fio condutor de seus estudos a teoria de Marx sobre o Materialismo Histórico e esperavam poder conciliá-la com a realidade, onde povo e governo teriam uma convivência harmônica. A Teoria Crítica, em Habermas, concorda com Marx no sentido de que a pessoa deve ficar consciente do modo como uma ideologia reflete ou distorce a realidade e quais fatores influenciam a falsa consciência que representam os poderes da dominação.

A perspectiva ou consciência transformada, de Habermas, é semelhante à de Marx e é similar àquelas observadas por outras Escolas, nas quais fatores sexuais, raciais, religiosos, educacionais, profissionais, políticos, econômicos, tecnológicos e ideológicos criam ou contribuem para nossa dependência. Habermas difere de Marx, por reivindicar, este último, que uma consciência transformada conduziria a uma forma previsível de ação, como, por exemplo, a abolição de propriedade privada.

Frankfurt torna-se conhecida por desenvolver a "teoria crítica da sociedade". Um modo de fazer filosofia, de matriz neo-hegeliana (desenvolvendo modelos teóricos), integrando os aspectos normativos da reflexão filosófica com as realizações explicativas da sociologia, fazendo a crítica e buscando o entendimento ao promover a transformação da sociedade.

"Escola de Frankfurt" acaba por ser uma designação afeita à corrente filosófica que ora tratamos em um de seus mais significativos vetores: Habermas. Não obstante, ela existe em um sentido físico. É também a denominação dada ao Instituto de Pesquisa Social, fundado em 1923, pelo economista austríaco Carl Grumberg. Este era editor do Arquivo para a História do Pensamento Operário (Arquivos de Grumberg), os quais visavam a preencher a lacuna nas Ciências Sociais referente à história do movimento operário e do socialismo. Inicialmente, havia sido cogitada a denominação "Instituto de Marxismo", rejeitada pelo fato de pairar nos meios acadêmicos um sentimento anticomunista, e seus colaboradores não terem adotado o espírito e a letra do pensamento de Marx e do marxismo da época.

A finalidade da Escola de Frankfurt, na sua concepção, fora tecer uma crítica ao pensamento sistêmico (seguidamente confundido com o sistemático) e do estruturalismo. Valia-se de ensaios, artigos de circunstâncias e resenhas, que sugeriam uma idéia de algo inacabado e incompleto. Em transformação. Diferentemente dos livros, eram obras abertas ao diálogo, a sugestões e modificações nas linhas de pensamento.

Com a Alemanha em plena Segunda Guerra Mundial, em 1937, Horkheimer lança um ensaio, intitulado *Teoria Tradicional e Teoria Crítica*. Trata-se de um manifesto da Escola de Frankfurt, no qual aborda a questão da relação da filosofia com a história e procede a um tributo a Kant, Hegel e Marx, do ponto de vista da história da filosofia. Encerra convocando os indivíduos para protestarem contra a aceitação resignada da ordem total totalitária.

Aqui podem ser encontrados alguns pontos de contato, que já tivemos a oportunidade de localizar em seminário próprio (Seminário Temático do Grupo Prismas, ministrado pelo mestrando pesquisador Felipe Klein, versando sobre Hannah Arendt, no segundo semestre de 2005), entre a obra de Hannah Arendt e a Escola de Frankfurt, que se revelam profundamente aptos à análise da relação entre o Estado e o indivíduo.

Do ponto de vista da história empírica, as reflexões de Frankfurt debruçavam-se sobre o êxito da Revolução Bolchevique (Rússia, 1917) e a proclamação da República na Alemanha, em 1918, à qual se seguiram duas revoluções operárias, uma em 1919 e outra em 1923.

Nesta época, em terras tupiniquins, balançava a República do Café com Leite, no trincar dos interesses oligárquicos regentes (*vide* o cap. 6 de meu *Por uma Nova Hermenêutica...*, 2001). Preparava-se o ambiente, em especial econômico, para a Revolução de 1930, quando Getúlio Vargas assumiria o Poder, redirecionando o liberalismo caboclo-colonial imperante.

Importante destacar aqui, para que se compreenda certo padrão em Habermas, retrabalhando a matriz da Teoria Crítica, uma dada viragem no fio condutor da Escola de Frankfurt, observável a partir da leitura da obra de Horkheimer.

Quando Horkheimer confronta a razão instrumental e subjetiva dos positivistas, não traduz somente uma divergência de ordem teórica. Ao buscar a superaração da razão formal positivista, Horkheimer não visa a suprimir a discórdia entre as razões subjetiva e objetiva através de uma nova metodologia ou processo puramente teórico. Ele aponta um novo horizonte. Um novo paradigma. Essa dissociação somente desaparecerá quando as relações entre os seres humanos e destes com a natureza vierem a configurar-se de maneira diferente da que se instaura na dominação. A união das duas razões exige o trabalho da totalidade social, ou seja, a práxis histórica.

Uma nota aqui é esclarecedora. À época de Horkheimer, na Direção do Instituto, a partir de 1931, a Instituição era associada à Universidade de Frankfurt. O órgão oficial da produção científica da Escola passou a ser a Revista para a Pesquisa Social. Aqui se localiza uma viragem epistemológica. A hegemonia temática não era mais da Economia. Passava à Filosofia Social.

A revista circulou de 1932 a 1933, em Leipzig, e, após a ascensão de Hitler ao poder, com as perseguições aos marxistas, judeus e socialistas, passa a ser editada na França, devido ao exílio dos autores. Posteriormente, de 1939 a 1941, passa a ser publicada em Nova Iorque e em língua inglesa, passando a se denominar então, Estudos de Filosofia e Ciência Social.

A Revolução Socialista, quando em vias de ser desencadeada, tornava as esperanças de uma transformação revolucionária da sociedade uma utopia bem próxima da realidade. Faço aqui um recorte e explico. Estamos com o olhar sobre Horkheimer, e, neste momento de sua produção, cria uma categoria importante para nós. Designa como sendo "juízo categórico", típico da sociedade pré-burguesa, àquele no qual "a coisa é como é, o homem não pode mudar nada com relação a isso" e o "juízo hipotético e disjuntivo", típico da sociedade burguesa ou, segundo a Teoria Crítica, os homens podem mudar as coisas, já que as condições para tal, existem. Essas noções são importantes de ter-se presente, no enfrentamento do discurso neoliberal, mormente econômico, de impotência dos indivíduos na era corporativa.

Esta mudança na Escola pode ser percebida em Habermas, principalmente quando se vale da respectiva doutrina nas duas fases, em um mesmo trecho de suas obras. As complexidades se apaziguam, quando se respeita sua concretude e inteireza. Ponha-se a obra em seu contexto, assim como os respectivos autores.

Retome-se a exposição. A Teoria Crítica pode caracterizar-se por três momentos. Em primeiro, os escritos de Adorno, Horkheimer e Marcuse, na década de 30, tematizando em torno da teoria do conhecimento. Segundo, os trabalhos da década de 40, de Horkheimer e Adorno, que têm por característica fundamental o distanciamento da teoria marxista, afastando-se do tema da luta de classes e a ocupando o espaço epistemológico da teoria crítica da economia política pela crítica da civilização técnica. Buscava a origem do fenômeno totalitário nazista, não apenas na crise econômica, política e social ou no erro da estratégia das forças de esquerda alemãs, mas no fenômeno metafísico. Por fim, a partir da década de 50, período em que as idéias originais da Teoria Crítica são abandonadas e as reflexões de Franfkfurt, voltam-se para a crítica de uma nova forma de totalitarismo.

Crítica a um mundo homogêneo, uniforme, sem oposição, que anula os indivíduos, acabando com a autonomia e liberdade de ação na história, o poder de biografar-se. O tema é localizado nas obras de Marcuse, Adorno e Horkheimer.

Pode-se acrescentar mais um período, ampliativo, que não se fundamenta apenas no pensamento dos integrantes da Escola de Frankfurt. Como um prolongamento, sem desfigurar o perfil teórico da Teoria Crítica, intenta colmatar certas lacunas deixadas pelos seus fundadores. Tem em Jürgen Habermas seu principal representante. A preocupação central é a reformulação da Teoria Crítica.

Em Habermas, as formulações teóricas devem ser críticas e engajadas nas lutas políticas do presente. Construir-se em homenagem a um futuro revolucionário para o qual trabalhamos. É um exame teórico da ideologia, mas também uma ácida crítica revolucionária do presente.

Esses são os marcos teóricos da Escola de Frankfurt em Habermas, traduzidos em breve e superficial síntese, premida por Khronus.

3.4. Sociedade, Linguagem, Instituições e Ação Comunicativa

Dentre teorias, a Teoria da Ação Comunicativa pode ser identificada como uma das principais contribuições de Habermas para a Filosofia Contemporânea. Introduzida na obra homônima, *Teoria da Ação Comuni-*

cativa, datada de 1981, pode ser delineada como a teoria da sociedade moderna fundamentada por métodos de sociologia, filosofia social e filosofia da linguagem. É fundamental para criação de uma epistemologia do caos, nos moldes em que buscamos trabalhar.

Em Habermas, a linguagem serve como garantia da democracia. A democracia, por seu turno, pressupõe a compreensão de interesses mútuos e o alcance de um consenso. Para que assuma este papel, no pensamento habermasiano, é necessário que a comunicação seja clara. A distorção das palavras e de sua compreensão impede uma comunicação efetiva, o consenso e, portanto, a prática efetiva da democracia.

O correto uso das palavras só ocorre no abandono do uso exclusivo da razão instrumental ou iluminista. Esta se caracteriza por ser a razão utilizada pelo sujeito cognocente ao conhecer a natureza para dominá-la.

Daqui deriva a confusão entre conhecimento e dominação, exploração e poder. Quando ocorre, a razão torna-se instrumento de uma ciência que deixa de promover acesso a conhecimentos verdadeiros. Torna-se meio de dominação e poder. Dominação da natureza e dos próprios seres humanos. Exemplo disto, na nossa crítica jurídica, está em situar a validade da norma no processo de sua formalização no sistema. Sua legitimação, mesmo quando em abstrato, dirige-se mais ao conteúdo axiológico que concretiza.

A resposta para tal agir, como se colhe acima, encontra-se na formulação de uma razão que não seja instrumento de dominação, e sim, de democracia. Trata-se da razão comunicativa. A razão comunicativa compreende a esfera instrumental de conhecimentos objetivos e a esfera da interação entre sujeitos. É marcada por simbolismo e subjetivismo, por experiências pessoais e contextualização dialógica de agentes lingüísticos. Aqui se potencializa o valor da obra de Foucault, para que se possa avançar nas considerações de Habermas, em sede específica de discurso, na matriz epistemológica do Prismas.

Rompe-se com um paradigma. Com o diálogo baseado em conhecimentos instrumentais resultantes da relação entre um sujeito cognocente e um objeto cognoscível, o consenso, se possível, é desprovido do caráter democrático. Resulta em dominação. Retomem-se os desconstrutores para a respectiva crítica da modernidade. Em especial Nietzsche.

Com a introdução da Comunidade de Intérpretes, fundada por Habermas, um novo ambiente é criado. Nele trava-se um diálogo entre indivíduos capazes de compartilhar, pela linguagem, de um universo simbólico comum e interagir na construção de um conhecimento crítico, pautado por argumentação submetida a critérios de validade, sem ser orientada pela dogmática.

Respeita-se a existência de subjetividades, transcendendo-as pela interação dialética, alcançando uma espécie distinta de racionalidade. Intersubjetiva. Superam-se aqui, também, os equívocos sistêmicos, em especial na Teoria do Acoplamento, valiosos para as matrizes da Escola *law and economics*.

Retomando, Habermas defende que a comunicação só é eficiente quando quatro critérios são observados. O uso de regras semânticas inteligíveis, compreensíveis para o respectivo interlocutor. A verdade. Deve ser verdadeiro o conteúdo do discurso. Aqui devem ser trazidas as teorizações de Perelman, ampliando o suporte teórico habermasiano. Como terceiro critério, Habermas aponta para a justificação do emissor através de direitos fundamentais ou normas invocadas pelo uso do idioma. Aqui se verifica um ponto de contato com a noção de atratores, explorada pela Física desde Newton, presente em nossos estudos sobre sistemas caóticos (no paradigma dado por Prigogine) e desenvolvidos por Edward Lorenz, na década de 60 do Século XX. Sobre a arquitetura do sistema, vide meu *Sistema Jurídico e Unidade Axiológica – Os Contornos Metodológicos do Direito Civil-Constitucional.*[156] Por fim, o emissor deve utilizar–se de sinceridade, sem buscar enganar seu receptor. Aqui, temos diversos recursos para revisitar o ponto, no que tange a esta ingênua sinceridade. Inclusive pela idéia, mais objetiva, de hospitalidade, presente em Derrida, ampliativa da noção de habermasiana tolerância. A partir dela, existem caminhos promissores de solução para evitar tal uso.

Os critérios de Habermas são criticados em diversos aspectos. Entre eles, critica-se o segundo critério, questionando-se a definição de verdade. Como definir o que é verdadeiro, universalmente? Esses pontos são superáveis um a um, quando se trata de discurso científico, onde a comunidade de intérpretes é facilmente identificável. Quanto aos juízos e cognições de verdade, caso se objetive fundar a matriz em Habermas, devem ser-lhe aliado os profundos avanços em sede de Teoria do Discurso.

Ainda que não imune a objeções (refutáveis), a Teoria da Ação Comunicativa propõe um retorno ao diálogo construtivo, capaz de alcançar um conhecimento mais profundo do que o alcançado pela relação entre o sujeito cognocente e o objeto cognoscível, por ser resultado da relação, em última análise, entre dois sujeitos cognocentes. Daí intersubjetivo.

Dessa maneira, a prática da Ação Comunicativa não se limita apenas à busca do consenso da democracia, mas também é instrumento para pedagogia, filosofia e muitos outros campos da ação humana, onde já se aplicam as teorias habermaseanas. Isto é importante, na medida em que se

[156] Para íntegra, vide Cap. 2 desta obra.

busca a transdisciplinaridade e a transposição do paradigma moderno em Ciência, no mínimo no que toca à racionalidade.

Na prática de construções teóricas, no âmbito do Prismas, pode-se perceber sua utilização, tanto na tessitura da Teoria da Autonomia do Domínio e das Titularidades (*Propriedade e Domínio – Reexame Sistemático das Noções Nucleares de Direitos Reais*, 1999), como na Teoria Tríptica da Posse (*Titularidades e Apropriação no novo Código Civil Brasileiro: Um Breve Estudo sobre a Posse e sua Natureza*, 2003) para ficar-se em sede, apenas, de Direito Civil-Constitucional.

3.5. Elementos Incidentais à Ação Comunicativa: Democracia e Opinião Pública

Algumas premissas teóricas fundam as percepções de Habermas, sustentando suas construções ou respondendo por determinado naipe de oposições, devemos tecer algumas breves considerações, sob pena de hermetismo contornável e, portanto, intolerável.

Habermas sustenta que qualquer um que usa a linguagem presume que ela pode ser justificada em quatro níveis de validade: que o dito seja inteligível, pela utilização de regras semânticas inteligíveis e universalizáveis; que o conteúdo do que é dito não seja falso; que o emissor justifica-se por certos direitos sociais ou normas que são invocadas no uso de idioma (repisa-se, atratores, na terminologia da física, identificados aos sistemas de normas – regras e princípios, na epistemologia do Grupo) e que o emissor seja sincero no que diz, não tentando enganar o receptor. Isto é o que o Habermas classifica de comunicação não-distorcida: quando uma das regras é violada. Quando o locutor esteja mentindo, a comunicação resultará distorcida. Esta teoria da comunicação tem muitas implicações, inclusive uma definição de verdade de caráter universal, que já se alertou não trazer pacificidade, porém tem amplo horizonte de reconstrução, que venho procedendo a partir da aplicação de Pascal e Morin, fundando uma racionalidade dialógica lateral à dialética, com raízes críticas.

No que diz respeito a este ponto, são fundamentais, para nossas teorizações, os parâmetros de objetivação hermenêutica, como metacritérios deônticos de suporte ao intérprete, no revelar o melhor sentido do Direito a ser aplicado no caso concreto. Elementos como concordância prática, otimização, vedação de retrocesso nos direitos fundamentais, são, entre outros tantos, fundamentais à hermenêutica principiológica contemporânea, como se pode colher da realidade jurisprudencial. Os critérios sintéticos, para solução de antinomias, também integram os referidos elementos objetivadores de hermenêutica, na medida em que as regras interagem com os princípios. O tema receberá um conjunto específico e revigorado de pesquisas, alentado pela Ciência do Caos.

Outro elemento importante no estudo de Habermas, no sentido da comunicação, diz respeito à opinião pública. Merece destaque e acolhida, não sem alguma reconstrução.

Como natural aos fundamentos da Teoria Crítica, a noção de opinião pública como processo não poderia limitar-se unicamente nas bases empíricas de uma teoria. Com Habermas, é enfocada a posição que essa noção ocupa em um modo geral de interpretação da sociedade. A abordagem de Habermas sobre a opinião pública surge a partir de sua obra clássica (*Offentlichkeit*) sobre a Publicidade Burguesa.

A Teoria Normativa da Democracia de Habermas se baseia nas condições comunicativas nas quais pode ocorrer uma formação discursiva da vontade e da opinião de um público formado pelos cidadãos de um Estado. Habermas retoma o projeto histórico-filosófico da modernidade, atribuindo a opinião pública à função de legitimar o domínio político por meio de um processo crítico de comunicação sustentado nos princípios de um consenso racionalmente motivado.

O consenso social e democrático deriva da Ação Comunicativa, ou seja, uma orientação que responde ao interesse cognitivo por um entendimento recíproco e ao interesse prático, pela manutenção de uma intersubjetividade permanentemente ameaçada.

Em conseqüência, o objetivo de uma Teoria Crítica da Democracia fundamentada normativamente consiste em explicar se as sociedades complexas admitem a existência de uma opinião pública baseada na garantia de condições gerais de comunicação que assegurem uma formação discursiva da vontade. Ou seja, trata de analisar se as Democracias Contemporâneas contêm a possibilidade de estruturar uma *praxis* argumentativa pública, que vincule a validade das normas de ação a uma justificação racional, oriunda da livre discussão dos cidadãos.

No plano teórico de Habermas, os procedimentos dominantes de legitimação das democracias de massas modernas estão relacionados ao processo de legitimação dirigido em nível administrativo.

> o sistema político assegura o consentimento da população tanto por via positiva, quanto por via seletiva; positivamente capitalizando as expectativas de comprimento dos programas próprios do Estado Social; seletivamente excluindo determinados assuntos da discussão pública. E isso pode ser feito por meio de filtros estruturais no acesso à esfera da opinião pública-política, por meio de deformações burocráticas das estruturas da comunicação pública, ou por meio de um controle manipulador dos fluxos de informação.

Por outro lado, deve-se buscar elucidar a lógica dos processos de formação, circulação e expressão da opinião pública no quadro de categorias fundamentais elaborado por Habermas. Deve argumentar-se sobre a relação entre os fenômenos de opinião pública e dos processos de racionalização historicamente conectados, não obstante diferenciados por categorias, conforme propõe o pensamento de Habermas.

Retomam-se duas proposições possíveis para tal leitura, ambas já apresentadas. A Ação Instrumental, ou seja, a extensão do âmbito da ação técnica e o incremento das capacidades de direção e de cálculo dos processos sociais que tiveram lugar nas sociedades contemporâneas. A Ação Comunicativa, àqueles processos articulados em esferas comunicativas livre de domínios e que estão orientados para o consenso e o entendimento mútuo.

Conforme Habermas, a linguagem é concebida como garantia da democracia. É, portanto, uma forma política derivada de um livre processo comunicativo dirigido a conseguir acordos consensuais em decisões coletivas.

Lembremos, em um parêntese, que o processo de distribuição da jurisdição através da solução de litígios, em nossa leitura, se vale do mesmo instrumento: criação de um processo comunicativo com a sociedade, capaz de alcançar a jurisdição, sempre que acionado. O tema terá sede própria para desenvolvimento.

Sustentada sobre essas bases, a investigação da opinião pública em Habermas trabalha três grandes questões. O problema de como pode programar-se o sistema administrativo por meio de políticas e leis derivadas de processos públicos de formação da opinião e da vontade. O problema da possibilidade de uma democratização dos processos de formação da opinião e da vontade. Finalmente, a demonstração da fatibilidade de uma *praxis* comunicativa que combine uma formação da opinião orientada para a verdade como uma forma de vontade majoritária.

Os conceitos fundamentais da Teoria Democrática de Habermas garantem um marco teórico adequado no que diz respeito à fundamentação de uma Teoria Crítica da Opinião Pública, fundada em duas variáveis, coerentes à Teoria Crítica da Escola de Frankfurt.

A primeira consiste em um programa de investigação que analise processos concretos de formação de opinião no contexto das interações entre sistema e modo de vida. Só assim é possível corrigir empiricamente os excessos normativos da Teoria Geral. As metodologias de investigação qualitativas, para Habermas, constituem os instrumentos adequados para as finalidades dessa análise.

A segunda variável consiste em desenvolver uma noção de espaço público que integre todos os atores nodais da vida social: o sistema político, o sistema dos meios de comunicação de massa e a opinião pública dos cidadãos. Aqui tem-se um espaço de publicização do privado, com ampla rediscussão do binômio, cuja importância é retomada desde 2002, com o novo Código e sua tendência centralizadora.

Fora da vida doméstica, da Igreja e do Governo, existe um espaço para as pessoas discutirem sobre vida. Habermas chama isso de Esfera Pública, onde idéias são examinadas, discutidas e argumentadas. O espaço desta Esfera Pública tem diminuído sob a influência das grandes corporações e do poder da mídia. Uma implicação óbvia é que isto é uma estratégia de divisão e conquista. Um recente evento interessante é o surgimento da Internet como uma nova Esfera Pública e a demandar uma nova gama de estudos, já iniciados, no Prismas.

3.6. A Melhor Interpretação

Discorrer acerca da Teoria da Ação Comunicativa no Direito é pensar ou mesmo associá-la à hermenêutica jurídica. A princípio, pode-se dizer que a ação comunicativa é a expressão da razão comunicativa. Esta última, para Habermas, é a fonte do Direito que proporciona as inter-relações entre os fatos e as normas estabelecidas.

Versa, ainda, sobre a correlação entre validade e eficácia. Esta representa um elemento essencial para o Direito, pois além de manter as inter-relações apreciadas, de forma descentralizada de condições, ela também sustenta a cogência do Direito. Todavia, a ação comunicativa tem no seu papel de guardiã da integridade social a base de toda tensão da correlação mencionada, segundo Habermas.

De outra banda, o Direito se vale da Hermenêutica Jurídica, cujo objeto (para Habermas) consiste em estudar a sistematização dos processos que devem ser utilizados para que se realize uma interpretação adequada e correta sobre um fato concreto. Entretanto, vale lembrar que interpretação e hermenêutica são coisas distintas. A primeira é a aplicação da segunda. A interpretação é única. Exceto quando usada para fins didáticos, ela não pode ser fracionada, abstrata. Interpretar é concretizar. Possui como objeto de estudo palavras, frases, proposições e enunciados.

As palavras expressam o sentido das normas jurídicas e garantem, para Habermas, a democracia. Devem ser analisadas pelo aspecto *onomasiológico* (sentido corrente da palavra) ou *semasiológico* (significado normativo). A união de palavras em torno do verbo dá origem às frases que, em conseqüência, produzem proposições e depois enunciados. A proposição consiste em uma unidade lingüística. O enunciado é a proposição situada, ou seja, é a unidade de discurso ou fala. A partir desses conceitos, a interpretação é aplicada nos diversos problemas de ordem sintática, semântica e pragmática.

Os problemas de ordem sintática, que dizem respeito às conexões das palavras, podem ser interpretados de múltiplas formas. Na gramatical, observa-se a questão léxica; na lógica, os problemas de ordem lógica; e na sistemática, a compatibilidade no todo estrutural.

Quando os problemas se originam do significado das palavras, tem-se a semântica. Nela, a interpretação é feita por outros métodos. Pelo histórico, atento aos precedentes normativos, e pelo sociológico, atento ao contexto social. Têm-se, ainda, problemas de ordem pragmática, caracterizados pelo não-entendimento em uma relação de comunicação entre o emissor e o receptor. Utiliza-se, nestes casos, a interpretação teleológica, que colhe a finalidade da norma, e axiológica, atenta à situação valorativa da norma.

Resulta insuficiente esta percepção de hermenêutica jurídica, para o estado da arte de nossa Ciência do Direito, porém ela é útil, não só por fidelidade ao pensamento do autor, mas para sua melhor contextualização e compreensão. É claro que estão ausentes elementos importantes que o Prismas identifica. A estocástica e a dialógica, por exemplo, em contraponto à dialética e ao determinismo.

Importante a leitura, para compreensão da arquitetura do ordenamento e sua interpretação, nos paradigmas epistemológicos do Prismas, meu *Sistema Jurídico e Unidade Axiológica: Os Contornos Metodológicos do Direito Civil-Constitucional.*[157] Para crítica ao modelo codificado e suas possibilidades de reconstrução no Direito Civil-Constitucional, vide o cap. 1 de meu *Novo Código Civil Anotado – Direito das Coisas, Disposições Finais e Legislação Especial Selecionada*, 2005.

A partir destes conceitos básicos (denomino básicos, pois neles, a temática do caos é sugerida, estando implícita no texto, sem enfrentamento direto), pode-se passar para a relação entre o pensamento do filósofo e a Ciência Jurídica. Como antecipado, a linguagem, especialmente a escrita, garante a democracia aos povos; em Habermas, porém, também justifica a presença de um Direito imposto por uma autoridade sobre uma pessoa, cidade (*polis*) ou nação.

Desse pensamento, Habermas desenvolve uma nova teoria. A validade desse sistema de Direito está na crença do destinatário de que a norma a que se sujeita é também criação sua, e que sua eficácia depende de uma interpretação do magistrado, coerente com cada situação real e concreta.

[157] Para íntegra, vide Cap. 2 desta obra.

No entanto, o que ocorreria, na verdade, é que o intérprete (magistrados e afins) guia-se por avaliações subjetivas do respectivo sistema jurídico, para tornar enfraquecidas as tensões sociais, neutralizando a pressão exercida por problemas de distribuição de poder, recursos e benefícios sociais escassos. Essa questão é fundamental. Liga-se também à Teoria do Discurso. Está no núcleo da Teoria do Caos.

Nesse âmbito da obra de Habermas, explora-se toda a dimensão da questão da racionalidade e da possibilidade de apontar-se qual, dentre muitas interpretações, verdadeiras ou não, é a melhor no caso e situação concreta.

3.7. Racionalidade e Direito

Adentrando-se ao ponto da racionalidade e avançando rumo ao elevado platô da intersubjetividade, como proposto por Habermas, deve ser dedicado um olhar à obra *Direito e Moral*. O texto é denso e complexo, porém fundamental.

O livro é dividido em dois segmentos. O primeiro, fazendo uma crítica à visão de Max Weber, referente ao direito e à moral. O título é "Como é possível a legitimidade através da legalidade". O segundo, analisando se o desmoronar do direito puramente racional resulta em um estado jurídico com maior agilidade diante da sociedade, sendo o título "Para a idéia do estado jurídico".

O primeiro grande segmento é dividido em três partes. Na primeira, Habermas analisa a visão de Max Weber sobre a racionalidade do direito. Segundo Weber, a racionalidade só existe devido ao caráter formal que está incutido no direito, ou seja, só pode existir a razão em decorrência da obediência aos procedimentos jurídicos. Dessa forma, moral e direito são dois campos separados, sendo a moral subjetiva, e o direito, objetivamente racional. A interferência da moral no Direito acabaria por retirar a racionalidade do mesmo. Uma nota, para os neófitos, é o possível paralelo direto entre o pensamento de Weber, explorado por Habermas no livro, e a Teoria Pura de Kelsen. Estes contemporâneos na mesma instituição, com diversos laços de pensamento e que se desviavam nos corredores da universidade. As críticas de Habermas a Weber são muito agudas e extensíveis a Kelsen, pela identidade de paradigmas.

Habermas mostra que o próprio ato de concretizar as normas já implica na fusão entre moral e direito, pois o Direito é constituído de normas estabelecidas por um legislador, e este possui uma moral que acaba sendo incorporada à lei. Na teoria de Weber, onde a legitimidade só pode ser alcançada pela legalidade puramente racional, isso perde o sentido. Reitera-se, a crítica de Habermas pode ser integralmente direcionada a Kelsen, com idêntico resultado.

Na segunda parte do segmento, são abordados fenômenos não previstos por Weber. Trata do direito reflexivo, onde o jurista refletiria sobre a lei, recorrendo a preceitos morais para explicá-la. Trata da marginalização dos litígios, onde os sujeitos criam direito na lacuna da lei, onde, por exemplo, fazem contratos particulares aproveitando brechas na lei e tornando estruturas jurídicas, bastante subjetivas, segundo o autor. Imperativos funcionais, onde a criação de condições para um Estado regulador acaba por pender para as preferências geradas pelo capital, deixando de lado a razão.

Ao final, Habermas discute a questão do legislador. Este tentaria embutir seus próprios padrões morais na lei. Para encerrar esse segmento, é tratada a axiologia das Constituições Federais do Século XX, como prova de padrões morais presentes na lei.

O último texto deste segmento é revelador no âmbito do conservadorismo social. Mostra como a sociedade aceita a legitimidade somente através da legalidade. Sendo assim, é preciso fundamentar esta legalidade. Busca superar os paradigmas do Século XIX. Já foram utilizados, diz o autor, fundamentos como a metafísica e a religião, mas atualmente não são mais aceitos.

Assim, busca Habermas, na razão, o fundamento para legalidade. Mas se, de acordo com Max Weber, a inserção da moral no direito retira sua razão e por sua vez sua legalidade, pode-se questionar o fato de a razão estar baseada na moral. Não se retira o padrão moral social do limbo. Ele é axiológico.

Outro recorte, com perdão por tratar-se de uma sumarização, já dentro de uma síntese de pensamento. Caso tivesse eu que fazer o rascunho da ementa mais sintética do filósofo mais complexo, ou seja, ter que descrever Nietzsche em uma só letra, não obstante temer pela simplificação, diria eu que neste ponto, enfrentado por Habermas, está o foco da sua preocupação.

Nietzsche nos mostra que escolhemos certos valores, preenchendo-os com um certo conteúdo de sabida mobilidade e indeterminação adaptativa. Passamos a repetir os padrões sociais decorrentes, incansavelmente, de modo a transcenderem-nos, a ponto de modificarmo-nos em nosso detrimento, para não relativizar-lhes o conteúdo, por tomá-los como algo dado, como algo posto e intocável, trazido nas tábuas, por Moisés, ao descer de Zion. Como dogmas. Não obstante, isto é falso. Foram padrões construídos humana e subjetivamente.

Ampliando o recorte. Em Seminário Temático do Prismas, na metade de 2005, voltado à discussão das teorias sistêmicas e da autopoiese, um de nossos destacados pesquisadores, Roberto Porcher,[158] trouxe um exemplo que merece ser textualizado.

Três macacos foram colocados em uma área de contenção isolada. Geraram uma comunidade. Foram baixadas bananas ao grupo, de uma maneira que apenas um por vez, subindo, teria acesso. Quando um subiu, foi disparado um jato d'água em cada um dos remanescentes que ficaram embaixo. O jato era mantido, enquanto um estivesse comendo. Assim foi, até que os dois baixaram o primeiro de seu posto gastromicamente privilegiado. Isso se repetiu. O primeiro subiu, a água disparou, e os dois trouxeram o guloso de volta. Quando da próxima vez e pelas seguintes, os remanescentes não deixavam o glutão ter acesso às bananas. Não o deixavam sequer subir. Foi trocado um dos macacos originais, substituído por um que não vivenciara o fato gerador da conduta dos demais. Repetiu-se a oferta de alimento, e o novo membro se apresentou para pegar as bananas, no que foi impedido pelos demais. Foi substituído outro, restando apenas um dos originais. Repetida a experiência, igual resultado. Por fim, foi substituído o último dos símios originais. O resultado continuou sendo o mesmo. Os demais não vivenciaram (empirismo) o jato d'água, não obstante, mantinham a conduta resultante da norma. Essa, porém, não se legitimava mais. Nietzsche, como se vê, também entendia de macacos, apesar de escrever para humanos. Seria isso ou o contrário?

Retome-se Habermas, em *Direito e Moral*. A segunda parte do livro, coerentemente, também é dividida em três partes. A primeira mostra como o sistema jurídico não está preso aos conceitos gerais da teoria sistêmica. Isso acontece porque o Direito tem uma necessidade peculiar, que não ocorre na maioria dos sistemas: a de se adaptar constantemente e rapidamente às mudanças que se desenrolam na sociedade como um todo. Afinal a norma jurídica tem lacunas que devem ser preenchidas para manter a sociedade controlada e regulada. O Direito tem que dar respostas às perguntas que lhe são feitas. Esteja preparado ou não.

O sistema é dinâmico, pois quando estático não incide. É instável, pois sofre influências do ambiente e de outras áreas. É complexo e fractal. Tem esferas integráveis e não-integráveis. Não admite entropia. É móvel, axiológico e aberto.

---

[158] Posteriormente, foi-me alertado que errara no texto originalmente dado a público, nesta citação, mantida por apuro; corrigida por justiça, o nome em tela. O exemplo fora dado pelo pesquisador Atahualpa Fidel Blanchet Coelho, não por acaso, responsável por um dos seminários em torno de Nietzsche (ao que lembro por "Aurora"), enquanto o citado Roberto, que no curso do ano de 2005 enfrentara um seminário sobre Foucault, não fora o autor da feliz intervenção.

Ressalta-se aqui, novamente, a necessária distinção entre sistemáticos (como Canaris) e sistêmicos (como Luhmann), bem como os avanços à arquitetura axiológica de sistema aberto, trazidos ao final do Século XX (Aronne, *Sistema Jurídico e Unidade Axiológica: Os Contornos Metodológicos do Direito Civil-Constitucional*), já a postularem novos caminhos.

Retoma-se o fio da exposição. Nesta parte, o autor busca mostrar o entrelaçamento do Direito e da moral com a Política. Que o Direito não pode se colocar a serviço da Política, pois se esta o controlasse, a legitimidade daquela seria comprometida. Que o Direito não teria poder, então, para dar credibilidade, em sendo incorporado à Política. A seguir, observa-se que o contrário também é impensável. Cogitar que o Direito pudesse criar suas próprias estruturas normativas pela razão também lesaria a legitimidade da norma jurídica.

Ao cabo, Habermas busca revelar o porquê da transformação do Direito racional em um Estado Jurídico, plural e democrático. Includente. Uma sociedade como a atual, para preservar suas estruturas de legitimidade ou institucionais, não pode se prender às estruturas formais presentes no direito racionalista, de modelos codificados herdados do Século XIX.

Até mesmo os frios e inflexíveis mercados pedem uma maior agilidade por parte do ordenamento jurídico, abrindo espaço dialógico para o direito subjetivo criar as condições necessárias para tal agilidade (sobre isso, vide meu recente *Propriedade Intelectual e Direitos Reais: Um Primeiro Retomar da Obviedade*).[159] Os contratos particulares ganham uma maior autonomia para preencher as lacunas da legislação e dessa maneira a moral ganha um grande espaço no Direito, pois os contratos particulares são subjetivos, e a subjetividade é uma das manifestações mais claras da moral.

3.8. Encerrando em Aberto

Reiterem-se, ao termo desta exposição, os três objetivos principais, buscados pelas construções habermasianas, que se espalham ao longo da imensa obra do pensador alemão.

Para Habermas, o conhecimento se define pelos objetos da experiência e por categorias e conceitos (subjetividade) que o sujeito traz a todo ato de pensamento e percepção. Até mesmo espaço e tempo, que são noções básicas de ciências como a física, não são unicamente providos pela experiência. Elas não fazem sentido quando desprovidas de conceitos,

[159] Para íntegra, vide Cap. 4 desta obra.

idéias dadas *a priori*, independentemente de toda a experiência. Idéias e conceitos são determinados por categorias e formas que conduzem ao ato de percepção.

Ele quer, ainda, mostrar que o conhecimento é social, de acordo com os fundamentos da sociologia. Mais, de que não há conhecimento sem cultura e que todo o conhecimento é mediado por experiência social. Para Habermas, os processos de conhecimento e compreensão são fundamentados em padrões de linguagem usual que usamos na comunicação interativa do dia-a-dia.

Ao cabo, quer estabelecer a "validade da reflexão". Por exemplo, Descartes, em suas *Meditações na Primeira Filosofia*, buscou achar uma fonte de conhecimento que fundamentaria sua noção de conhecimento. Habermas quer estabelecer um fundamento, embora não utilizando a idéia de Deus na sua teoria. Para ele, o poder da razão fundamenta-se no processo de reflexão. Aqui se aproxima de Morin, bem como de Pascal, como costumo insistir, na questão da racionalidade dialógica, muito sugerida em Habermas, não obstante seu pensamento ser dialético. Acredita que ciência "ruim" tem sua raiz na atitude cognitiva de cientistas positivistas. A cultura da modernidade científica, enraizada no positivismo, não pode transformar-se em reflexiva ("reflectiva"), como indicado por Habermas, sem abandonar a ideologia da objetividade.

Além disso, Habermas vê na Teoria Crítica um modo de reconhecer os objetivos de uma sociedade. Esses objetivos seriam o fim da coerção e a busca da autonomia através da razão, o fim da alienação através da harmonia consensual de interesses, e o fim da injustiça e da pobreza pela administração racional da justiça, retomando a possibilidade do discurso em torno da sensível noção, desenvolvida por Bobbio em diversas obras, de pluralismo.

Apesar da complexidade do pensamento habermasiano, é possível descobrir algumas constantes. Ao longo da sua vasta e densa obra, criou uma teoria crítica social assente numa teoria da sociedade. Procurou criar uma teoria da razão que alcance teoria e prática; que seja ao mesmo tempo justificativa e explicativa. Novo ponto de extremo contato com a expressão do pensamento do Prismas.

A noção de interesse é outro elemento de grande importância. É nuclear no seu pensamento. Habermas parte do pressuposto de que todo o conhecimento é induzido ou dirigido por interesses, mas, ao contrário de Marx não procede a simplificação do conhecimento à esfera da produção, onde se ia converter em ideologia. Não reduz, tampouco, os conflitos de interesses à luta de classes. Sua noção de interesse é muito ampla. Os interesses surgem de problemas que a humanidade enfrenta e tem que dar resposta. São estruturados por processos de aprendizagem e compreensão mútua. É neste contexto que Habermas afirma o princípio da racionalidade dos interesses. Também a Jurisprudência dos Interesses, para quem possa ter interesse, pode estabelecer pontes aqui, para horizontes mais amplos que os de Stamler.

Distinguindo três grandes tipos de interesses, segundo uma hierarquia singular, Habermas classifica-os em técnicos, comunicativos e emancipatórios. Merecem retomada, para concluir, pois é a partir disto que se pode reescrever a história da noção de racionalidade.

Os interesses técnicos decorrem do desejo de domínio e controle da natureza. Trata-se do interesse técnico, na medida em que a tecnologia se apóia ou está ligada à ciência. Todo o conhecimento científico enquadra-se nesta esfera de interesses.

Os interesses comunicativos são os responsáveis pelo regime de compreensão recíproca interindividual. Leva os membros de uma sociedade a entenderem-se com os demais, originando entendimentos e desentendimentos entre as várias comunidades. Nesta esfera de interesses, estão as chamadas ciências do espírito.

Os interesses emancipatórios ou libertadores são ligados à auto-reflexão, o que permite o estabelecimento de modos de comunicação entre os homens, tornando razoáveis as suas interpretações. Estão ligados à reflexão, às ciências críticas (teorias sociais), e pelo menos em parte, ao pensamento filosófico. Esta auto-reflexão pode converter-se numa ciência, como ocorre com a psicanálise e a crítica das ideologias, mas uma ciência que é capaz de transformar as outras ciências. O interesse emancipatório resulta de ser um interesse justificador, explicativo enquanto justificador.

Importante destacar, neste ponto, que a auto-reflexão é processo indissociável da educação social, e ambas são aspectos de emancipação social e humana. As decisões (práticas) são encaradas como atos racionais, onde não é possível separar a teoria da prática. Todo pensamento de Habermas aponta, assim, para uma auto-reflexão da espécie humana, cuja história natural nos vai dando conta dos níveis de racionalidade que a mesma atinge, e a necessidade de sua reconstrução cíclica.

Como se colhe, as contribuições de Habermas são tão vastas quanto inequívocas no que diz ao seu brilho e rigor. É um autor paradigmático e multifacetário, repleto de complexidades que se fazem impossíveis de reunir com acabamento e apuro digno, em uma proposta singela e superficial de síntese, como a presente.

Estamos, neste momento histórico, rediscutindo um paradigma da Ciência, ao mesmo tempo em que questionamos a própria Teoria Geral do Direito, operando com uma Escola nova, ubicada na transdisplinaridade e na complexidade, em especial no trato com sistemas. Discutimos hoje a

Ciência do Caos e Fractais, no seio do próprio pensamento jurídico. Habermas é um trunfo à nossa epistemologia, pois, tal qual Morin, consegue travar diálogo em múltiplas áreas do conhecimento humano, cedendo interfaces às quais não devemos abrir mão.

Esse texto encerra-se com a tranqüilidade de ter batido em diversas portas, cabendo aos cientistas, zeladores dos respectivos nichos epistemológicos, começarem a abri-las, preferencialmente escancarando-as à comunidade.

Não obstante, guarda uma reflexão perturbadora. Vivemos o paradoxal momento de travessia de um paradigma, cujo apogeu construiu a modernidade, e o declínio rasgou as portas do milênio que abre. A antesala do paradoxo, já revelava a crise do paradigma determinista, cujo ceticismo extremado é mais confirmação do que contestação. Hoje emerge, entre o abissal determinismo e a nebulosa estocástica, um novo paradigma cuja inteireza dos contornos ainda está por ser revelada.

Um século se passou e chegamos ao XXI, sem ter respostas às perguntas decorrentes do XIX. Não calemos. Lembremos da poesia do Rappa, conclamada por Falcão, que acaba por resumir na instância sensibilidade e razão, o sentimento global da pesquisa do Prismas: "A minha alma está armada e apontada para a cara do sossego. Pois paz sem voz..., não é paz é medo."

Nas salas de aula, o paradigma superado é transposto como um dado, nas raízes da dogmática que começa a nos ser incrustada quando jovens. Novilhos. É sabido que as simplificações operadas pelo determinismo laplaciano, da lógica à retórica, da matemática à lingüística, estão equivocadas. São aproximações. São falhas. Mas são ensinadas como verdades absolutas. E assim tidas pelas manadas. O mesmo ocorre com os valores. Na própria formação da personalidade. Positivismo incrustado. Se no Século XXI somos assolados pela gripe das aves, no Século XIX, o fomos pelo Marquês de Pombal. Assim é. Assim não deveria ser. Assim falou Zaratustra.

3.9. Bibliografia

ARAÚJO, Wagner Frederico. *Jürgen Habermas: estado, mercado e movimentos sociais.* Disponível em: http://www.sapereaudare.hpg.ig.com.br/sociologia/texto05.html. Acesso em 2003.

ARONNE, Ricardo. *O princípio do livre convencimento do juiz.* Porto Alegre: Sergio Antonio Fabris Editor, 1996.

——. *Propriedade e domínio: reexame sistemático das noções nucleares de direitos reais.* Rio de Janeiro: Renovar, 1999.

——. (Org.) *Estudos de direito civil-constitucional.* Porto Alegre: Liv. do Advogado, 2004, Vol. 1 e 2

——. *Por uma nova hermenêutica dos direitos reais limitados – das raízes aos fundamentos contemporâneos.* Rio de Janeiro: Renovar, 2001.

——. *Novo código civil anotado – direito das coisas, disposições finais e legislação especial selecionada.* São Paulo: Thomson, 2005.

——. Titularidades e apropriação no novo Código Civil: breve estudo sobre a posse e sua natureza. In: Ingo Wolfgang Sarlet. *O novo Código Civil e a Constituição.* Porto Alegre: Liv. do Advogado, 2003.

——. Propriedade intelectual e direitos reais: um primeiro retomar da obviedade. Para integre, vide Cap. 4 desta obra.

——. Sistema Jurídico e Unidade Axiológica – Os Contornos Metodológicos do Direito Civil-Constitucional. IN: *I Congresso Sul Americano de Filosofia do Direito. Anais.* Porto Alegre, EDIPUCRS, CDROM, 2005.

——. *Sistema Jurídico e Unidade Axiológica – Os Contornos Metodológicos do Direito Civil-Constitucional.* Para íntegra, Cap. 2 desta obra.

CASTANHEIRA NEVES, Antônio. *Metodologia jurídica.* Coimbra: Coimbra Editores, 1993.

CHAROLLES, Michel. Formes directes et indirectes de l'argumentation. *Pratiques*, n. 28, octobre, 1980.

CHARRAUDEAU, Patrick. *Grammaire du sens et de l'expression.* Paris: Hachette, 1992.

CHAUÍ, Marilena. *Convite à filosofia.* 12. ed. São Paulo: Ática, 2001.

COUTINHO, Maria S.P. *Racionalidade Comunicativa e Desenvolvimento Humano em Jurgen Habermas. Bases de um Pensamento Educacional.* Lisboa: Colibri

DAMÁSIO, António. *O erro de Descartes.* São Paulo: Companhia da Letras, 2001.

——. *O mistério da consciência.* São Paulo: Companhia das Letras, 2000.

DESCARTES, René. *Discurso do Método:* regras para a direção do espírito. São Paulo: Martin Claret, 2000.

——. *Meditações sobre a filosofia primeira.* Coimbra: Livraria Almedina, 1992.

DUCROT, Oswald. *Princípios de semântica lingüística* - dizer e não dizer. São Paulo: Cultrix, 1977.

FACHIN, Luiz Edson. *Teoria crítica do direito civil.* Rio de Janeiro: Renovar, 2000.

FERRAZ, Jr, Tercio Sampaio. *Direito, retórica e comunicação.* São Paulo: Saraiva, 1997.

——. *Introdução ao estudo do direito.* São Paulo: Atlas, 2003.

FREITAG, B; ROUANET, S.P. *Habermas.* São Paulo: Átiva, 1980

FREITAS, Juarez. *A interpretação sistemática do direito.* São Paulo: Malheiros, 1995.

HABERMAS, Jürgen *Discurso Filosófico da Modernidade.* Lisboa: Publicações D.Quixote.1990.

——. *Técnica e Ciência como "Ideologia".* Porto. Rés -Editora, 1994.

——. *Passado como futuro.* Rio de Janeiro: Tempo Brasileiro, 1993.

——. *Teoría de la acción comunicativa: complementos y estudios previos.* 3ª ed. Madrid: Catedra, 1997.

——. *Racionalidade e Comunicação.* Porto: Rés -Editora.

——. *Comentários à Ética do Discurso.* Lisboa. Instituto Piaget, 2000.

——. *Direito e Moral.* Lisboa: Instituto Piaget, 1999.

——. *Consciência Moral e Agir Comunicativo.* Rio de Janeiro: Tempo Brasileiro, 1989.

——. *Mudança Estrutural da Esfera Pública.* Rio de Janeiro: Tempo Brasileiro, 1984.

——. *Pensamento Pós-Metafísico. Estudo Filosófico.* Rio de Janeiro. Tempo Brasileiro.1990.

——. *Pensamento Pós-Metafísico.* Coimbra. Almedina.

——. *Conhecimento e Interesse.* Rio de Janeiro. Zahar Editores.1982.

KANT, Immanuel. *A crítica da razão pura.* São Paulo: Abril Cultural, 1980.

KRAWIETZ, Werner. *El concepto sociológico del derecho y otros ensayos.* Col. del Carmen: Fontanamara, 1991.

KUHN, Thomas S. *A estrutura das revoluções científicas.* 5.ed. São Paulo: Perspectiva, 1998.

LINHARES, José Manuel Aroso. *Habermas e a universalidade do direito: a reconstrução de um modelo estrutural.* Coimbra: Coimbra, 1989.

LUHMANN, Niklas. *Sociologia do direito.* Rio de Janeiro: Tempo Brasileiro, 1983. v.1.

——. *Sociologia do direito.* Rio de Janeiro: Tempo Brasileiro, 1985. v.2.

MEIRELLES, Jussara. O ser e o ter na codificação civil brasileira: do sujeito virtual à clausura patrimonial. In: FACHIN, Luiz Edson (Org.). *Repensando os fundamentos do direito civil brasileiro contemporâneo.* Rio de Janeiro: Renovar, 1998.

MOREIRA, Luiz. *Fundamentação do direito em Habermas.* Belo Horizonte: Mandamentos e Fortlivros, 1999.

PASQUALINI, Alexandre. *Hermenêutica e sistema jurídico.* Porto Alegre: Livraria do Advogado, 1999.

PINTO, F.Cabral. *Leituras de Habermas.* Lisboa. Fora do Texto, 1992

PIZZI, Jovino. *Ética do discurso: a racionalidade ético-comunicativa.* Porto Alegre: EDIPUCRS, 1994.

PRIGOGINE, Ilya. *O fim das certezas: tempo, caos e as leis da natureza.* São Paulo: UNESP, 1996.

SANTOS, Boaventura de Sousa. *O discurso e o poder: ensaio sobre a sociologia da retórica jurídica.* Porto Alegre: Fabris, 1988.

SARLET, Ingo Wolfgang. *A eficácia dos direitos fundamentais.* Porto Alegre: Livraria do Advogado, 1998.

——. (Org.) *A Constituição concretizada – construindo pontes com o público e o privado.* Porto Alegre: Livraria do Advogado, 2000.

——. (Org.) *Dimensões da Dignidade.* Porto Alegre: Livraria do Advogado, 2005.

SAVIGNY, Friedrich Carlos Von. *La ciencia del Derecho.* Buenos Aires: Losada, 1949.

SCIACCA, Michelle Federico. *História da filosofia.* São Paulo: Mestre Jou, 1968.

SICHES, Luis Recansés. *Tratado de Sociologia.* Porto Alegre: Globo, 1970.

SEARLE, John R. *Os actos de fala:* um ensaio de filosofia de linguagem. Coimbra: Almedina, 1981.

STEIN, Ernildo. *Epistemologia e crítica da pós-modernidade.* Ijuí: UNIJUÍ, 1997.

——. *A Consciência da História: Gadamer e a Hermenêutica.* Disponível em: http://www.cfh.ufsc.br/~wfil/gadamer.htm. Acesso em 2003.

SOHNGEN. Clarice Beatriz da Costa. *A Nova Retórica e Argumentação – A Razão Prática para uma Racionalidade Argumentativa de Perelman.* Íntegra em anexo.

TEPEDINO, Gustavo. *Temas de direito civil.* Rio de Janeiro: Renovar, 1999.

THEOBALDO, Maria Cristina. *Comunicação: racionalidade, ética e educação.* Disponível em: http://www.bibvirt.futuro.usp.br/textos/humanas/filosofia/pensar/pensar3-6.html. Acesso em 2003.

VIEIRA, Leonardo Alves. Coerção em Kant e Schelling: fundamentação e conseqüências. *Veritas*, Porto Alegre: EDIPUCRS, v.43, n.4, p.843-871, 1998.

4. Propriedade Intelectual e Direitos Reais: Um Primeiro Retomar da Obviedade[160]

Instigado pelo tema e premido pela instância de tempo e espaço em que se projeta, este texto nasce fiel ao título. Se o direito das coisas, tradicionalmente definido como regulador das titularidades e direitos reais, se ocupa do direito proprietário, subjaz uma instância direta de aplicação e influência na dinâmica das titularidades atinentes aos bens intangíveis, identificados à propriedade intelectual.

Foi neste soro axiológico que emergiu a disciplina de regulação das titularidades de bens imateriais. E foi dele que se distanciou, no desenrolar do Século XX, tal quais as Ciências Humanas se afastaram das Exatas no viger do pensamento oitocentista. Impróprio? Talvez, porém necessário. Merecendo esclarecimento, radiografa-se.

Do Século XIX aos últimos anos da última década do Século XX, os direitos reais conviveram, e a sociedade suportou, a mesma base teórica de compreensão – adiante reprisada e desconstruída –, ainda quando inexoravelmente contraditória com os demais mecanismos de gerência e manifestação do sistema jurídico.

Apesar de visivelmente entrópica – o que em situações determinadas pode até ser saudável, quando controlado –, a teoria clássica do Direito Civil construiu um direito das coisas teoricamente surreal, abstrato, desconecto e descompromissado com as fractalidades[161] axiológicas da ambiência extracodificada do mundo real.[162]

---

[160] Este breve ensaio foi produzido em dezembro de 2005, para uma obra coletiva, afeita ao tema da propriedade intangível, a convite da Profa. Helenara Avancini, destacada pesquisadora do Prismas do Direito Civil Constitucional, Grupo de Pesquisa da PUCRS/CNPq, o qual abriga nossas linhas de trabalho.

[161] Benoït Mandelbrot. *The fractal geometry of naure*. S. Francisco: J. Wiley, 1982, *passim*.

[162] Afirma, em repetição a Freud, Ilya Prigogine (*O fim das certezas: tempo, caos e as leis da natureza*. São Paulo: UNESP, 1996, p. 74), que a história das ciências é a história de alienação progressiva.

Criou um artificial isolamento epistemológico murando a propriedade no direito das coisas; colocando sua legitimação axiológica na mais alta torre, adormecida qual princesa, embalada pelo bálsamo hipnótico da completude, sombra indissociável da (re)codificação moderna.[163] Legitimidade que deveria ser constantemente revisitada e desconstruída, principalmente em período designado por Eric Hobbsbawn como a Era das Revoluções. E, gize-se, desconstrução em seu mais contundente sentido filosófico, já dado bem antes deste infante milênio, no arco que vai de Nietzsche a Derrida.

Inevitável à propriedade intelectual, produto de uma modernidade tardia e economicamente promíscua – nada ingênua quanto aos sombrios resultados do engessamento científico de uma disciplina jurídica, identificada com o fetiche oitocentista da segurança e certeza jurídica –, buscar outros caminhos. Quando alcançou identidade e endereço epistemológico, traçado na realidade viva da sociedade do início do Século XX, era ciente dos mitos que preenchiam o imaginário dos civilistas quando adentravam ao escuro, obscuro e infértil território dos direitos reais.

Sua autonomia temática importava emancipação. A possibilidade de crescimento, aplicação e desenvolvimento social. Seu passaporte para a maioridade como categoria de pesquisa e interrogação, elementos aos quais o Direito Civil tradicional, como se apontará com vagar e compromisso, veio se mostrando mais avesso a cada década, desde o advento do *Code*.

O criador se fez criatura, pelas mãos da metafísica, travestindo uma história às avessas, posteriormente contada como ficção por Asimov. Seria, então, o Código "quem" "diria" quem é ou não pessoa.[164] Na esfera das conseqüências, a criatura se fez criador, como espelho refratário de

---

[163] FERNANDES, Florestan; FREITAG, Barbara; ROUANET, Sérgio Paulo. *Habermas*. São Paulo: Ática, 1993, p. 15-16: "Toda ideologia (como veremos a seguir) tem como função impedir a tematização dos fundamentos do poder. As normas vigentes não são discutidas porque são apresentadas como legítimas pelas diferentes visões de mundo que se sucederam na História, desde as grandes religiões até certas construções baseadas no direito natural, das quais a doutrina da justa troca, fundamento do capitalismo liberal, constitui um exemplo. A ideologia tecnocrática partilha com as demais ideologias a característica de tentar impedir a problematização do poder existente. Mas distingue-se radicalmente de todas as outras ideologias do passado porque é a única que visa esse resultado, não através da *legitimação* das normas, mas através de sua supressão: o poder não é legítimo por obedecer a normas legítimas, e sim por obedecer a regras técnicas, das quais não se exige sejam justas, e sim que sejam eficazes. [...] A ideologia tecnocrática é muito mais indevassável que as do passado, porque ela está negando a própria estrutura da ação comunicativa, assimilando-a à ação instrumental. Pois enquanto àquela, como vimos, se baseia numa intersubjetividade fundada em normas, que precisam ser justificadas (mesmo que tal justificação se baseie em falsas legitimações), esta se baseia em regras, que não exigem qualquer justificação. O que está em jogo, assim, é algo de muito radical, que é nada menos que uma tentativa de sabotar a própria estrutura de interesses da espécie, que inclui, ao lado do interesse instrumental, também o interesse comunicativo."

[164] Vide art. 1º do Código Civil.

sua quota social. E assim o Direito Civil estava agrilhoado por aquilo que ele designara sua teoria geral e identificado ao corpo codificado que criara. A imortalidade seria sua maldição, qual as criaturas góticas dos contos de horror vitorianos que afligiam o imaginário dos respectivos juristas.[165]

Agrilhoada à categoria dos direitos reais, como inerente à disciplina da pertença e das titularidades, a Propriedade Intelectual estaria fadada a esclerosar, qual o *numerus clausus* que arrostou o discurso do regime proprietário absoluto e intangível, moldado aos bens imóveis. Outras instâncias do Direito, primeiramente Civil também reconhecem suas biografias nestas linhas.[166] A própria esterilidade secular dos direitos reais, frente ao silêncio teórico insensível ao movimento das ondas sociais, descrevem o acerto da afirmação.

Não obstante, geneticamente, a Propriedade Intelectual, em suas diversas espécies, sempre se reconheceu como e enquanto pertença. Também e mais notadamente, percebeu-se sempre uma titularidade compreensiva de apropriação dominial. Tratou de guardar alguma, reconhecida ainda quando irreconhecível, cidadania no direito das coisas.

Hoje, no milênio que descortina, a condição é outra no horizonte da ciência jurídica. Houve um despertar na "Matrix".[167] Uma nova base teórica, sem compromisso com as matrizes positivistas e com o racionalismo que fundamentou a teoria clássica do Direito Privado, pede passagem para uma retomada de afazeres.[168] É chegado o momento de um reencontro tardio.

---

[165] Como se enfrentará em sede epistemologicamente adequada, o racionalismo que derivou do Século XIX, efetivamente não se ocupara do tempo e da existência. Assim como o Código tem pretensão de completude e validade universal e atemporal, a Física, tanto no modelo teórico newtoniano como no quântico (que equivaleriam respectivamente à Escola da Exegese e à Teoria Pura do Direito, como herdeiros de Kant em última instância), ignoram aquilo que Ilya Prygogine (*Étude thermodynamique des phénoménes irréversibles*. Liège: Desoer, 1947, *passim*) designara como flecha do tempo, dimensionando o fenômeno, inexoravelmente temporal, da irreversibilidade, não absorvida pela física até então. Agora, as pontes transdisciplinares promovidas pela superação da metafísica, trazendo o diálogo científico para um novo platô de racionalidade, oferecido pela intersubjetividade, conseguem fundar uma rediviva instância metodológica, em que sequer as fronteiras entre as Ciências Humanas e Exatas se reconhecem, sem serem transpostas. Esta Era assiste nascer um novo discurso em sede de ciência. "Dizem" que Nietzsche matou Deus, e Foucault, ao homem. Não teríamos, em verdade, assistido a morte, prematuramente anunciada, de Kant? Dos compromissos com a racionalidade metafísica? Caos.

[166] E assim se manteve, no curso daquilo que se logrou chamar "Era dos Estatutos". Vide Gustavo em seu *Temas de Direito Civil* (Rio de Janeiro: Renovar, 1998, *passim*). Alcançou o direito do trabalho, locações, mútuo, contratos imobiliários em larga escala, formas de garantia, regimes familiares, adoção, dentre tantos outros exemplos nacionais.

[167] Em especial, vide cap. 1 desta obra.

[168] Sobre os compromissos axiológicos do Direito Civil, vide: Ricardo Aronne. Por um direito civil-constitucional. *Estudos de direito civil-constitucional*. Porto Alegre: Livraria do Advogado, 2004, Vol. 1 e 2.

A propriedade intelectual resultou em disciplina que ganhou autonomia epistemológica ao longo do século findo; sob pena de perecer. Caso se mantivesse atrelada à vetusta disciplina tradicional dos direitos reais, não guardaria condições plásticas de adaptar-se e responder às questões postas pela sociedade pós-industrial (ou líquida, como aduz Z. Baumann) que a acolhera. Teve de se emancipar.

Em curso paralelo, o direito das coisas reencontrou seu compromisso e seus afazeres, na esteira axiológica da teleologia constitucional. Reencontrou com isso a sociedade e a propriedade intelectual.

Na contemporaneidade, os direitos reais conseguem ter uma dimensão a contribuir para o debate do regime jurídico da propriedade intelectual, pois se reconstruíram a partir da teoria da autonomia do domínio e das titularidades e do influxo constitucional que lhes deriva para concretização. Pode assim, o direito das coisas alimentar metodologicamente a disciplina que fecundou, atribuindo-lhe um regime jurídico apto e elástico.

Provocado a escrever sobre o tema, pela organizadora da obra, Profa. Helenara Avancini, significativa pesquisadora do Grupo Prismas (matriz teórica fundamental), retomou-se, pois, um texto para publicação em coleção institucional da AJURIS,[169] de seu curso preparatório, abrindo o volume destinado aos direitos reais, consistindo naquilo que se denominou uma "Introdução Crítica ao Direito das Coisas".

Na retomada sintética e reconstruída de fragmentos dos dois primeiros capítulos do referido texto como esqueleto discursivo, importa aurir o início do presente diálogo, apresentando a teoria da autonomia, para que germinem as possibilidades que ela oferta para a dogmática da propriedade intelectual.

Assim o texto oferece a ante-sala da disciplina dos direitos reais, aportando seu núcleo evolutivo na codificação moderna, que resenhou seu tripé conceitual moldante, na textura absoluta derivada da modernidade para um largo e secular convívio.

Não há neutralidade nesta opção, como em qualquer outra. É fruto de uma provocação, datada de 2002, com pretensão unificadora e corpo legislativo codificado. O advento de um novo Código serve apenas para assanhar ranços separatistas, com justificativas formais, atiçadas pela ausência de menção expressa a qualquer forma de propriedade intelectual; diferentemente de seu antecessor, melhor redigido e mais vanguardista, na razão do seu tempo.

Trazendo o recorte evolutivo que prismou com tons distintos o Direito Privado, em constante diálogo ativo (e não tributário) com sua matriz

[169] Projeto ora adiado.

tradicional, até desaguar no que a doutrina consignou como constitucionalização do Direito Civil, processo vertente desde 1988; são introduzidas, com isto, as novas teorias que flertam diversas possibilidades das que se apresentavam até então, na disciplina da Propriedade Intelectual.

O direito das coisas, sob uma matriz civilista de enfoque tradicional, não obstante apontado como "[...] a província do direito privado mais sensível às influências de evolução social",[170] corresponde ao "complexo de normas reguladoras das relações jurídicas referentes às coisas suscetíveis de apropriação pelo homem";[171] resultando prismado de uma coordenada que o reduz à pertença.

De mínima sensibilidade social, esta percepção[172] natural da Pandectista e da Escola da Exegese retoma o fetiche oitocentista da codificação, revelando uma visão própria de mundo[173] aplicada ao Direito, em especial Civil, sob o filtro de duas teorias que lhe são fundamentais (relação jurídica e direitos subjetivos).

Identificado o Direito Civil ao Código Civil enquanto sistema fechado, mormente em se falando à luz da já senil caracterização do regime de *numerus clausus,*[174] um dos respectivos livros da codificação, destinado aos direitos reais, ali modelados como absolutos, carrega tal efígie nominal perfazendo eficiente fronteira para o discurso clássico que permanece nos manuais. Caio Mário, nas primeiras linhas dedicadas à matéria, deixa antever o explicitado:

> Prosseguem, agora, com os Direitos Reais, designação que desde Savigny se vem difundindo e aceitando, posto que a denominação clássica "Direito das Coisas" tenha

---

[170] Caio Mário da Silva Pereira. *Instituições de direito civil – direitos reais.* 18ª ed., Rio de Janeiro: Forense, 2004, atualizada por Carlos Edison do Rego Monteiro Filho, Vol. 4, p. 8.

[171] Clóvis Beviláqua. *Direito das coisas.* 5ª ed., Rio de Janeiro: Forense, s.d., Vol. 1, p. 11.

[172] Para uma introdução à crítica da percepção patrimonialista que norteou a confecção das bases do Direito Civil, vide Jussara Meirelles (O ser e o ter na codificação civil brasileira: do sujeito virtual à clausura patrimonial. IN: FACHIN: Luiz Edson. *Repensando os fundamentos do direito civil brasileiro contemporâneo.* Rio de Janeiro: Renovar, 1998, p. 87-114).

[173] Paradigmáticas as palavras de Sylvio Capanema de Souza, apresentando a obra de Melhim Namem Chalhub (*Curso de direito civil – direitos reais.* Rio de Janeiro: Forense, 2003, p. IX): "Neste momento tão denso, que vive a ordem jurídica brasileira, ao receber uma nova ordem jurídica, é de excepcional relevância o papel da doutrina *a quem cabe desvendar e explicar as mensagens que fluem do Código Civil,* orientando a construção pretoriana que surgirá, integrando o novo texto legal, para suprir eventuais lacunas."

[174] Contraponha-se a realidade imobiliária do *shopping center, flat* e *time-share* ao rol do art. 1.225 do CCb para ter-se uma idéia inicial do suscitado. Da manualística, em Sílvio Rodrigues (*Direito civil – direito das coisas.* 27ª ed., São Paulo: Saraiva, 2002, p. 9), colhe-se entendimento estritamente contrário à própria realidade registral nacional, traduzindo enfoque substancialmente conservador, oitocentista, que ainda persevera em nichos teóricos do Direito Privado: "Tal entendimento, *data venia,* não merece acolhida. O direito real é uma espécie que vem munida de algumas regalias importantes, tais a oponibilidade *erga-omnes* e a seqüela, de modo que a sua constituição não pode ficar a mercê do arbítrio individual."

sido consagrada no Código Civil Brasileiro de 1916, e mantida no Código Civil de 2002, como prevalecera no BGB de 1896.[175]

Aportada a temática da nova codificação, saliente-se que os contrastes com o Código Beviláqua até existem, mas não são gritantes. A matriz patrimonialista de sua arquitetura aliada ao discurso de centralidade normativa que o envolve, ambos somados ao anteparo da manutenção de uma parte geral e à atitude de preservação que a comissão encarregada de sua feitura seguiu,[176] [177] torna indisfarçável o acerto das palavras de Arnaldo Rizzardo:

> A entrada em vigor do Código Civil sancionado pela Lei nº 10.406, de 10.01.2002, que revogou o Código Civil introduzido pela Lei nº 3.071, de 1º.01.1916, não causará um impacto forte e muito menos inspirará grandes modificações nas relações da vida civil, social e econômica das pessoas. Isto porque grande parte das inovações mais fortes que apareceu já era conhecida, tendo colaborado com a difusão a longa tramitação do Projeto nas Casas do Congresso Nacional. De outro lado, várias das matérias novas vinham sendo debatidas e aplicadas pela doutrina e jurisprudência. (...) No caso do Direito das Coisas, ficou acentuada a tendência de se manter o Código de 1916, tendo a nova ordem mais aperfeiçoado o texto antigo, introduzindo poucos princípios ou institutos totalmente diferentes dos existentes no direito codificado ou superveniente anterior.[178]

Inaugurado sob a ótica das teorias oitocentistas, o direito das coisas importa na regulação e na disciplina dos direitos patrimoniais absolutos, compreendidos como a propriedade privada em suas diversas manifestações, expressões e emanações (alcançando os bens intangíveis), na percepção original, quase nominalista em razão da taxatividade aplicada. Perceba-se tal formato de digressão já presente em Lafayette, a mais referenciada doutrina nacional do Século XIX:

> Sob esta denominação se compreendem a posse, o domínio e os modos de adquirí-lo, os direitos reais separados do domínio (*jura in re aliena*), a saber: o usufruto, o uso e a habitação, as servidões, a enfiteuse, o penhor, a anticrese e a hipoteca. Aquela simples nomenclatura é por si só suficiente para fazer antever a gravidade e o alcance da matéria; quer dizer que estamos à braços com o Direito de propriedade.[179]

Como resultado do discurso privatista tradicional, uma forte perspectiva abstrata e patrimonialista, coerente aos ares do liberalismo econômico

---

[175] Caio Mário da Silva Pereira. *Instituições...*, ob. cit., p. 1.

[176] Miguel Reale. Visão geral do novo Código Civil. In: TAPAI, Giselle de Melo Braga. *Novo Código Civil Brasileiro – Estudo Comparativo do Código Civil de 1916, Constituição Federal, Legislação Codificada e Extravagante*. São Paulo: RT, 2002, p. XI.

[177] Para aprofundamento crítico, vide: Ricardo Aronne. *Anotações ao direito das coisas e legislação especial*. São Paulo: IOB, 2005, cap. 1.

[178] Arnaldo Rizzardo. *Direito das Coisas*. São Paulo: Forense, 2003, p. IX.

[179] Lafayette Rodrigues Pereira. *Direito das Coisas*. 5ª ed., Rio de Janeiro: Freitas Bastos, 1943, Vol. 1, p. IX.

que gestou o regime de propriedade no nascimento do Estado Moderno a partir do discurso iluminista, entranhou-se no Direito Civil:

> Nas condições da vida humana, neste mundo que Kant chamava fenomenal, a propriedade, isto é, o complexo de coisas corpóreas susceptíveis de apropriação, representa um papel necessário. A subsistência do homem, a cultura e o engrandecimento de suas faculdades mentais, a educação e o desenvolvimento dos germes que a mão da Providência depositou em seu coração, dependem essencialmente das riquezas materiais.[180]

Fundado no jusracionalismo e ancorando-se no jusnaturalismo, para qual o direito de propriedade perfaz um direito natural do homem,[181] facilmente o discurso moderno entronizou a inviolabilidade da propriedade privada, alinhando-a com a noção de liberdade e dignidade do indivíduo,[182] derivada da sacralização do instituto já na Declaração de Direitos do Homem e do Cidadão havida no outono do Século XVIII.

Recebendo um livro próprio, no *Code Napoleón*, a propriedade em suas diversas manifestações e arranjos, cuja relevância interessara ao liberalismo nascente, ingressou no infante Direito Civil com uma arquitetura e desenho especiais.[183] Compreende, nesta medida, as titularidades referentes a bens imateriais. A Propriedade Intelectual como gênero e todas as suas espécies.

Na leitura tradicional privatista, em seu simplismo ignóbil, a disciplina do direito das coisas corresponde ao estudo do respectivo livro da codificação, com patrimonialismo e abstração que são naturais aos esquemas juscivilistas clássicos:[184] [185]

---

[180] Idem, ibidem.

[181] Em Lafayette (idem, ibidem) a "Providência" [*sic*], comparece literalmente no trecho transcrito acima, com o sentido teológico que a aposição da maiúscula carrega.

[182] Para crítica mais aprofundada do tema: Ricardo Aronne. *Por uma nova hermenêutica dos direitos reais limitados – das raízes aos fundamentos contemporâneos.* Rio de Janeiro: Renovar, 2001, p. 7-197.

[183] René GONNARD, *La propriété dans la doctrine et dans l'histoire.* Paris: LGDJ, 1943, p. 1-2: "*Dans les sociétés humaines même les plus rudimentaires, se pose le problème de l'appropriation, c'est-á-dire le problème de la manière dont sera assurée, aux individus ou aux groupes, la faculté, plus ou moins durable et plus ou moins exclusive, de disposer des biens.[...] Et le droit de propriété, dans sa forme et dans son organisation, on a beaucoup varié dans le temps et dans l'espace*". Ou seja: "Na sociedade humana, mesmo nas mais rudimentares, é colocado o problema da apropriação, quer dizer a maneira que será assegurada, aos indivíduos ou aos grupos, a faculdade, mais ou menos durável e mais ou menos exclusivo, para se dispor dos bens. [...] E o direito de propriedade, na sua forma e na sua organização, alterou-se no espaço e no tempo". (Tradução livre)

[184] Ricardo Aronne. *Por uma nova hermenêutica dos direitos reais...* Ob. cit., cap. 1.

[185] Giuseppe Provera. La distinzione fra diritti reali e diritti di obbligazione alla luce delle istituzioni di Gaio. *Il modello di Gaio nella formazione del giurista.* Milão: Giuffrè, 1981, p. 387: "*La distinzione fra diritti reali e diritti di obbligazione è fra le più dibattute dalla nostra dottrina civilistica, impegnata nello sforzo di individuare i criteri idonei a giustificarla sul piano scientifico e su quello normativo. Non occorre certo insistere per sottolinearne l'importanza, non solo perché tutti i rapporti giuridici patrimoniali dovrebbero trovar posto, almeno in linea di massima, nell'una o nell'altra*

Direito das coisas é o ramo do saber humano e das normatizações que trata da regulamentação do poder do homem sobre os bens e das formas de disciplinar a sua utilização econômica. Dir-se-ia que, em última instância, o ser humano é sempre movido tendo como motivo fundamental um fim econômico, o qual se concretiza na conquista de bens. Por isso, o direito das coisas, embora necessária a sua especificação dentro do universo do direito, repercute em todos os setores jurídicos, seja qual for a divisão que lhe empresta a metodologia na sua consideração geral.[186]

Decorrem conseqüências deste falsamente neutro conceito. Reduzido à condição de sujeito de direito, o homem passa a ser mero partícipe do abstrato reino da relação jurídica patrimonial.[187] Como tal, essa personagem somente manifesta motivações e percepções compatíveis com as opções do liberalismo laico burguês.[188]

É ateu. Não possui ódio, paixão, amor, raiva, desprezo, amizade, ira, afeto ou sentimentos estranhos à codificação. Não ri ou chora. Suas razões (*ratio*) são exclusivamente econômicas. Ele se limita a possuir, dispor, usar, fruir ou negociar. É um autômato metalista, apto a viver sob a égide

---

delle due categorie, pensate come esaustive, ma anche e soprattutto perché da tale collocazione dipende la scelta della disciplina normativa appropriata, rispetivamente, a quelli di tipo reale ed a quelli di tipo obbligatorio. Non va, d'altra parte, dimenticato che negli uni e negli altri si riflettono realtà economiche radicalmente diverse a seconda dei modi in cui l'uomo opera concretamente, nella vita di ogni giorno, al fine di procurarsi i mezzi necessari al soddisfacimento dei suoi bisogni. Si pensi, ad esempio, al bisogno di una casa, che può, secondo l'id quod plerumque accidit, *essere soddisfatto acquistandola, in cambio di un prezzo, da chi ne è proprietario oppure impegnando quest'ultimo a metterla a disposizione affinché altri ne goda per un certo tempo in cambio di un corrispettivo.*" Ou seja: "A distinção entre direitos reais e direitos obrigacionais é um dos assuntos mais debatidos na nossa doutrina civil, empenhada no esforço de individualizar os critérios idôneos e justificá-la no plano científico e no plano normativo. Não é necessário insistir, nem ressaltar a importância, não só porque todos os relatórios jurídicos patrimoniais devem encontrar o seu lugar, ao menos no preceito, em uma ou em outra categoria, pensem como exaustiva, mas sobretudo porque a colocação depende da escolha apropriada da disciplina normativa, respectivamente, aqueles tipos reais e aqueles tipos obrigatórios. Não se pode, por outro lado, esquecer que em uma e em outra se refletem realidades econômicas radicalmente diversas e segundo os modos pelos quais o homem opera concretamente, no cotidiano, para obter os meios necessários à satisfação de suas necessidades. Pense-se, por exemplo, na necessidade de moradia, que, segundo o *id quod plerumque accidit*, pode ser satisfeita, em troca da oferta de um preço ao proprietário, que entregará a casa para que o comprador possa utilizá-la". (Tradução livre)

[186] Arnaldo Rizzardo. Ob. Cit., p. 1.

[187] Exemplo do que se afirma, pode ser colhido em sede de responsabilidade civil extracontratual. O dano moral, por não importar em redução do *status quo* patrimonial para o lesado, restava à margem da tutela jurídica. Não havendo prejuízo financeiro, nada haveria a reparar. A matéria ganhou pacificação apenas com o advento da Constituição vigente, no recente ano de 1988, sendo incluída no rol dos direitos fundamentais positivados no respectivo art. 5º.

[188] Afirma Washington de Barros Monteiro (*Curso de direito civil – direito das coisas*. São Paulo: Saraiva, 2003, 37ª atualizada, p. 1), introduzindo a matéria em pauta, denunciando uma fronteira entre o direito e o não-direito, haverem bens sem interesse para o direito das coisas, fazendo perceber sua matriz patrimonialista – sem atenção aos arts. 170 e segs. da CF/88 –, de forma mais nítida ao posicionar-se, dizendo neste ponto haver uma "sincronização perfeita entre a ciência jurídica e a ciência econômica."

da *Lex Mercatoria*.[189] Suas motivações centram-se na teoria da justa troca.[190] [191]

Não fora então, no curso do Século XIX, disciplinada à exaustão a propriedade intelectual, como fora à imobiliária, foi por ausência da relevância econômica, quando então, para os respectivos países, que se deram conta disto em momentos históricos plurais. É o caso brasileiro. Normativamente prolixo, o Estado foi tímido até a metade final do Século XX, em matéria de legislação sobre propriedade intelectual. Até que 1988 começou a imprimir uma nova e bem-vinda realidade em todo o direito patrimonial.

Percebida a função social da propriedade, a partir do núcleo substancial do ordenamento jurídico, como direito fundamental (para bem mais além de uma cláusula geral),[192] uma mutação inicia seu curso, dando um profundo golpe na visão de direito absoluto que por séculos envolveu o discurso proprietário[193] e teceu legitimidade ao direito das coisas codificado.

---

[189] Fundamental ao operador jurídico a releitura do papel das titularidades procedida por Luiz Edson Fachin (*Estatuto jurídico do patrimônio mínimo*. Rio de Janeiro: Renovar, 2001, *passim*).

[190] Repisa-se integralmente, por necessário: Florestan Fernandes; Bárbara Freitag; Sérgio Paulo Rouanet. *Habermas*. São Paulo: Ática, 1993, p. 15-16: "Toda ideologia (como veremos a seguir) tem como função impedir a tematização dos fundamentos do poder. As normas vigentes não são discutidas porque são apresentadas como legítimas pelas diferentes visões de mundo que se sucederam na História, desde as grandes religiões até certas construções baseadas no direito natural, das quais a doutrina da justa troca, fundamento do capitalismo liberal, constitui um exemplo. A ideologia tecnocrática partilha com as demais ideologias a característica de tentar impedir a problematização do poder existente. Mas distingue-se radicalmente de todas as outras ideologias do passado porque é a única que visa esse resultado, não através da *legitimação* das normas, mas através de sua supressão: o poder não é legítimo por obedecer a normas legítimas, e sim por obedecer a regras técnicas, das quais não se exige sejam justas, e sim que sejam eficazes. [...] A ideologia tecnocrática é muito mais indevassável que as do passado, porque ela está negando a própria estrutura da ação comunicativa, assimilando-a à ação instrumental. Pois enquanto àquela, como vimos, se baseia numa intersubjetividade fundada em normas, que precisam ser justificadas (mesmo que tal justificação se baseie em falsas legitimações), esta se baseia em regras, que não exigem qualquer justificação. O que está em jogo, assim, é algo de muito radical, que é nada menos que uma tentativa de sabotar a própria estrutura de interesses da espécie, que inclui, ao lado do interesse instrumental, também o interesse comunicativo."

[191] Especificamente tratando os elementos da teoria da justa troca: Jürgen Habermas. *A crise de legitimação do capitalismo tardio*. 2ª ed. Rio de Janeiro: Tempo Brasileiro, 1994, p. 90-99.

[192] Sobre a questão das cláusulas gerais, importantes considerações encontram-se tecidas por Cristiano Tutikian (Sistema e Codificação: as cláusulas gerais e o Código Civil. IN: Ricardo Aronne (org.). *Estudos de direito civil-constitucional*. Porto Alegre: Liv. do Advogado, 2002, vol. 1, p. 19-31).

[193] Enquanto construção axiológica, o direito de propriedade se projetou para um inconsciente da percepção jurídica (qualquer paralelismo com o inconsciente coletivo traçado Jung, não somente é possível como necessário; neste sentido, a propriedade ocupa o papel de arquétipo) através de um reiterado, aprofundado e decapado discurso. Para aprofundamento, vide Eroults Courtiano Jr. (*O discurso jurídico da propriedade e suas rupturas*. Rio de Janeiro: Renovar, 2002, *passim*).

O repensar inerente ao fenômeno da constitucionalização do Direito Civil[194] introduziu novas reflexões acerca dos direitos reais, cuja gama de interesses centrais da disciplina deixava de estar ubicada tão-somente na figura do proprietário ou demais titulares, percebendo interesses distintos e até difusos em seu seio.[195] O que se pode perceber como inovação não se dá quanto ao objeto de abrangência, mas ao interesse nas regulações.

Plural, como a sociedade brasileira resultou amalgamada, esta nova visão projeta um foco bem mais amplo, abrigando, para além das personagens codificadas tradicionais, os despossuídos e interesses extrapatrimoniais.[196]

Superadas as teorias de afetação tradicional que se entranharam na leitura dos direitos reais,[197] salientada a autonomia das titularidades de pertença frente ao núcleo dominial[198] e liberta a posse das amarras proprietárias,[199] pode-se definir o direito das coisas na atualidade, simplesmente, como o ramo do Direito Civil destinado à regulação sociopatrimonial da posse, titularidades e domínio, com larga projeção e influência dos demais campos do Direito (agrário, urbanístico, ambiental, administrativo,

---

194 Para que se compreenda a real extensão deste fenômeno, com a prospecção nos três pilares fundamentais do Direito Privado (propriedade, família e contrato), vide Luiz Edson Fachin (*Teoria crítica do direito civil*. Rio e Janeiro: Renovar, 2000, cap. 1)

195 Ed. Universitária Champagnat, v.2, n.1, p. 99-100: "O projeto dos juristas do século passado está teoricamente desfigurado, mas a doutrina e a prática do direito, ao responderem às novas exigências sociais, ainda se valem da inspiração no valor supremo da segurança jurídica e do purismo conceitual. Se a teoria do modelo clássico se acomoda como passagem da história jurídica, mesmo assim, segue firme e presente certa arquitetura de sistema que tem mantido afastada uma suposta realidade jurídica da realidade social, hábil para 'se refugiar num mundo abstrato, alheio à vida, aos seus interesses e necessidades'. [...] Não se trata de uma crise de formulação, eis que o desafio de uma nova teoria geral do direito civil está além de apenas reconhecer o envelhecimento da dogmática. Deve-se tratar, isso sim, das possibilidades de repersonalização de institutos essenciais, como a propriedade e o contrato, bem assim do núcleo do direito das obrigações para recolher o que de relevante e transformador há nessa ruína."

196 MEIRELLES, Jussara. O ser e o ter na codificação civil brasileira: do sujeito virtual à clausura patrimonial. In: FACHIN, Luiz Edson (Org.). *Repensando os fundamentos do direito civil brasileiro contemporâneo*. Rio de Janeiro: Renovar, 1998, p. 89. "Na ordem jurídica, a pessoa é um elemento científico, um conceito oriundo da construção abstrata do Direito. Em outras palavras, é a técnica jurídica que define a pessoa, traçando seus limites de atuação. Esse delineamento abstrato decorre, substancialmente, da noção de relação jurídica, as pessoas são consideradas sujeitos, não porque reconhecidas a sua natureza humana e a sua dignidade, mas na medida em que a lei lhes atribui faculdades ou obrigações de agir, delimitando o exercício de poderes ou exigindo o cumprimento de deveres".

197 A referência toca diretamente a teoria realista, personalista e eclética, de fundamento oitocentista e ainda reinantes na doutrina manualística que permeia o Direito Privado, de produção revigorada desde a edição do novo Código Civil.

198 Sobre a formulação e fundamentos da teoria da autonomia: Ricardo Aronne. *Propriedade e domínio*. Rio de Janeiro: Renovar, 1999, p. 206-211.

199 Aronne. Titularidades e apropriação no novo Código Civil: breve estudo sobre a posse e sua natureza. In: Ingo Wolfgang Sarlet. *O novo Código Civil e a Constituição*. Porto Alegre: Liv. do Advogado, 2003, p. 239.

biodireito, contratos, dentre outros), pois largamente influenciado e influente no sistema jurídico como totalidade (aberta), a partir do reconhecimento de sua unidade axiológica,[200] com epicentro constitucional.[201]

Teleologicamente orientado à realização do Estado Social e Democrático projetado na Carta de 1988, interesses extraproprietários, sejam de natureza pública ou social, resultaram lançados na mirada do direito das coisas, em concurso com o respectivo interesse privado dos titulares.[202]

A publicização do Direito Privado, fenômeno que, no tocante ao Brasil, se iniciou nos anos 30 do Século XX, tendo no curso de seus altos e baixos denunciado a ruína da racionalidade codificada (para além do próprio Código, então datado de 1916), encontrou seu ápice a partir dos anos 90, na esteira da aplicação judicial da visão contemporânea dos direitos fundamentais e das teorias de eficácia que a alimentam hodiernamente.[203]

Como resultado, operou-se uma reconstrução, ainda em curso, do Direito Civil, com amplo impacto no direito das coisas, na busca de sua repersonalização, orientada pelo princípio da dignidade da pessoa humana. Migrando o patrimônio para a periferia, deixando ao homem, em sua antropomórfica dimensão intersubjetiva, o centro dos interesses protetivos do sistema jurídico, a propriedade e suas manifestações passam a guardar um papel instrumental.

> O exame do Código exige uma alteração metodológica decisiva. A modificação é essencial para que haja possibilidade de extração das reais possibilidades potencialidades da nova legislação. Os rompimentos metodológicos, iniciados ainda na vi-

---

[200] Claus-Wilhelm Canaris. *Pensamento sistemático e conceito de sistema na ciência do direito.* 2ª ed. Lisboa: Calouste Gulbenkian, 1996, p. 240-241.

[201] Ricardo Aronne. *Por uma nova hermenêutica...* Ob. cit., p. 45-61.

[202] Jürgen Habermas traça, com acerto, fronteira ao discurso em tela. O Direito, enquanto objeto epistemológico do presente discurso, identifica-se a um Direito democraticamente construído, com aspirações de justiça e eqüidade material, não obstante a inserção da economia de mercado. Diz (*A ética da discussão e a questão da verdade.* São Paulo: Martins Fontes, 2004, p. 38-40): "Grosso modo, penso que as sociedades complexas contemporâneas se integram até certo ponto através de três veículos ou mecanismos. O 'dinheiro' enquanto veículo está, por assim dizer, institucionalizado no mercado; o 'poder' enquanto veículo está institucionalizado nas organizações; e a 'solidariedade' é gerada pelas normas, pelos valores e pela comunicação." Leciona o filósofo que o mercado tem seus mecanismos no contrato e na propriedade. Por si só, ao contrário da lição de Hayek, que remonta Adam Smith, o mercado não tem uma condição distributiva ideal. Assim, havendo uma Constituição democrática, o Direito intervém no mercado, através da regulação de seus mecanismos em abstrato (pela lei) e em concreto (pela administração e pela jurisdição).

[203] Eugênio Facchini Neto. Reflexões histórico-evolutivas sobre a constitucionalização do direito privado. IN: Ingo Wolfgang Sarlet (org.). *Constituição, direitos fundamentais e direito privado.* Porto Alegre: Liv. do Advogado, 2003, p. 41: "Com a aceitação da idéia de que o direito civil não pode ser analisado apenas a partir dele próprio, devendo sofrer o influxo do direito constitucional, começou-se a questionar sobre o tipo de eficácia que os direitos fundamentais (justamente a parte mais nobre do direito constitucional) poderiam ter no âmbito das relações estritamente intersubjetivas."

gente codificação, rompem com antigos paradigmas. Valores devem ser redimensionados. A necessidade de buscar na Constituição o real sentido da nova codificação. Essencial o cotejo da nova legislação com os princípios insculpidos na Constituição Federal.[204]

Torna-se, assim, complexo repetir empoeirados conceitos tributários de valores oitocentistas, não raro incompatíveis ao ordenamento jurídico vigente, como se torna paradoxal voltar a trilhar a teoria de suporte dos direitos reais, que angula a leitura e aplicação do direito das coisas tradicional. Esta última, na pós-modernidade, é decantada para que se colha o que de proveitoso resta.[205] Mais possibilidades abrem-se para a propriedade intelectual ter nova morada epistemológica, que sempre lhe fora natural e acolhedora.

Não obstante, ao estudo da disciplina dos direitos reais, se faz necessário o domínio do manancial teórico clássico, senão por apuro acadêmico, visto não se ignorar o asfalto que pavimenta o percurso histórico do Direito, pelo fato de que ainda hoje na doutrina, largos setores reproduzem a visão tradicional; mesmo que sem maior reverberação na jurisprudência.

Como dado de realidade, poder-se-ia, com alguma serenidade, afirmar que em semelhante proporção com que se verifica a primazia tradicional na teoria jurídica, este dado se inverte no sentido da primazia contemporânea na aplicação do direito na vida prática,[206] ainda que muito ainda haja para ser trilhado. O que não se pode afirmar é que a esta prática não subjaz uma teoria, pelo fato de ser menos compreendida nos bancos acadêmicos.[207]

Sob a tradução semântica de vínculos reais, a teoria da relação jurídica foi contrabandeada[208] para o núcleo do direito das coisas, quando de sua formulação moderna (Sécs. XVIII e XIX), para a construção da arqui-

---

[204] Eduardo Kraemer. Algumas anotações sobre os direitos reais no novo Código Civil. IN: Ingo Wolfgang Sarlet (org.). *Constituição, direitos fundamentais e direito privado*. Porto Alegre: Liv. do Advogado, 2003, p. 199.

[205] Vide Ricardo Aronne. *Propriedade e domínio*. Ob. cit., p. 67-116.

[206] Vide Eugênio Facchini Neto. Ob. cit., p. 43 e 44 e em especial na p. 51 e 52, de onde se colhe: "Aceitando-se essa caracterização dos direitos humanos, feita por Alexy, percebe-se claramente a grande contribuição que se espera do Poder Judiciário para tornar efetivos tais direitos, pois cabe ao magistrado assegurar a *fundamentalidade* dos direitos humanos, interpretando o ordenamento jurídico de forma que respeite e fomente tais direitos, garantindo a *preferencialidade* de tal interpretação sobre quaisquer outras possibilidades que se abram."

[207] Michele Giorgianni. O direito privado e suas atuais fronteiras, *Revista dos tribunais*, São Paulo: RT, n. 747, 1998, p. 35-36. Assim já afirmou ocorrer no curso da década de 60 do Século XX, o autor italiano.

[208] O termo deve ser explicado. A teoria da relação jurídica fornece um filtro para desenhar fronteiras de interesse ao direito positivo, então transformado em discurso e reduzido ao critério Kelseniano de validade formal. Não obstante, a razão de sua construção, no discurso jurídico-político liberal, tem como alicerce o fetiche da neutralidade do Direito.

tetura das relações de propriedade, encastelada na concepção de direito absoluto.[209] [210]

Nasce, assim, a Teoria Realista. A propriedade, a partir da fórmula dominial havida nas Institutas,[211] postulado do Direito Bizantino, fica expressa como um complexo de relações entre titular e bem; compreendidas como os poderes de usar, fruir e dispor. O único sujeito do vínculo seria o respectivo beneficiário, de modo a não serem percebidos quaisquer outros interesses eventuais de estranhos a tal relação.

As faculdades proprietárias exteriorizavam-se como verdadeiro *potestas*, possibilitando ao titular dar o destino que melhor lhe aprouvesse ao bem, independente da conjuntura em que se encontrava a respectiva situação dominial.

A burguesia procedeu, na confecção do Estado Liberal[212] e do respectivo Direito Civil para o qual este era servil, um contraponto extremo à insegurança patrimonial promovida pelo Leviatã, claramente identificado ao Estado Absolutista, entronizando a garantia e o exercício absoluto da propriedade privada como *ratio* que influenciou até o contrato social que lhe serviu de suporte.[213]

> A conclusão é fácil de se adivinhar: o liberalismo é a expressão, isto é, o álibi, a máscara dos interesses de uma classe. É muito íntima a concordância entre as aplicações da doutrina liberal e os interesses vitais da burguesia. [...] A visão idealista insistia no aspecto subversivo, revolucionário, na importância explosiva dos princípios, mas, na prática, esses princípios sempre foram aplicados dentro de limites restritos. [...] Do mesmo modo, no campo, entre o proprietário que tem bens suficientes para subsistir e o que nada tem, e não pode viver senão do trabalho de seus braços, a lei é desigual. A liberdade de cercar campos não vale senão para os que

---

[209] Caio Mário da Silva Pereira. *Instituições....* Ob. cit., p. 89.

[210] Em perspectiva crítica às teorias personalista e realista, vide Ricardo Aronne. *Propriedade e domínio*, p. 25-35. Como as obras jurídicas hão de perceberem-se abertas pelo seu autor, após a maior maturidade da teoria da autonomia e de seu responsável, pode-se tomar com cautela a expressão "reconciliação" (p. 35), empregada no texto. Não se busca preservar a visão tradicional, com a teoria da autonomia. Busca-se, superar as contradições formais que derivam, no curso da superação da contradição material que contêm, não obstante ser sua motivação (afirmar condição absoluta à propriedade, relativizada pela ordem contemporânea). Portanto, a teoria contemporânea importa na superação dialética da visão clássica, e não em sua simples negação.

[211] Mais especificamente, Institutas 4.3.3: "*Dominium est jus utendi, fruendi et abutendi.*"

[212] René Rémond, *O Século XIX*, São Paulo, Cultrix, 1997, p. 31: "A burguesia fez a Revolução e a Revolução entregou-lhe o poder; ela pretende conservá-lo, contra a volta de uma aristocracia e contra a ascensão das camadas populares. A burguesia reserva para si o poder político pelo censo eleitoral. Ela controla o acesso a todos cargos públicos e administrativos. Desse modo, a aplicação do liberalismo tende a manter a desigualdade social."

[213] CARVALHO, Orlando de. *A teoria geral da relação jurídica*: seu sentido e limites. 2ª ed. Coimbra: Centelha, 1981, nota 1, p.13-14: "Por outra via, constitui um progresso em ordem a um jusnaturalismo romanticamente individualista que partia, para falarmos como Rousseau, do *promeneur solitaire*, do homem sozinho, esquecendo aparentemente a alteridade do Direito, a sua profunda e indefectível socialidade".

> tem algo a proteger; para os demais, ela significa a privação da possibilidade de criar alguns animais aproveitando-se dos pastos abertos. Além do mais a desigualdade nem sempre é camuflada e, na lei e nos códigos, encontramos discriminações caracterizadas, como o artigo do Código Penal que prevê que, em caso de litígio entre empregador e empregado, o primeiro seria acreditado pelo que afirmasse, enquanto o segundo deveria apresentar provas do que dissesse.
>
> O liberalismo é, portanto, o disfarce do domínio de uma classe, do açambarcamento do poder pela burguesia capitalista: é a doutrina de uma sociedade burguesa, que impõe seus interesses, seus valores, suas crenças. Essa assimilação do liberalismo com a burguesia não é contestável e a abordagem sociológica tem o grande mérito de lembrar, ao lado de uma visão idealizada, a existência de aspectos importantes da realidade, que mostra o avesso do liberalismo e revela que ele é também uma doutrina de conservação política e social. [...] Ele reserva esse poder para uma elite, porque a soberania nacional, de que os liberais fazem alarde, não é soberania popular, e o liberalismo não é a democracia; tornamos a encontrar, numa perspectiva que agora a esclarece de modo decisivo, essa distinção capital, esse confronto entre liberalismo e democracia, que dominou toda uma metade do Século XIX.[214]

A propriedade liberal burguesa, identificada à noção romana de domínio – tal quais os direitos reais sobre coisas alheias –, implicava ter o bem como objeto direto da relação, como contraponto dos vínculos obrigacionais, estes de natureza relativa. É este olhar que traz a sensação estrangeira da doutrina especializada, frente ao direito das coisas, em dimensão que recusava valor até mesmo aos bens móveis em detrimento da terra. Mais distante ficavam os bens intangíveis.

O exercício do direito real dar-se-ia diretamente *in re*; jamais *in personam*, qualidade dos direitos relativos. Não haveria necessidade de alguma prestação ou conduta de sujeito diverso, para o exercício das pretensões jurídico-reais pelos titulares.[215] Os bens,[216] inanimados por excelência, não são passíveis de resistência, de modo que o limite de tal direito era verificável quase que somente diante de outros de mesma natureza (direitos de vizinhança). Aqui se inicia o largo caráter absoluto, dado aos direitos reais, na modernidade.[217]

---

[214] René Rémond. Ob. cit., p. 31-32.

[215] Caio Mário da Silva Pereira. *Instituições*...Ob. cit., p. 2-4.

[216] Para que se introduza a problemática sobre o termo bem, Venosa procede, com rara sensibilidade dentre os manuais, efetiva síntese sobre a percepção polissêmica atribuída ao mesmo, no primeiro parágrafo de seu volume de direito das coisas (Silvio de Salvo Venosa. *Direito civil – direitos reais*. São Paulo: Atlas, 2001, vol. 4, p. 17).

[217] Ainda na pós-modernidade, prosseguem os manuais a repetir as antigas fórmulas oitocentistas, em míope leitura do fenômeno jurídico-privado, embalada por deficiente metodologia racionalista, que claudica entre a Escola da Exegese e a Pandectista. Exemplo textual colhe-se em Silvio Rodrigues (*Direito* civil. Ob. cit., p. 77-78). Identifica a propriedade ao domínio, classificando o instituto segundo os elementos da escola realista, que o autor obtém da literalidade do dispositivo codificado em 1916 e 2002 (respectivamente, arts. 524 e 1.228).

Do explicitado, colhe-se a afirmação tradicional de que os bens são objeto direto das relações jurídico-reais, enquanto guardam o papel de objeto indireto das relações pessoais ou obrigacionais, cujo objeto direto é uma conduta consistente em alguma das modalidades previstas no respectivo livro da codificação.[218]

"A expressão 'objeto de direito' é empregada em vários sentidos. Mas está sendo utilizada para designar aquilo que recai sob a autoridade do homem, e se diz também objeto *imediato* do direito: significa aquilo para o que o direito se dirige, isto é, a causa do direito que se torna possível, o escopo final do direito, que se designa também objeto *mediato* do direito. Assim, no direito obrigacional, por exemplo, se designa objeto tanto a obrigação do devedor, isto é, a prestação, quanto a coisa a ser fruída em virtude da prestação. Porém, para maior exatidão da linguagem e precisão das idéias, é conveniente chamar de *objeto* do direito aquilo que está sob a autoridade do homem, e, por outro lado, de *conteúdo* dos direitos o que é causa dos direitos que se torna possível obter". (Tradução livre)[219]

A propriedade resulta definida pelos poderes que imanta, conforme a retórica realista. Importa a propriedade, consoante o aforisma do *caput* do art. 1.228 do CCB, nos poderes de usar, fruir e dispor do bem, dentro de abstratos limites negativos que a lei impõe.

Definida a propriedade e conduzida à condição de núcleo da disciplina do direito das coisas, decorreram conseqüências jurídicas desta opção política. Exemplo se alcança nos direitos reais sobre coisas alheias. Caracterizados como elementos decorrentes da propriedade (identificada ao domínio, pelo nada neutro discurso da dogmática oitocentista), se identificaram às titularidades. Daí o art. 1.225 do Código denominar titularidades como direitos reais em pleno Século XXI. Até o final do Século XX, alguns pressupostos aqui erigidos não seriam mais discutidos com efetividade.[220]

O positivismo afastaria a epistemologia jurídica da controvérsia da legitimidade, para um discurso sobre validade e eficácia. Não se questio-

---

[218] Francisco de Paula Lacerda de Almeida. *Direito das cousas*. Rio de Janeiro: J. R. dos Santos, 1908, Vol. 1, p. 37-38: "No Direito das Cousas constituem objecto do direito a propriedade e os direitos della separáveis; no Direito das Obrigações as prestações, o acto do devedor obrigado. Coherentemente são reaes os direitos classificados na primeira cathegoria; exercem-se directamente sobre o seu objecto, a cousa; na segunda pessoaes só indirectamente podem ser exercidas sobre seu objecto, a prestação, pois esta é acto ou omissão do devedor e delle depende."

[219] Nicola Coviello. *Manuale di diritto civile italiano*. Milano: Società Editice Libraria, 1924, p. 250: "*L'espressione 'oggetto di diritti' viene usata in vario senso. Talora con essa viene a designarsi ciò che cada cade sotto la potestà dell'uomo, e si dice anche oggetto immediato del diritto; talora significa ciò a cui il diritto tende, ciò che a causa del diritto ci si rende possibile, lo scopo finale del diritto, e si dice anche oggetto mediato del diritto. Così nei diritto d'obbligazione per esempio si chiama oggetto tanto il fato del debitore, cioè la prestazzione, quanto la cosa di cui si deve godere in forza della prestazione. Perciò, per maggiore esattezza di linguaggio e precisione d'idee, si è convenuto di chiamare oggetto dei diritto ciò che cade sotto la potestà dell'uomo, e invece contenuto dei diritti ciò che a causa dell diritto ci si rende possible ottenere.*"

[220] Para aprofundamento, vide Ricardo Aronne (*Propriedade e domínio*. ob. cit., p. 37-86).

nará mais, por um longo curso histórico, entrecortado por Leon Dugüit, o caráter absoluto da propriedade,[221] e sim, como este ocorre e como melhor se caracteriza, de um ponto de vista cientificamente puro.[222]

Kant influenciou toda a ciência que se produziu na modernidade.[223] No Direito, não se verificou diferente. Para a metafísica, a dimensão da liberdade e do agir humano são fundamentais para a construção do fenômeno jurídico.[224]

Resultado desta ordem de idéias, surge no Direito Privado uma resistência a proposta de relações onde os partícipes dos seus dois pólos não fossem sujeitos de direito.[225] Rudimentarmente pode-se apontar assim o nascedouro da teoria personalista, que refuta a visão anterior.

Para os cultores desta escola, os direitos reais são absolutos na medida em que geram uma obrigação passiva universal, resultante de sua oponibilidade *erga omnes*, do que deriva terem um sujeito passivo indeterminado.[226]

Não obstante a correção das oposições havidas, seria de *lege ferenda* não admitir vínculos jurídicos de natureza real, na esteira da proposição do próprio *caput* do art. 1.228 do CCb. As faculdades de uso, fruição e disposição, expressas como poderes jurídicos do titular, no dispositivo em

---

[221] E também de suas emanações, denominadas e configuradas como direitos reais; portanto absolutas. Com efeito, as codificações, mesmo em sobrevida, apontam titularidades como direitos reais na coisa alheia. Confundem os poderes de seu titular com o instrumento da titularidade. (Idem, ibidem, p. 87-116).

[222] Luiz Edson Fachin, Direito Civil Contemporâneo, *Revista Consulex*, nº 18, Brasília, Consulex, 1998, p. 32: "Talvez sua incompletude funde o permanente enquanto instância transitória duradoura da motivação necessária, na tentativa de refundar um sistema que colocou em seu núcleo o patrimônio e apenas nas bordas o ser humano e sua concretude existencial.Uma virada que se faz necessária para recolocar no centro o ser, como luz solar que tem direito ao seu lugar essencial e na periferia o ter, como a pertença que aterra mais a morte do que a vida e suas possibilidades."

[223] Disse Martin Seymour-Smith (*Os cem livros que mais influenciaram a humanidade*. 3ª ed. Rio de Janeiro: DIFEL, 2002, p. 414-415), elegendo *Crítica da Razão Pura* (1781 – Revisto em 1787) como a obra mais significativa dentre a sólida produção multifacetada de Immanuel Kant: "Já houve quem dissesse que Kant seria o grande filósofo dos tempos modernos, à altura de Platão e Aristóteles, embora essa opinião seja minoritária hoje em dia. (...) O que é certo é o seguinte: qualquer pessoa educada e culta ou *é* ou *não é* kantiana." Martin Buber seria; Bertrand Russel não.

[224] Para aprofundamento: Paulo Luiz Netto Lôbo. Contrato e mudança social, *Revista dos tribunais*, RT, 722, p. 40-45, 1995, p. 45.

[225] Observe-se a resistência de Caio Mário (*Instituições*...Ob. cit., p. 4): "Não obstante o desfavor que envolve a doutrina personalista, ela continua, do ponto de vista filosófico (especialmente metafísica), a merecer aplausos. Sem duvida que é muito mais simples e prático dizer que o direito real arma-se entre o sujeito e a coisa, através de assenhoramento ou dominação. Mas, do ponto de vista moral, não encontra explicação satisfatória esta relação entre pessoa e coisa. Todo o direito se constitui entre humanos, pouco importando a indeterminação subjetiva, que, aliás, em numerosas ocorrências aparece sem repulsas ou protesto. [...] A teoria realista seria então mais pragmática. Mas, encarada a distinção em termos de pura ciência, a teoria personalista é mais exata."

[226] Caio Mário da Silva Pereira. *Instituições*...Ob. cit., p. 3.

apreço, restam positivadas no ordenamento e integram vínculos dominiais de natureza real.

> *La propiedad es configurada como una* relación del hombre con las cosas, *conforme la tradición romana. Hoy, desde diversas perspectivas se hace notar que el derecho de propiedad debe configurar-se como relación entre personas, como delimitación de derechos que se confieren a los propietarios en relación con los demás en un determinado estadio social de desarrollo, pero en el Code se sitúa en primer término la conexión con la cosa.*[227]

Buscando solver a aporética resultante da controvérsia de ambas as escolas, derivou a teoria eclética ou mista.[228] Para esta, os poderes dominiais de usar, fruir e dispor integram o aspecto interno da propriedade, também denominado aspecto econômico. O dever passivo universal de abstenção, pelos não-titulares, seria característica do aspecto externo ou jurídico da propriedade.

Não isenta de críticas, a teoria eclética dá maior fluidez aos conceitos,[229] porém mantém relações jurídicas de naturezas diversas sob um único instituto, com vistas a solidificar a idéia de direito absoluto do titular de direitos reais.[230] Mesmo do ponto de vista formal, diversas incoerências que permanecem arraigadas à tradição jurídica clássica se fazem perceber no curso de sua análise.[231]

---

[227] Mariano Peset. *Dos ensayos sobre la história de la propiedad de la terra.* Madrid: Revista de Derecho Privado, 1982, p. 130.

[228] Arnoldo Wald. *Curso de direito civil brasileiro – Direito das coisas.* 11ª ed. São Paulo: Saraiva, 2002, p. 105.

[229] No mesmo sentido, Melhim Namem Chalhub (*Curso de direito civil – direitos reais.* Rio de Janeiro: Forense, 2003, p. 4), não obstante a diversidade metodológica.

[230] Para que bem se apreenda a noção tradicional do sentido de direito absoluto, com que a civilística clássica opera, transcreve-se trecho da influente obra dos irmãos Mazeud (MAZEUD, Henri; MAZEUD, Léon; MAZEUD, Jean. *Lecciones de derecho civil.* Buenos Aires: Europa-América, 1978, v. 4. Tomo 2., p. 56), por sua representatividade para com tal linha de pensamento:
"*El absolutismo del derecho de propiedad se traduce en cuanto a su titular, por su exclusivismo y por su individualismo; en cuanto a los poderes que confiere, por su totalitarismo y por su soberania. Por ser absoluto, el derecho de propiedad es un derecho total: el propietario tiene todos los poderes sobre la cosa. Este conjunto de poderes puede descomponerse en tres atributos:* jus utendi *o derecho de servirse de la cosa,* jus fruendi *o derecho de percibir sus productos,* jus abutendi *o derecho de disponer de la cosa: conservarla, donarla, venderla, destruirle, abandonarla.*
Esa universalidad del derecho de propiedad ha sido afectada por la evolución producida a partir de 1804".

[231] Florestan Fernandes. *Mudanças sociais no Brasil.* 3ª ed. São Paulo: DIFEL, 1979, p. 49-50: "Nas condições peculiares da sociedade de classes dependente e subdesenvolvida, a mudança e o controle da mudança, são, com maior razão, fenômenos especificamente políticos. Da mudança e do controle da mudança não depende, apenas, a continuidade do sistema de produção capitalista e da dominação burguesa, mas, em especial, a probabilidade de impedir-se a regressão da dependência propriamente dita à heteronomia colonial ou neocolonial. Na verdade, sob o capitalismo dependente a dominação burguesa não deve, apenas, consolidar a continuidade da ordem contra as 'pressões internas', que se tornam perigosas e até mortais para a burguesia, quando são pressões do proletariado em aliança com os setores rebeldes das classes médias e das classes destituídas. Ela deve, também, consolidar a continuidade da ordem contra as 'pressões externas', das burguesias das nações capitalistas hegemô-

Porém, é do ponto de vista material que as contradições ganham maior relevo, principalmente com o advento da CF/88, trazendo dinamicidade às titularidades a partir de sua funcionalização.[232] O sistema jurídico, enquanto unidade axiológica que perfaz um ordenamento, resultaria entrópico se afirmada a absolutividade do direito de propriedade e dos demais direitos reais,[233] como designados tradicionalmente pelos cultores do Direito Privado.[234]

Percebido que a função social resulta em medida de exercício da propriedade privada, não se pode mais afirmar que esta é absoluta. Limite sempre houve, como o próprio *Code Napoleon* admitia; ainda que apenas de natureza externa, como os decorrentes dos direitos de vizinhança e regulamentos administrativos. Agora se trata de configurar positivamente limites e elementos propulsores internos ao direito de propriedade, traçando seu caráter relativo.

O Direito ainda opera com o regime de vedação de espécies de condutas proprietárias, ou limites externos ao direito subjetivo, porém, hodiernamente, até mesmo a inação pode levar à aplicação de sanções como IPTU ou ITR progressivos, parcelamento forçado do solo e perda da titularidade por interesse social.

---

nicas, de seus governos e de suas associações internacionais. Para garantir-se neste nível, a burguesia dos países capitalistas dependentes e subdesenvolvidos tende para coalizões oligárquicas e composições autocráticas, o meio mais acessível, ao seu alcance, para forjar e controlar o espaço político necessário a seus ajustamentos com o 'sócio maior', a burguesia das Nações capitalistas hegemônicas e seus padrões de dominação imperialista. Tudo isso faz com que a dominação burguesa se converta, muito mais clara e duramente que nas Nações capitalistas hegemônicas, em ditadura de classe. E, de outro lado, tudo isso faz com que o fenômeno central da mudança seja a permanente revitalização da dominação burguesa através do fortalecimento do Estado e de seus mecanismos de atuação direta sobre os dinamismos econômicos, sócio-culturais e políticos da sociedade de classes".

[232] Não menos importante que os incisos XXII e XXIII do art. 5º da CF/88, especificamente em sede de direitos reais, deve ser considerado o § 1º do dispositivo que desenha a normatividade contemporânea dos direitos fundamentais e de sua eficácia interprivada.

[233] Fernando Luiz Ximenes Rocha, Direitos Fundamentais na Constituição de 88, *Revista dos Tribunais*, n. 758, São Paulo, RT, p. 23-33, 1998, p. 25: "De fato, os valores constitucionais que compõem o arcabouço axiológico destinado a embasar a interpretação de todo o ordenamento jurídico, inclusive servindo de orientação para as demais normas legislativas, hão de repousar no princípio do respeito à dignidade humana, porquanto o homem é, em última análise, o verdadeiro titular e destinatário de todas as manifestações de poder."

[234] Por todos, leia-se Arnoldo Wald (Ob. cit., p. 31), onde fica nítida a diversidade das cidadanias epistemológicas que traduzem os respectivos discursos científicos: "Na realidade não nos cabe apreciar aqui a utilidade da distinção entre direitos reais e pessoais. Trata-se de uma diferenciação com fundamento histórico que as legislações modernas adotaram e que se mostrou fecunda nos seus resultados práticos. Não a devemos discutir de lege ferenda, como não discutimos a divisão do direito em público e privado. São dados e quadros que a legislação positiva nos oferece e que constituem as categorias fundamentais do nosso pensamento jurídico. A função do jurista, no campo do direito civil, é meramente dogmática e não crítica e filosófica. Dentro do nosso sistema jurídico, o Código Civil define e enumera os direitos reais, cabendo ao estudioso o trabalho de caracterizá-los, interpretando as normas legais existentes e resolvendo, de acordo com os princípios básicos e gerais do nosso direito, os casos limítrofes e as dúvidas eventualmente suscitadas."

Este tipo de dinâmica também é visivelmente imposta à Propriedade Intelectual. Tome-se a gama de sanções fundadas na inação que operam em sede de propriedade industrial, qual seja o regime imposto ao bem na relação de titularidade (marcas, patentes, desenhos industriais ou modelos de utilidade) que instrumentaliza o respectivo domínio.

Os três principais fenômenos do Direito Civil contemporâneo (constitucionalização, publicização e repersonalização do Direito Privado) concretizam-se no direito das coisas de modo bem visível. Os valores que orientam a disciplina da pertença não residem mais na codificação, tendo migrado o núcleo axiológico-normativo do ordenamento para a Constituição, afetando diretamente o direito das coisas e regulando especificamente a ordem econômica e social.[235]

Interesses extraproprietários, de natureza pública ou social, passam a concorrer com o respectivo interesse privado, sem que necessariamente prepondere este último, como natural na arquitetura absoluta das titularidades. A propriedade desloca-se para uma condição de meio para a realização do homem, e não mais condição de fim para que este ascenda à dimensão jurídica.[236]

Não se podendo mais afirmar absoluta a propriedade privada – como solidificou a própria jurisprudência do STF, ainda na primeira metade da última década do século findo –, decorre ser relativa. Duas conseqüências diretas disso passam a inquietar, mesmo que silenciosamente, a mente dos juristas contemporâneos; não obstante tais temas não adentrarem os manuais acadêmicos de Direito Privado.

Primeira delas é o fato de que sendo relativa a propriedade privada, os denominados direitos reais limitados ou direitos reais sobre coisa alheia, enquanto emanações ou decorrências desta, não poderiam ser tratados como absolutos. Na verdade, tal afirmação teórica de muito já se mostrava infundada na prática ou mesmo sem arrimo no sistema jurídico.

Exemplo do que se trata pode ser colhido na Lei de Falências vigente. Os credores que detêm garantia real, em tese absoluta, podem ser preteri-

---

235 RIBEIRO, Joaquim de Sousa. Constitucionalização do direito civil. *Boletim da Faculdade de Direito*, separata do v.74, Coimbra: Universidade de Coimbra, 1998. p 729-730: "Esse reconhecimento mais não é, nesta perspectiva, do que uma forma de regulação, a nível constitucional, das esferas da vida onde esse sujeito se movimenta, reflectindo uma dada valoração de interesses que aí conflituam. Valoração que, tendo em conta a unidade do sistema jurídico e a posição cimeira que, dentro dele, as normas constitucionais ocupam, não pode deixar de influenciar a apreciação, a nível legislativo e judicial, da matéria civilística."

236 Em especial, vide Luiz Edson Fachin e Carlos Eduardo Pianovski Ruzyk. Direitos Fundamentais, dignidade da pessoa humana e o novo Código Civil. In: Ingo Wolfgang Sarlet (org.). *Constituição, direitos fundamentais e direito privado*. Porto Alegre: Liv. do Advogado, 2003, p. 87-103.

dos pelos créditos trabalhistas, importando em clara relativização do interesse privado diante do interesse público e social, respectivamente.

Em sede de patentes, a OMC presenciou mais de um embate envolvendo o Brasil, no que diz respeito ao enfrentamento da SIDA ou AIDS, tocante à titularidade de fármacos, onde o fio condutor da solução da lide repousava no princípio da função social da propriedade.

A segunda é o fato de que a teoria de base do direito das coisas, erigida para justificar e validar uma determinada ordem de valores, cuja propriedade privada servia de paliçada, resulta incoerente e desconforme ao novo sistema.[237] Potencialmente inconstitucional, o direito das coisas, codificado em 1916 e recodificado em 2002, exige uma severa releitura axiológica e filtragem constitucional,[238] tendente a gestionar ou viabilizar uma percepção compatível ao renovado ordenamento do Estado Social e Democrático de Direito.[239]

Mesmo que correto, não basta afirmar que a propriedade ganhou contornos relativos a partir da Constituição Federal de 1988 e abolir todo o instrumental e a doutrina que o Direito Civil formulou nestes séculos. Tampouco se persegue fechar os olhos ao futuro buscando respostas no

---

[237] Eduardo Garcia de Enterría, *La Constitución como Norma y el Tribunal Constitucional*. 3ª ed., Madrid, Civitas, 1985, p. 19-20: "La promulgación de la Constitución de 1978 nos ha sumergido súbitamente en una temática jurídica completamente nueva y, a la vez, trascendental, puesto que incide de manera decisiva, actual o virtualmente, sobre todas y cada una de las ramas del ordenamiento, aun de aquéllas más aparentemente alejadas de los temas políticos de base. [...] No es posible en plano técnico, simplemente, manejar el ordenamiento, aun para resolver un problema menor, sin considerar a dicho ordenamiento como una unidad y, por tanto, sin la referencia constante a la Constitución, cabeza e clave del mismo. [...]Luego veremos que la Constitución es el contexto necesario de todas las leys y de todas las normas y que, por consiguiente, sin considerarla expresamente no pude siquiera interpretarse el precepto más simple, según el artículo 3º del Código Civil ('las normas se interpretarán según el sentido propio de sus palabras, en relación con el contexto'), [...]"

[238] PASQUALINI, Alexandre. *Hermenêutica e sistema jurídico: uma introdução à interpretação sistemática do direito*. Porto Alegre: Livraria do Advogado, 1999, p. 23: "A exegese, portanto, não se dá a conhecer como simples e secundário método ancilar à ciência jurídica. Como fenômeno algo transcedental da cognição, o acontecer hermenêutico não é exterior, passivo, muito menos neutro em face do seu objeto. A experiência interpretativa se sabe interior e imanente à ordem jurídica. Na sua relação com o intérprete, o sistema não atua como um sol que apenas fornece sem nada receber em troca. Que fique claro que o sistema ilumina, mas também é iluminado. A ordem jurídica, enquanto ordem jurídica, só se põe presente e atual no mundo da vida através da luz temporalizada da hermenêutica. São os intérpretes que fazem o sistema sistematizar e, por conseguinte, o significado significar".

[239] Jorge Miranda, Direitos Fundamentais e Interpretação Constitucional, *Revista do Tribunal Regional Federal da 4ª Região*, n. 30, Porto Alegre, O Tribunal, p. 21-34, 1998, p. 24: "O Estado não é só o poder político (ou o governo, na acepção clássica e que perdura na linguagem anglo-americana). É também, e antes de mais, a comunidade, os cidadãos e os grupos a que estes pertencem. Logo, a Constituição, enquanto estatuto do Estado, tem de abranger uma e outra realidade, em constante dialéctica; nem se concebe estatuto do poder sem estatuto da comunidade a que se reporta. A Constituição vem a ser, na linha de Maurice Hauriou, tanto Constituição política quanto Constituição social, não se cinge à organização interna do poder."

passado para questões do presente, mantendo-se infenso ao coperniciano salto dado pelo Direito Privado, ao fim do Século XX.[240]

Dois dados relevantes a destacar. O direito das coisas positivou a existência de direitos reais (para não falar no uso da expressão, como no *caput* do art. 1.225 do CCb), como se colhe do art. 524 do Código Beviláqua e se mantém no art. 1.228 do atual Código Civil. As relações de uso, fruição e disposição, às quais os dispositivos fazem referência direta, têm natureza real, na medida em que o bem é efetivamente objeto direto dela.

Quem usa um bem não se valerá da conduta de terceiro para realizar sua pretensão material em relação à coisa. Existem, portanto, direitos reais. Vínculos jurídicos entre sujeitos e bens. Estes se estendem aos bens imateriais, em largo espectro relacional, ainda que não inclua elementos dominiais de tangibilidade (como o *jus possidendi*, *jus aedificandi*), inclui todo o espectro de intangibilidade (como o *jus disponendi*, o *jus fruendi*, ou o *jus utendi*). A questão adota relevância quando adentrada a teoria contemporânea, sem os traços monolíticos tradicionais.

Como segundo dado, também relevantes à propriedade intelectual, os direitos reais integram a tradição jurídica do Direito Civil brasileiro e, a princípio, pretende-se preservar a respectiva existência. Não se quer, como seria próprio dos sistemas monistas,[241] abrir mão de qualidades distintas de garantias, por exemplo, preservando o caráter de hipoteca, penhor ou alienação fiduciária, em contraponto à fiança ou aval, de natureza distinta. Em apoio deste olhar, comparece também a Teoria Geral do Direito, mais especificamente no que diz com a interpretação conforme a Constituição.

Possibilitando dar ao direito das coisas uma interpretação conforme a ampla alteração promovida pela Carta atual, deve ser preterida a declaração de inconstitucionalidade, havendo condições de preservar o diploma civil mediante uma hermenêutica pró-ativa dos valores constitucionais.

Neste nicho epistemológico, foi confeccionada a teoria da autonomia. Autonomia lhe caracteriza pois é através da libertação das titularidades, resgatadas de dentro da noção de domínio, que é atingida a relativização

---

[240] Nesse sentido, merecem registro as palavras de Mário Luiz Delgado, no prefácio que dedica à obra de Luiz Guilherme Loureiro (*Direitos reais: à luz do Código Civil e do direito registral*. São Paulo: Método, 2004, p. 7), discorrendo sobre a doutrina e os direitos reais: "Como ramo do Direito Civil, é tido pelos estudiosos de domínio ingrato, em face das agruras próprias de uma seara ao mesmo tempo acentuadamente técnica, e intimamente ligada e dependente de aspectos históricos, políticos e sobretudo sociológicos. As referências doutrinárias sobre a matéria sempre constituíram reserva intelectual de uns poucos (...) Esboçar em poucas linhas, o perfil e a aplicação prática dos institutos sistematizados no Direito das Coisas parecia tarefa demasiado presunçosa para a maioria dos autores da atualidade. Barreira quase intransponível, erguida pelos séculos de cultura jurídica, desde os primórdios da civilização."

[241] Os sistemas dualistas, como o brasileiro, trazem a distinção entre relações patrimoniais pessoais e reais. Sistemas monistas, como é o caso dos saxões, não procedem a distinção de espécies.

da propriedade privada em suas diversas formas, viabilizando ainda a operação com os direitos reais.[242]

Não basta dizer que a propriedade resulta relativa como decorrência do princípio da função social. Está correto, porém é, no mínimo, ingênuo afirmar isto sem maior amparo teórico. É relativa em qual medida? Constitui uma obrigação? Qual o conteúdo da função social? É estanque ou variável? Merece destaque o fato de que a jurisprudência alemã, debruçada sobre o BGB, levou cinqüenta anos para obter da doutrina uma formulação passível de dar aplicação ao princípio da boa-fé objetiva.[243] A sociedade brasileira pretende repetir a experiência teutônica?

Quanto ao conteúdo do princípio da função social da propriedade, este merece aprofundamento em momento próprio, com o vagar dos estudos monográficos que lhe são dedicados. Para o tema em análise, basta que se tenha presente, em linhas gerais, que deste direito fundamental deriva uma medida de exercício ao direito de propriedade, relativizando-o.

---

[242] Severa, e acertada, crítica ao novo Código Civil remonta o fato de que adota a arquitetura eclética, já contida no art. 524 do Código Beviláqua. Observam-se assim inúmeras possibilidades na reconstrução hermenêutica do direito das coisas codificado (em especial vide notas aos arts. 1.225 e 1.228 do Código – Ricardo Aronne, *Anotações ao direito das coisas e legislação especial selecionada*, ob. cit ou *novo Código Civil anotado*, Porto Alegre: Síntese, 2004), como necessidade de viabilizar uma interpretação integradora desta ao núcleo constitucional vigente. No mesmo sentido, comentando o Código quando ainda projeto, em sede de parecer para bancada legislativa, Adilson J. P. Barbosa e José Evaldo Gonçalo (*O direito de propriedade e o novo Código Civil*. Brasília, Câmara dos Deputados. Disponível em: http://www.cidadanet.org.br/dados/arts–novo–codigo–civil–e–propriedade.htm. Acesso em 19.02.2001) expressam a necessidade da adoção da teoria da autonomia, para constitucionalizar a leitura da disciplina: "Ao contrário, no que diz respeito ao Livro III, referente aos Direitos das Coisas, em nome da 'salvação' de um trabalho de 25 (vinte e cinco anos) – tempo que o projeto tramita no Congresso – o Brasil pode ter um Código Civil, com um programa normativo que nos remete aos direitos de primeira geração elaborados no final do Século XVIII, no qual o direito de propriedade era concebido como um direito subjetivo de caráter absoluto. () O PL 634/75, aparentemente, fundiu os conceitos de propriedade e domínio, eliminando a polêmica sobre a existência ou não de identidade entre os dois termos. Entretanto, conforme visto alhures, o absolutismo com que é tratado o direito de propriedade pela doutrina e operadores jurídicos no Brasil, deve-se ao tratamento unitário dado a termos que traduzem conceitos autônomos, o que tem merecido forte crítica de autores preocupados com a pouca efetividade que as alterações do ordenamento econômico e social, promovidas pelo Texto Constitucional de 1988, têm provocado no tratamento da propriedade. () As codificações emanadas do Estado e tomadas como única fonte do Direito, abriram caminho para o positivismo jurídico, doutrina que considera o direito como um fato e não como um valor. O PL 634/75, no título que trata dos Direitos das Coisas, não se afasta dessa concepção. Ao contrário, fazendo-se surdo ao novo tratamento dado à propriedade pela Constituição Federal, reflexo dos avanços da sociedade e das lutas sociais, expõe um texto decrépito e atrasado, no qual, por força das normas positivadas no texto constitucional e na legislação ordinária agrega alguns avanços, sem contudo avançar no que diz respeito ao tratamento dado as várias formas de propriedade que aparecem na realidade brasileira".

[243] Merece leitura Ivan Chemeris, mestre e magistrado gaúcho, em obra dedicada ao tema, com especial destaque ao momento em que trata o que denomina "judicialização do político" (*A função social da propriedade – o papel do Judiciário diante das invasões de terras*. São Leopoldo: Unisinos, 2002, p. 102-104).

Isto basta à compreensão da arquitetura contemporânea da espécie, que é fundamental para qualquer discussão mais avançada.[244]

Repisa-se, um dos papéis da teoria da autonomia é fornecer um manancial teórico ao operador contemporâneo, para que se possa continuar atuando com direitos reais, consistentes em vínculos entre o sujeito e o bem, não obstante forneça uma compreensão da propriedade e das demais titularidades, de natureza relativa.

Isso ocorre quando a noção de domínio é libertada dos grilhões conceituais do instituto da propriedade. O domínio se constitui de um conjunto de poderes no bem, que consistem em faculdades jurídicas do titular às quais respectivamente são os direitos reais.

Cada vínculo potencial entre o sujeito e o bem pode traduzir-se em uma faculdade real, um direito real. A propriedade envolve estes poderes, instrumentalizando-os, porém não se confunde com eles. A propriedade instrumentaliza o domínio sem confundir-se com este. Assim como um contrato de compra e venda de um imóvel não se confunde com os poderes e deveres que instrumentaliza (pagar, de um pólo; escriturar, de outro), o domínio ou sua eventual parcela, não se confunde com a titularidade que o instrumentaliza.[245]

Por razões didáticas, tratar-se-á a teoria em apreço em separado, apartada de suas ancestrais clássicas de matriz conservadora liberal. Isso facilita a construção epistemológica das digressões subseqüentes, ao possibilitar a dialética entre as correntes teóricas, entabulando controvérsias pelas bases metodológicas de leitura dos fenômenos jurídicos.

No jargão político da pós-modernidade, vivida nas sociedades de informação, todo homem tem seus compromissos dos quais deriva sua agenda. Em termos filosóficos mais próximos, a complexidade axiológica de um indivíduo em sua subjetividade, a carta de valores que formou sua condição existencial, importa em uma série de opções de coerência que variam na mesma dimensão em que o rol de valores oscile.

O Direito contemporâneo, por razão prática,[246] incorporou (ou reincorporou) os valores ao discurso jurídico, na segunda metade do Século

---

[244] Por discussão mais avançada, reconhece-se àquele que vergasta temática para além da simples forma de institutos ou conceitos abstratos de direito civil tradicional, para alcançar uma dimensão concreta na vida jurídica do universo da sociedade brasileira do Século XXI. Tais temas devem reter sua proporcional relevância, sob pena de descolar da realidade jurídica da atividade forense e extra-forense. Ciência deve guardar razão prática. No caso do jurista, isto se relaciona com a função social que imanta sua militância, consoante a equação axiológica da democracia social, cujos valores restaram constitucionalizados e em larga medida regrados na Lei Maior ou a partir dela.

[245] Ricardo Aronne. *Propriedade e domínio.* Ob. cit., p. 67 e segs.

[246] O Reich consolidou o Nazismo na Alemanha à luz da Constituição de Weimar. Tal questão remonta a aporética dos valores na interpretação do Direito, merecendo aprofundamento próprio em sede adequada; nada obstante, será retomada, mesmo que na exigida superficial abordagem metodológica

XX.[247] Impossível de serem deixados à subjetividade pura do intérprete tanto quanto resistentes à doma objetivista da dogmática tradicional, o pós-guerra assistiu a ciência jurídica galgar o platô da racionalidade intersubjetiva.

Tema dos menos pacíficos em sede de metodologia jurídica (jurisprudência, no sentido que os europeus atribuem ao termo), os valores se encontram presentes em grande parte da doutrina mais comprometida com a historicidade do fenômeno jurídico, variando seu tratamento de acordo com os compromissos científicos (ou sua ausência) dos respectivos autores.

Quando se entende que o estudo do direito de propriedade nos dias de hoje, por questões de ordem prática ou teórica, alcançou o tema função social da propriedade, não se deve deixar de incluir os valores na respectiva epistemologia jurídica, sob o risco de parecer simplório ou dogmaticamente mal-intencionado.

Uma releitura integral do Direito Privado, a partir de seu eixo fundamental, a pertença identificada às diversas titularidades, atingiu todos seus pilares de sustentação[248] e, hoje vivendo o prólogo, está longe de assistir seu epílogo.[249]

Resulta francamente impossível afirmar, contemporaneamente, fundado em argumentos sérios, de maior ou menor sofisticação técnica, tratar-se a propriedade privada como direito absoluto. O Direito brasileiro, a exemplo da maioria das democracias vividas no Século XXI, vinculou a propriedade privada à missão constitucional do Estado Social e Democrático de Direito, na mesma e coerente intensidade com que a reconhece e garante mediante tutela jurisdicional.

---

de um texto que não é de teoria geral, a ser suprida por fontes específicas do tema. No que tange ao direito das coisas, vide Ricardo Aronne. *Por uma nova hermenêutica dos direitos reais...*, ob. cit., cap. 2. Para Teoria Geral do Direito Privado, vide Luiz Edson Fachin. *Teoria crítica do direito civil*. Rio de Janeiro: Renovar, 2000, *passim*. (Existe 3ª ed. atualizada).

[247] Maria Celina Bodin de Moraes, A Caminho de um Direito Civil Constitucional, ob. cit., p. 24: "Acolher a construção da unidade (hierarquicamente sistematizada) do ordenamento jurídico significa sustentar que seus princípios superiores, isto é, os valores propugnados pela Constituição, estão presentes em todos os recantos do tecido normativo, resultando, em conseqüência, inaceitável a rígida contraposição público-privado. Os princípios e valores constitucionais devem se estender a todas normas do ordenamento, sob pena de se admitir a concepção de um 'mondo in frammenti', logicamente incompatível com a idéia de sistema unitário."

[248] Jean Carbonnier. *Flexible droit: pour une sociologie du droit sans riguer*. Paris: LGDJ, 1992, p. 201. Cabe esclarecer nesta fonte, existir edição revista da obra citada. A revisão apenas trouxe novas idéias ao fundamental texto produzido por Carbonnier, sem rejeitar as anteriores.

[249] Michel Serres. *O Contrato Natural*. Rio de Janeiro, Nova Fronteira, 1991, p. 49. "É preciso fazer uma revisão dilacerante do direito natural moderno, que supõe uma proposição não-formulada, em virtude da qual o homem, individualmente ou em grupo, pode sozinho tornar-se sujeito do direito. Aqui reaparece o parasitismo. A Declaração dos Direitos do Homem teve o mérito de dizer: 'todo homem' e a fraqueza de pensar: 'apenas os homens' ou os homens sozinhos. Ainda não estabelecemos nenhum equilíbrio em que o mundo seja levado em conta, no balanço final."

Informado pela carga axiológica do princípio da dignidade da pessoa humana,[250] o princípio da função social da propriedade,[251] indiscutivelmente dotado de eficácia horizontal interprivada,[252] conduziu uma releitura do direito das coisas, iniciada pelos tribunais e tardiamente percebida pela doutrina civilista, visivelmente conservadora.[253]

Da paradoxal jurisprudência do STF, podem-se pinçar diversos exemplos[254] no sentido da eficácia dos direitos fundamentais e sua incidência interprivada, não obstante a maior riqueza das instâncias inferiores.

---

[250] Art. 1º, III, CF/88.

[251] Arts. 5º, XXIII, e 170 da CF/88.

[252] Art. 5º, § 1º, da CF/88.

[253] Para observar-se a diversidade possível de ser colhida em tema de propriedade, merece transcrição respeitável posição em contrário. Romeu Marques Ribeiro Filho (*Das invasões coletivas: aspectos jurisprudenciais*. Porto Alegre: Livraria do Advogado, 1998, p. 69): "Ora, não se nega se dever do proprietário [*sic.*], dar à sua propriedade função social. Contudo, questionável é assertiva no sentido de que a sociedade teria – ou tem – o direito de exigir do proprietário o cumprimento de seu dever. Ainda no plano argumentativo, se propriedade inócua é aquela destituída de funcionalidade social, admissível se mostra o posicionamento enquanto tratado em tese, tão somente. Todavia é curial que não compete ao Poder Judiciário, e muito menos a grupos invasores organizados, eleger ou mesmo apontar, qual propriedade está ou não cumprindo sua destinação social. Pois, como visto, tal competência, consoante mandamento constitucional expresso, é exclusivo do Poder Público municipal e da União, conforme o caso". Ou ainda: "Ora, os nossos Tribunais [sic.], ordinariamente, além de prestar jurisdição ao caso concreto, terminam por preencher aquelas lacunas sociais, de competência única e exclusiva da Administração, não cumpridas por inconcebível omissão do Estado. É certo que aos olhos da opinião pública, é o Poder Judiciário quem reintegra, mantém ou proíbe. Aqui não se perquire se a Administração cumpre ou não seus deveres constitucionais. Daí ser correta a assertiva de que a paz social jamais poderá ser feita com o sacrifício da ordem jurídica, vez que a exclusão social pode ser fato econômico ou político, mas nunca jurídico, isso na exata medida em que todos se mostram iguais perante a lei". (op. cit., p. 112).

[254] Para que se traga um exemplo de 1995: STF, T. Pleno, MS 22.164/SP, Rel. Min. Celso de Mello, v. unân., publicado no DJ 17.11.95, p. 39206: "Reforma agrária e devido processo legal. O postulado constitucional do *due process of law*, em sua destinação jurídica, também está vocacionado à proteção da propriedade. Ninguém será privado de seus bens sem o devido processo legal (cf, art. 5º, LIV). A união federal – mesmo tratando-se de execução e implementação do programa de reforma agrária – não está dispensada da obrigação de respeitar, no desempenho de sua atividade de expropriação, por interesse social, os princípios constitucionais que, em tema de propriedade, protegem as pessoas contra a eventual expansão arbitrária do poder estatal. A cláusula de garantia dominial que emerge do sistema consagrado pela constituição da república tem por objetivo impedir o injusto sacrifício do direito de propriedade. Função social da propriedade e vistoria efetuada pelo incra. A vistoria efetivada com fundamento no art. 2º, § 2º, da Lei nº 8.629/93 tem por finalidade específica viabilizar o levantamento técnico de dados e informações sobre o imóvel rural, permitindo à união federal – que atua por intermédio do incra – constatar se a propriedade realiza, ou não, a função social que lhe é inerente. O ordenamento positivo determina que essa vistoria seja precedida de notificação regular ao proprietário, em face da possibilidade de o imóvel rural que lhe pertence – quando este não estiver cumprindo a sua função social – vir a constituir objeto de declaração expropriatória, para fins de reforma agrária. Notificação prévia e pessoal da vistoria. A notificação a que se refere o art. 2º, § 2º, da Lei nº 8.629/93, para que se repute válida e possa conseqüentemente legitimar eventual declaração expropriatória para fins de reforma agrária, há de ser efetivada em momento anterior ao da realização da vistoria. Essa notificação prévia somente considerar-se-á regular, quando comprovadamente realizada na pessoa do proprietário do imóvel rural, ou quando efetivada mediante carta com aviso de recepção firmado por seu destinatário ou por àquele que disponha de poderes para receber a comu-

Diante da missão de munir os operadores do direito, com o ferramental teórico que lhes capacite trabalhar o conhecimento humano que deságua através de lides a serem solvidas pela prestação jurisdicional, o instrumental tradicional, gerado no Direito Civil clássico, se revelou incoerente às soluções que a vida forense e extraforense do Direito Privado ditava.

Gustavo Tepedino,[255] em paradigmático texto,[256] originalmente publicado na Itália,[257] em 1991, à *cura* de Pietro Perlingieri, revelou elementos

---

nicação postal em nome do proprietário rural, ou, ainda, quando procedida na pessoa de representante legal ou de procurador regularmente constituído pelo *dominus*. O descumprimento dessa formalidade essencial, ditada pela necessidade de garantir ao proprietário a observância da cláusula constitucional do devido processo legal, importa em vício radical que configura defeito insuperável, apto a projetar-se sobre todas as fases subseqüentes do procedimento de expropriação, contaminando-as, por efeito de repercussão causal, de maneira irremissível, gerando, em conseqüência, por ausência de base jurídica idônea, a própria invalidação do decreto presidencial consubstanciador de declaração expropriatória. Pantanal mato-grossense (CF, art. 225, § 4º). Possibilidade jurídica de expropriação de imóveis rurais nele situados, para fins de reforma agrária. A norma inscrita no art. 225, § 4º, da Constituição não atua, em tese, como impedimento jurídico à efetivação, pela união federal, de atividade expropriatória destinada a promover e a executar projetos de reforma agrária nas àreas referidas nesse preceito constitucional, notadamente nos imóveis rurais situados no pantanal mato-grossense. A própria constituição da república, ao impor ao poder público o dever de fazer respeitar a integridade do patrimônio ambiental, não o inibe, quando necessária a intervenção estatal na esfera dominial privada, de promover a desapropriação de imóveis rurais para fins de reforma agrária, especialmente porque um dos instrumentos de realização da função social da propriedade consiste, precisamente, na submissão do domínio à necessidade de o seu titular utilizar adequadamente os recursos naturais disponíveis e de fazer preservar o equilíbrio do meio ambiente (CF, art. 186, II), sob pena de, em descumprindo esses encargos, expor-se à desapropriação-sanção a que se refere o art. 184 da Lei Fundamental. A questão do direito ao meio ambiente ecologicamente equilibrado – direito de terceira geração – principio da solidariedade. O direito a integridade do meio ambiente – típico direito de terceira geração – constitui prerrogativa jurídica de titularidade coletiva, refletindo, dentro do processo de afirmação dos direitos humanos, a expressão significativa de um poder atribuído, não ao indivíduo identificado em sua singularidade, mas, num sentido verdadeiramente mais abrangente, a própria coletividade social. Enquanto os direitos de primeira geração (direitos civis e políticos) – que compreendem as liberdades clássicas, negativas ou formais – realçam o princípio da liberdade e os direitos de segunda geração (direitos econômicos, sociais e culturais) – que se identificam com as liberdades positivas, reais ou concretas – acentuam o princípio da igualdade, os direitos de terceira geração, que materializam poderes de titularidade coletiva atribuídos genericamente a todas as formações sociais, consagram o princípio da solidariedade e constituem um momento importante no processo de desenvolvimento, expansão e reconhecimento dos direitos humanos, caracterizados, enquanto valores fundamentais indisponíveis, pela nota de uma essencial inexauribilidade." (*sic*)

[255] Existem nomes emblemáticos no Direito Privado atual, em especial nas escolas contemporâneas. Sem dúvida, ao Direito Civil-Constitucional brasileiro, duas figuras merecem um destaque especial. Tratam-se de Luiz Edson Fachin e Gustavo Tepedino. Revisitando o arcabouço dogmático do Direito Civil em esclerose, através de suas lentes críticas, corroeram até esboroar os fundamentos tradicionais e seu discurso falsamente neutro. Ladeados por diversos juristas célebres da cena doutrinária civilística, como Maria Celina Bodin de Moraes e Paulo Luiz Netto Lobo dentre outros tantos não menos insignes, constituíram o que se pode apontar como a primeira geração do Direito Civil contemporâneo.

[256] Gustavo Tepedino. Contornos constitucionais da propriedade privada. In: *Estudos em homenagem ao professor Caio Tácito*. Rio de Janeiro: Renovar, p. 309-333, 1997. Republicado no ano 2000 como capítulo (*Temas de direito civil*. Rio de Janeiro: Renovar).

[257] Gustavo. Contorni della proprietà nella costituzione brasiliana de 1988. *Rassegna di Diritto Civile*, Ed. Scientfiche Italiane, 1/91, p. 96-119, 1991.

de leitura tradutora de novas facetas indisfarçavelmente presentes propriedade privada contemporânea (tangível ou não), que refutam os costumeiros conceitos do oitocentismo, que servem de *foyer* aos valores predominantes no modelo econômico anterior, que ditava a feitura e a leitura do sistema jurídico.[258] [259]

> A construção, fundamental para a compreensão das inúmeras modalidades contemporâneas de propriedade, serve de moldura para uma posterior elaboração doutrinária, que entrevê na propriedade não mais uma situação de poder, por si só e abstratamente considerada, o direito subjetivo por excelência, mas "una situazione giuridica soggettiva tipica e complessa", necessariamente em conflito e coligada com outras, que encontra sua legitimidade na concreta relação jurídica na qual se insere. Cuida-se de tese que altera, radicalmente, o entendimento tradicional que identifica na propriedade uma relação entre sujeito e objeto, característica típica da noção de direito real absoluto (ou pleno), expressão da "massima signoria sulla cosa" – formulação incompatível com a idéia de relação intersubjetiva.[260]

Até serem percebidos os reais contornos da propriedade privada, repetiam-se, sem maior reflexão, os chavões oitocentistas imbricados nos conceitos e nas fórmulas tradicionais.[261] "A concepção privatista da propriedade, (...), tem levado, freqüentemente, autores e tribunais à desconsideração da natureza constitucional da propriedade, que é sempre um direito-meio e não um direito-fim. A propriedade não é garantida em si mesma, mas como instrumento de proteção de valores fundamentais".[262]

Como percebido e criticado, restou mantida a arquitetura clássica na codificação recente, não obstante sua tentativa de absorver os avanços que o fim de século trouxe para os direitos reais. Na última edição revista do tradicional volume acadêmico dedicado à matéria por Orlando Gomes, pode-se colher lúcida crítica ao arranjo orquestrado no diploma:

> O Código Civil de 2002, mantém sob a força histórica e dogmática dessa expressão, o título do livro como *direito das coisas*. A manutenção da expressão que abre o regime jurídico dos poderes sobre os bens sob a rubrica Direito das Coisas, por si só é apta a revelar o rumo epistemológico das opções do legislador de 2002. De uma

---

[258] Ainda para que se fique nas obras essenciais de direito das coisas, Luiz Edson Fachin trouxe duas contribuições de essencial leitura, que devem ser citadas. Publicada no ano natalino da Constituição vigente, a obra *A função social da posse e a propriedade contemporânea* (Porto Alegre: Fabris, 1988) produziu um impacto na doutrina possessória, revitalizando-a no sentido da vocação constitucional. Com o mesmo apelo repersonalizante, característico de obras de resistência, o jovem texto de *Estatuto jurídico do patrimônio mínimo* (ob. cit.) levou a cabo um estudo que sistematiza o papel do patrimônio na esfera jurídica individual, alinhando-o ao princípio da dignidade da pessoa humana.

[259] Em sede de Teoria Geral do Direito, este papel de reprodução do modelo positivista servil aos quadros econômicos de um neoliberalismo globalizado coube à autopoiese.

[260] Gustavo Tepedino. *Contornos constitucionais...*, ob. cit., p. 279- 280.

[261] Na visão do mesmo autor, vide idem, ibidem, p. 268.

[262] Fábio Konder Comparato, Direitos e deveres fundamentais em matéria de propriedade. *Revista do Centro de Estudos Jurídicos da Justiça Federal*, Brasília: CEJ, v. 1, n. 3, p. 92-99, 1997, p. 98.

parte emerge a manutenção da topografia legal de 1916; de outro lado impende salientar a tentativa de espargir sobre a codificação civil agora vigente nuanças sociais que marcam a contemporaneidade no Brasil. Tem o novo Código dois senhores temporais; foi fiel ao primeiro desde o início quando se proclamou rente à sistemática de 1916, e é ávido por servir ao segundo quando intentou colmatar lacunas, superar inconstitucionalidades e inserir novas matérias. Entre esses dois lados da margem pode ter soçobrado coerência da idéia e da formulação, sem embargo das vicissitudes próprias da complexidade coeva das relações sociais.[263]

Identificada a percepção de *dominium* à concepção de *proprietas,*[264] congregada a *ars notariae* do fim do medievo, decorrente do Direito Bizantino glosado à exaustão desde o feudalismo, a propriedade torna-se um direito absoluto diante da moldura que lhe é concedida pela codificação.

Falar de obrigações resultantes de um contrato guarda óbvia distinção entre o que seja o instrumento contratual propriamente dito. Falar de titularidades de bens móveis ou imóveis, materiais ou não, também importa em discorrer sobre algo distinto dos poderes que são respectivamente instrumentalizados. Propriedade não se confunde com domínio.

Um sujeito em face de um patrimônio não universalizável pode aferir de seu domínio diante de uma pluralidade de bens diversos entre si; a extensão dominial entre eles é variável. Por exemplo, o conteúdo de fruição de um imóvel é distinto do de uma aeronave. O de uma patente em relação à outra. O de uma marca em relação a um direito autoral ou conexo.

Se no universo de análise traçado houver somente um sujeito e uma gama de bens, não há sentido em discorrer sobre propriedade privada. As titularidades regulam a pertença de modo intersubjetivo, através de um regime jurídico de exclusão (obrigação negativa), gerador da oponibilidade *erga omnes*.

A compreensão do exposto assenta as bases da teoria da autonomia, que se desenvolvia no fim dos anos 90 do século findo. As relações entre sujeito e patrimônio integram o domínio. São instrumentalizados pela propriedade, mas não se fundem como conceitos unívocos.[265]

A questão técnica não deriva apenas no plano da forma, da estética ou da mera esgrima conceitual. Se o vínculo dominial tem o bem por objeto direto, a titularidade, de outra parte, não. Esta visa, através do sistema registral, a derivar aos não-titulares obrigações de não-ingerência no respectivo bem. Nesta relação, a coisa é objeto indireto, sendo o dever

---

[263] Orlando Gomes. *Direitos reais*. Ob. cit., p. 9.

[264] Ricardo Aronne. *Propriedade e domínio*. Ob. Cit., *passim*.

[265] Especificamente sobre o tema, vide Orlando Gomes (ob. cit., p. 26-27)

negativo elemento fulcral do direito subjetivo.[266] Diversamente do domínio e seus desdobramentos, a propriedade e demais titularidades são regimes intersubjetivos. Decorre serem relativos, e não absolutos.

Não é de mera forma a teorização sobre a autonomia entre domínio e titularidades, em especial a propriedade. Verte ela a possibilidade de uma leitura da codificação e dos demais elementos normativos (Lei dos Direitos Autorais, de Propriedade Industrial, de Software ou Cultivares) alinhados ao projeto constitucional que dá as bases axiológicas do ordenamento jurídico.

Pode-se reconhecer a existência e operações de direitos reais, com as categorias de vínculos dominiais, sem entravar a constitucionalização do Direito Privado ou reduzi-la a mero discurso, dando prestabilidade ao diploma civil em face da Carta vigente.

O rol do art. 1.225 do CCb, principiologicamente poroso à abertura da mediação hermenêutica,[267] traz uma lista de titularidades que instrumentalizam arranjos dominiais. Quando designados, impropriamente, por direitos reais,[268] acabam por identificar domínio à propriedade ou expressão menor em extensão de faculdades.

Mesmo no âmbito formal, a mais recente doutrina brasileira vem reconhecendo a impropriedade técnica da percepção das escolas clássicas, na esteira do que de muito fazia a prática dos tribunais, seja na usucapião,[269] na *saisine*[270] ou mesmo na leitura das relações de condomínio,[271] para o prestígio da teoria da autonomia.

A propriedade, enquanto regime intersubjetivo de titularidades, importa em obrigação aos não-titulares de absterem-se de qualquer ingerência sobre o bem. A oponibilidade *erga omnes* disso já era reconhecida pela doutrina oitocentista. As limitações externas, no interesse público, também.

Aqui deve ser destacada uma distinção fundamental entre a propriedade industrial frente ao direito autoral e software. Para a primeira, tal

---

[266] Para que se perceba a articulação prática do explicitado, basta observar as petitórias que tutelam o domínio através da oposição de titularidades. As pretensões vertidas são erigidas contra sujeitos e veiculam centralmente obrigações negativas (reivindicatória), podendo de modo satélite trazer obrigações positivas em apoio (cominatória).

[267] Do *numerus clausus* como característica dogmática à taxatividade principiológica, as titularidades assistiram solidificar-se um grupo de formas proprietárias bem distintos dos arranjos tradicionais. (Ricardo Aronne. Por uma nova hermenêutica..., ob. cit., p. 133-135).

[268] Assim faz o próprio *caput* do dispositivo.

[269] A implementação da usucapião atribui domínio, pendendo da sentença, a constituição da propriedade para oposição frente a terceiros.

[270] A abertura da sucessão atribui domínio aos sucessores, sendo que a titularidade somente lhes advém com a transcrição do formal de partilha.

[271] No condomínio, ocorre uma pluralidade de sujeitos em uma mesma relação dominial, porém a titularidade resta fracionada, havendo, por exemplo, partição na propriedade.

qual ocorre em sede de bens imóveis, o registro tem caráter constitutivo. Para os demais, tal qual para os bens móveis, tal caráter é declaratório. As diferenças práticas decorrentes, topicamente, podem se aprofundar.

Com o princípio da função social, resta inovado o instituto da propriedade privada, no sentido de que agora o titular também é informado por deveres positivos e negativos, derivados de sua titularidade, em face do respectivo ônus social decorrente da pertença de determinado bem. Obrigacionaliza-se a propriedade, nas diversas formas de titularidades que contemporaneamente a constituem.

Relativa, também em sua compreensão técnica, diante de uma teoria apta a dar suporte operativo, a propriedade privada acaba por reconstruir a hermenêutica dos direitos reais, com "ditosos" reflexos no Direito Civil.

O domínio é o complexo de direitos reais de um bem, material ou não. É o conjunto de faculdades jurídicas que o sujeito potencialmente tem reconhecido sobre o objeto de direito patrimonial. Implica traduzir pretensões jurídicas derivadas, das quais a coisa não pode resistir, fundamentalmente por sua condição inanimada, importando em uma gama de direitos reais.

São tuteláveis mediante pretensão à abstenção derivada da titularidade que os instrumentaliza. Esta pode variar dentro das figuras que o sistema jurídico reconhece, implícita ou explicitamente. A propriedade, espécie do gênero titularidade é uma das formas que se pode encontrar dentro do respectivo universo.

Toda esta regulação, alcança diretamente a propriedade intelectual como gênero e à regulação de suas espécies. Toda a propriedade resta vinculada pelo princípio da função social, resultando obrigado o titular no exercício de sua dominialidade, seja o bem material ou não.

Consegue, pois, em um *locus* que lhe é natural, a propriedade intelectual absorver um regime jurídico plástico o suficiente para lhe dar vazão e novas possibilidades de desenvolvimento e adequação.

5. *Controvérsias na Pós-Modernidade – Levantando Considerações Críticas*[272]

Indeterminismo, complexidade e racionalidade. Desde minhas investigações no Direito Processual Civil, ao lado do Prof. Ovídio Baptista da Silva, a desaguarem no Direito Civil contemporâneo, ombreado pela orientação segura do Prof. Luiz Edson Fachin até meu doutoramento, estes temas sempre foram basilares em minhas obras.

Então, por que razão demorou-se tanto a falar explicitamente de Caos e Fractais no Direito, mormente quando o Prof. Boaventura de Sousa Santos já havia identificado um reeencontro das humanidades com as ciências da natureza?

É conhecido no meio científico o misto de "experiência" e "brincadeira", levado a termo, em 1996, pelo Prof. Alan Sokal, respeitado físico de Columbia, junto à revista *Social Text*, à qual colocou os respectivos editores em desconfortável situação. Foi além. Em 1998, então acompanhado de seu colega de Louvein, Jean Brieckmont lançou uma obra reeditando a polêmica que travara em torno de alguns nomes do, por eles denominado, pensamento pós-moderno.

Seu trabalho provocou minha intensa reflexão, visto o rigor. Não adentrarei o conteúdo, pois os textos que precedem o fazem melhor do que este faria. Quanto ao mérito? Provocou intenso amadurecimento de minhas posições. Acredito possuir méritos, o trabalho. E deméritos.

Quanto à minha posição frente ao texto? Meus atos se fazem palavras, e este conjunto de estudos que ora se agrupa em forma de livro consubstancia minhas crenças. Para devolver o jargão, acredito que os respeitáveis

[272] Pesquisa consistente em amostragem de levantamento bibliográfico público, prévio e disponível em torno de perspectivas críticas aos autores denominados pós-modernos. Consiste de leitura da obra central e das discussões em torno dela, radiografadas em editoriais da Folha de São Paulo, constantes do texto, na íntegra. Podem ser colhidos, também, em http://www.physics.nyu.edu/faculty/sokal/folha.html.

cientistas em liça não conseguiram romper com o paradigma da modernidade, não obstante a realidade diante de si. Confundem descrição com objeto, como bem denuncia Edgar Morin.

Meu texto, aqui, como cabe a um líder de pesquisa frente a seu grupo, é bem menos opinativo do que informativo. Espero, isso não seja tomado como desvirtude. Trata-se de uma tradicional pesquisa bibliográfica, cujos resultados são muito produtivos.

Consiste em levantamento de textos de intelectuais diversos, dentre os quais se incluem os envolvidos na paródia epistemológica, reunidos entre 1996 e 1998. Objetiva ser um elemento de estudo. Contém posições mais variadas, de modo proposital. Foi estimulado o alinhamento das discussões. Algumas bem exaltadas. Todos foram dados a público, por seus autores, em jornal de circulação popular (Folha de São Paulo) onde restaram disponibilizados.

Senhores pesquisadores, não me cabe estender mais. É chegada a hora do Torneio. Com a palavra, os mandarins.

O telhado de vidro do relativismo[273]

Cláudio Weber Abramo[274]

Nunca, na história da filosofia, uma vitória foi tão completa como a que goza hoje a epistemologia pós-moderna, em especial sua vertente relativista. Por meio da expansão cognitiva imbricada no indeterminismo quântico e na teoria do caos, a ciência pós-moderna abole o conceito de realidade "física" e privilegia a não-linearidade e a descontinuidade. Ao mesmo tempo, por meio do (meta) cruzamento dos conceitos, desconstrói e transcende as distinções metafísicas cartesianas entre humanidade e Natureza, observador e observado, sujeito e objeto. Baseia sua perspectiva ontológica sobre a trama dinâmica das relações entre o todo e as partes; no lugar de essências individuais fixas, conceitualiza interações e fluxos.

É finalmente reconhecida a relevância do simbolismo e da representação, que liberam as ciências da camisa-de-força das fronteiras interdisciplinares e propiciam a transgressão criadora. Torna-se cada vez mais aparente que os objetos naturais são construídos social e lingüisticamente, o que dissolve sua putativa concretude. A "realidade objetiva", autoritária e elitisticamente imposta pela ciência tradicional, mostra ser o que sempre foi: uma ilusão ideologicamente imposta por um *establishment* científico a serviço de interesses retrógrados.

Em nenhum lugar esse movimento pode ser identificado mais claramente do que na teoria quântica da gravitação. Pesquisas recentes nessa área, alimentadas pela metacrítica do desconstrutivismo, têm liberado a investigação científica de seus velhos pressupostos objetivistas e, em consequência, trazido a física para uma crescente harmonização com as hu-

[273] Publicada na Folha de São Paulo, em 15 de setembro de 1996.

[274] Cláudio Weber Abramo é bacharel em matemática e mestre em filosofia da ciência. Foi editor de Economia da Folha e secretário-executivo de redação da "Gazeta Mercantil". É sócio da Weber Abramo, Penz Assessoria de Comunicação. (Dados da época da publicação).

manidades. Tão íntima é essa aproximação que, por exemplo, as teorias psicanalíticas de Jacques Lacan encontram confirmação em investigações realizadas no terreno da teoria quântica de campos. E é sintomático observar a dívida da nova física para com o trabalho de pensadores desconstrutivistas, como é exemplo paradigmático a teoria da estrutura e dos signos no discurso científico, de Derrida.

Tão extensa e fundamental é a revolução por que passa a teoria quântica da gravitação que abole até o conceito de existência que forma a base da tradição filosófica ocidental. Por isso, não surpreendentemente, são muito profundas suas implicações culturais e políticas. No entanto, o desabrochar dessas implicações numa práxis política progressista ainda dependerá de extenso trabalho teórico, a começar pelo fundamento mais íntimo do empreendimento científico: a matemática. Uma ciência liberadora do homem não poderá se completar na ausência de uma profunda revisão do cânone matemático dominante desde Galileu: notoriamente capitalista, patriarcal e militarista.

Neste ponto, convida-se o eventual leitor a uma reflexão. O que se acabou de ler é ou não é plausível à luz do que se lê por aí? Não terá ele encontrado em leituras recentes o vocabulário, as referências cruzadas e o particular modo de inferência presentes no acima?

"Fluxo", "ênfase dialética", "não-linearidade", "teoria do caos", "indeterminismo quântico", "metacruzamento", "emancipação cognitiva", "metacrítica" compõem um léxico decerto familiar. Também é familiar a justaposição desse léxico numa sintaxe, digamos, fluxional: a uma frase se sucede outra, e outra, e outra, dando lugar a um "texto", objeto e fim da novel área dos "estudos culturais". Lógica, fundamentos, encadeamentos inteligíveis, pertinência, nem pensar.

No caso em questão, o "texto" afirma, entre outras barbaridades, que a realidade física não existe e que um terreno de investigação que lida com o micromundo (a teoria quântica de campos) estaria não só fruindo inspiração dos escritos de Derrida como propiciando suporte às especulações de Lacan e, ainda, fornecendo suporte a uma "física libertária" com "profundas" implicações para a cultura e a prática política! Afirma que os fundamentos da matemática são "capitalistas, patriarcalistas e militaristas"!

Ora, pois, se dirá, apresentar o "texto" acima como paradigma do que se publica na área dos "estudos culturais" é um exagero de má-fé. Nenhuma publicação respeitável poderia considerar seriamente a aceitação de tamanhas absurdidades em suas páginas.

Não foi, porém, o que aconteceu na prática. Explica-se: o "texto" em questão não foi inventado para a presente ocasião. Trata-se de um resumo (um pouco "desconstruído" e levemente adicionado de divertimentos próprios) de artigo lunático que os editores da prestigiosa revista "Social Text", "vade mecum" dos "estudos culturais" norte-americanos, aceitaram para publicação em uma edição especial (primavera/verão 96) dedicada à filosofia e à sociologia da ciência.

O autor da peça (intitulada "Transgressing the Boundaries: Towards a Transformative Hermeneutics of Quantum Gravity" – Uma Transgressão de Fronteiras: em Direção a uma Hermenêutica Transformativa da Gravidade Quântica) é Alan Sokal, professor de física da Universidade de Nova Iorque. Poucas semanas após a publicação do artigo na "Social Text", outra revista, "Lingua Franca", trouxe (edição de maio/junho de 1996) um pequeno escrito do mesmo Sokal em que ele denuncia seu próprio "texto" e explica a operação:

> Há alguns anos, venho me preocupando com um declínio aparente nos critérios de rigor intelectual vigorantes em determinados rincões das humanidades acadêmicas norte-americanas. (...) Para testar esses critérios, decidi fazer um experimento modesto (embora admitidamente incontrolado): será que uma revista de primeira linha na área dos 'estudos culturais' – cujo coletivo editorial inclui luminares como Fredric Jameson e Andrew Ross – publicaria um artigo abundantemente preenchido com absurdidades, caso (a) soasse bem e (b) alimentasse os preconceitos ideológicos de seus editores? Infelizmente, a resposta é afirmativa.

Além de expor a debilidade das práticas pós-modernas, Sokal tinha uma motivação política para a peça que pregou. A dissolução da idéia de que o ser humano pode obter conhecimento objetivo a respeito do mundo, preconizada pelo relativismo, bem como a noção pós-moderna de que aquilo que possamos afirmar sobre a realidade não passa de "constructos", solapam os esforços de elaborar uma crítica progressista da ordem social. Como se tornou impossível desmoralizar as maluquices pós-modernas por meio do debate racional, Sokal induziu o alvo a atirar no próprio pé.

Ele estruturou seu artigo a partir da justaposição de fontes genuínas. Mesclou referências científicas verdadeiras a inacreditáveis absurdos sobre a física e a matemática provenientes de luminares pós-modernos como Deleuze, Derrida, Guattari, Lacan, Lyotard, Stanley Aronowitz (membro do corpo diretor da revista, citado nada menos que 13 vezes) e Andrew Ross (responsável pela edição do número em que o artigo apareceu, citado quatro vezes).

Por que o experimento de Sokal funcionou? Conforme ele aponta em um "Pós-escrito" enviado à "Social Text" após a eclosão do escândalo, a chave do sucesso foi o fato de seu artigo mimetizar as características do gênero "pós-moderno":

> Uma mistura de verdades, meias-verdades, um-quarto-de-verdades, falsidades, inferências inválidas e sentenças sintaticamente corretas, mas carentes de qualquer

sentido. (...) Também empreguei outras estratégias consagradas (embora às vezes inadvertidamente) no gênero: apelos à autoridade em lugar da lógica; especulações apresentadas como ciência estabelecida; analogias forçadas e mesmo absurdas; uma retórica que soa correta, mas cujo significado é ambíguo; e confusões entre os significados técnico e corriqueiro das palavras.

O episódio lança luz sobre os costumes de uma certa casta acadêmica que tem contribuído fortemente para o estado de deliquescência em que se encontra a vida intelectual. Mesmo após a exposição do vexame, os editores da "Social Text" perseveraram nas mesmas práticas que os haviam levado ao ridículo. Num editorial cheio de subterfúgios publicado na Internet e depois na edição de julho/agosto 96 na "Lingua Franca", Bruce Robbins e Andrew Ross, co-editores do número fatídico, justificam assim o fato de o artigo ter passado por seu crivo:

> Concluímos que se tratava de uma tentativa esforçada de um cientista profissional de encontrar na filosofia pós-moderna algum tipo de afirmação para desenvolvimentos em seu próprio terreno. (...) Caso viesse de um humanista ou cientista social, o artigo de Sokal teria sido considerado um tanto obsoleto (fica-se imaginando as sandices que seriam exigidas para poder ser classificado como "up to date"...). Tratando-se de artigo de um cientista natural, julgamos ser plausivelmente sintomático de como alguém como Sokal poderia aproximar-se do campo da epistemologia pós-moderna, isto é, procurando desajeitada, mas assertivamente, capturar o 'clima' ('feel') da linguagem profissional da área, escudando-se ao mesmo tempo numa armada de notas de rodapé para aliviar sua sensação de vulnerabilidade. Em outras palavras, lemos o artigo mais como um ato de boa-fé quanto ao tipo (de escrito) que poderia valer a pena encorajar, do que como um conjunto de argumentos com que concordássemos. (...) Seu estatuto como paródia não altera substancialmente nosso interesse na peça como documento sintomático. De fato, a conduta de Sokal se transformou rapidamente em objeto de estudo para aqueles que estudam o comportamento de cientistas.

Fora o autoritarismo paternalista transparente nessas palavras, consegue-se ver claramente por que "Social Text" aceitou o artigo, como aceitará e encorajará outros, tão hilariantes como o de Sokal, embora genuínos: porque considera a presença de um "clima" condição suficiente para definir a pertinência à "linguagem profissional da área". Foi essa exatamente a hipótese formulada por Sokal em seu experimento, e confirmada pelo ato de publicação.

Observe-se, ainda, como opera o processo de regeneração perpétua característico do pós-modernismo: já tentam transformar o caso em objeto de estudo, em que Sokal passa a desempenhar o papel de rato de laboratório para experiências sobre uns cientistas pobres coitados incapazes de ler filosofia (a filosofia lá deles, bem entendido).

Quanto aos cientistas propriamente ditos, que passam a existência em busca de explicações sobre o funcionamento do mundo e têm coisa mais séria com que se preocupar, a "filosofia pós-moderna" não pode passar de piada. E foi assim, como uma piada até previsível, que o "caso Sokal" foi recebido por essa comunidade. (A edição de agosto do "New York Review of Books" traz artigo do físico Prêmio Nobel Steven Weinberg em que se analisam pacientemente os erros científicos e filosóficos cometidos pelos "pós-modernos" retratados no artigo de Sokal.) Nas humanidades, território de caça por excelência do pós-modernismo, a coisa pegou mais fundo.

Sokal informa via e-mail que "o escândalo parece estar tendo algum efeito em nosso pequeno mundo acadêmico – especialmente nas humanidades e nas ciências sociais, que afinal constituíam o alvo do experimento. Já se programaram inúmeros debates para o início do ano acadêmico, neste mês (fui convidado para mais de dez, em universidades de todo o país). O escândalo deu origem a uma discussão em que começam a ser ouvidos outra vez os velhos argumentos racionalistas contra o pós-modernismo. Enfim, suspeito que um certo tipo de prosa ininteligível e recheada de jargão tenha recebido um golpe mortal, pois os comitês universitários de promoção acadêmica estarão muito menos intimidados do que já foram por 'teorias' aparentemente profundas, mas incompreensíveis".

Receia-se que o otimismo de Sokal quanto à academia norte-americana não possa ser transferido para paragens remotas como o Brasil, em que a vida intelectual morreu por suicídio. É muito provável que continuemos a nos deparar com "textos" eivados de uma mixórdia de indefinidas categorias filosóficas misturadas a maldigeridas menções à teoria da relatividade geral, ao indeterminismo quântico, à teoria do caos, ao teorema de Gödel, tudo servindo de suporte a especulações de modo geral ininteligíveis e, quando inteligíveis, gritantemente implausíveis, a respeito da psique, da função da forma na arte e de todo e qualquer assunto que dê na telha de seus perpetradores.

Se por aqui alguma coisa mudar, não será por efeito de algum processo de discussão (pois debater é coisa que nossa intelectualidade, rendida sem luta ao relativismo e à complacência, só faz "in extremis"), mas porque alguém reparará tardiamente que desconstruções, "textos", "pós-modernismos" e quejandos terão caído de moda. Será uma conversão como tantas outras por que passaram, sem nexo e sem razão.

Agradeço a Alan Sokal a paciência de leituras e discussões progressivas em torno do presente artigo, do qual é, em essência, o verdadeiro autor (exceto quanto aos últimos parágrafos). Principalmente, agradeço a realização de uma antiga fantasia.

Leia um trecho do artigo de Alan Sokal:[275]

[275] Alan Sokal é professor de física na Universidade de Nova Iorque. Tem colaborações científicas na Itália e no Brasil (Universidade Federal de Minas Gerais). Durante o governo sandinista, ensinou matemática na Universidade Nacional da Nicarágua. Junto com o belga Jean Bricmont, escreve "Les Impostures Scientifiques des Philosophes (Post-)Modernes".

Desse modo, a relatividade geral nos obriga a adotar noções radicalmente novas e contra-intuitivas a respeito do espaço, do tempo e da causalidade; por isso, não surpreende que tenha provocado profundo impacto não apenas nas ciências naturais como também na filosofia, na crítica literária e nas ciências humanas.

Por exemplo, num célebre simpósio realizado há três décadas sobre "Les Langages Critiques et les Sciences de l'Homme", Jean Hyppolite levantou uma questão incisiva sobre a teoria da estrutura e dos signos no discurso científico, de Jacques Derrida.

A perspicaz resposta de Derrida foi ao âmago da relatividade geral clássica: "A constante einsteiniana não é uma constante, não é um centro. É o próprio conceito de variabilidade – é, finalmente, o conceito do jogo. Em outras palavras, não é o conceito de alguma coisa – de um centro a partir do qual um observador pode dominar o campo –, mas o próprio conceito do jogo".

Em termos matemáticos, a observação de Derrida liga-se à invariância da equação de campo de Einstein sob difeomorfismos (auto-aplicações da variedade espaço-temporal infinitamente diferenciáveis mas não necessariamente analíticas) não-lineares do espaço-tempo. O ponto-chave é que esse grupo de invariância "age transitivamente": isso significa que qualquer ponto do espaço-tempo, caso exista, pode ser transformado em qualquer outro. Dessa forma, o grupo de invariância de dimensão infinita dissolve a distinção entre observador e observado; o de Euclides e o *G* de Newton, antes imaginados constantes e universais, são agora percebidos em sua inelutável historicidade; e o observador putativo se torna fatalmente de-centrado, desconectado de qualquer ligação epistêmica com um ponto do espaço-tempo que não pode mais ser definido apenas pela geometria.

A Brincadeira de Sokal...[276]

Roberto Campos[277]

O imbecil coletivo (...) é uma coletividade de pessoas de inteligência normal ou mesmo superior, que se reúnem movidas pelo desejo comum de imbecilizar-se umas às outras.

Olavo de Carvalho

Uma divertida, mas muito oportuna tempestade, anda agitando os subúrbios da vida acadêmica americana. Um físico, dr. Alan Sokal, professor da New York University, publicou na edição da primavera/verão da "Social Text", uma revista esquerdista de crítica cultural, dedicada sobretudo ao "pós-modernismo", um enroladíssimo ensaio intitulado "Atravessando as Fronteiras: em Direção a uma Hermenêutica Transformativa da Gravidade Quântica"! Logo depois, Sokal publicou em outra revista, "Língua Franca", um artigo sob o título de "Um Físico faz Experiências com Estudos Culturais".

Neste, ele explica que o texto mandado para "Social Text" era uma paródia às custas dos praticantes dos "estudos da ciência"; não mais que uma piada repleta de frases sem sentido, para dar a impressão de que estava questionando a validade da mensuração da "realidade" física...

O que doeu para burro (não é jogo de palavras...) é que a revista "Social Text", que hospedara essa brincadeira, havia conquistado certa reputação de seriedade na linha culturalista de esquerda. Tornara-se uma espécie de último refúgio intelectual dos resíduos de um radicalismo acadêmico que ainda floresce em áreas menos iluminadas das chamadas

---

276 Publicado na Folha de São Paulo em 22 de setembro de 1996.

277 Roberto Campos, hoje falecido, à época tinha 79 anos. Quando então, era economista e diplomata, deputado federal pelo PPB do Rio de Janeiro. Foi senador pelo PDS-MT e ministro do Planejamento (Governo Castello Branco). É autor de "A Lanterna na Popa" (Ed. Topbooks, 1994). É ainda, um ícone intelectual da Direita brasileira.

"ciências sociais". Há muito tempo, os cientistas das disciplinas "duras" vêm sentindo crescente desgosto com o facilitário, a parolagem e as pretensões intelectuais dessa turma "engajada".

Ninguém se esquece do que aconteceu nos tempos áureos do socialismo de Stálin. Nessa época, a teoria da relatividade era ciência "burguesa" e "judaica"; a cibernética era banida por motivos parecidos (o que atrasou enormemente a tecnologia soviética) e a genética mendeliana dava Gulag ou pior (porque contrariava o suposto socialista da "hereditariedade dos traços adquiridos").

Essas histórias, é verdade, são antigas, mas o vício do patrulhamento, pela submissão da idéia à ideologia, parece gostoso demais às esquerdas, em que conseguem alguma parcela de poder. Aqui nas terras de Macunaíma, muita gente foi patrulhada e perseguida, não raro da maneira mais calhorda – tudo, é claro, em nome da "boa causa". Há patrulhadores contumazes: Antonio Callado, por exemplo, na literatura, e Emir Sader, nas ciências sociais.

O primeiro buscou vetar a publicação no Jornal do Brasil de artigos de Olavo de Carvalho, um filósofo de grande erudição, e o segundo investiu contra José Guilherme Merquior, que foi indubitavelmente o sociólogo de maior densidade cultural da jovem geração brasileira e o que mais se projetou internacionalmente.

A brincadeira de Sokal não mereceria talvez mais que uma gargalhada, se os colaboradores do "Social Text" não tivessem perdido a esportiva e falado em "quebra de ética" e outras coisas feias, armando uma verdadeira guerra contra os chamados "conservadores na ciência". Na verdade, eles confessam que haviam tomado o artigo de Sokal como uma tentativa séria de um físico para encontrar na "filosofia pós-moderna" algum apoio para os desenvolvimentos na sua ciência.

E algumas afirmações do editor da revista, professor Stanley Fish, da Duke University, acabaram soando quase tão engraçadas quanto as de Sokal: "Os sociólogos da ciência, diz ele, não estão tentando fazer ciência, mas sim encontrar uma rica e poderosa explicação do que significa fazê-lo"... (*sic*)

Essa tentativa de autojustificação espicaçou irritações acumuladas e atiçou um fogo de morro-arriba nos círculos acadêmicos pelo mundo afora. Não é de hoje, naturalmente, que pensadores sérios reclamam contra o facilitário com que praticantes das chamadas "ciências sociais" – e da filosofia – abusam dos critérios de racionalidade e da semântica, às vezes em defesa de interesses ideológicos imediatistas.

O grande lógico-matemático Carnap, por exemplo, desancou asserções sem sentido de filósofos então na moda. Tudo isso, porém, faz parte do jogo, e não despertaria atenção se não fosse a crescente falta de desconfiômetro intelectual dos "radicais chiques", "engajados", negando validade aos esforços de conhecimento objetivo das ciências e pregando descaradamente como "ciência" seus próprios preconceitos políticos e ideológicos.

A discussão estourou feia por outros campos. Por exemplo, um jornalista trouxe à baila que, em alguns casos, estava sendo ensinado que Cleópatra e Sócrates eram ambos negros, que a filosofia e a ciência gregas haviam sido roubadas da África e que Aristóteles roubara a sua filosofia da biblioteca de Alexandria.

Tolices como essas mal escondem um viés paternalista insultuoso, que só desserve à causa da justiça à raça negra. Não sem razão, o superradical líder negro americano Farrakhan, que fez a recente notável marcha sobre Washington e que prega, inclusive, uma estrita separação em relação aos brancos, rejeita esse bom-mocismo e reclama dos seus correligionários uma "auto-afirmação séria".

Para nós, acostumados a um grau de descaramento muito mais grosso por parte dos nossos radicais e corporativos, as diluídas repercussões do caso que nos estão chegando podem parecer diversão de Primeiro Mundo. Mas, por trás de tudo isso, há perguntas válidas. Será tudo tão relativo que nada de objetivo se possa afirmar sobre o mundo real? Está o cientista obrigado pelas regras lógicas e éticas da consistência, ou o "engajamento" será o mais importante de tudo? Será toda a "verdade" sempre "política" e "ideológica", ou os princípios da Razão podem levar-nos a um conhecimento cada vez mais amplo, acessível a todos e por todos aferível?

Não há respostas absolutas para essas indagações. Mas todos nós temos de manter alguma relação com aquilo que podemos chamar de "mundo real". Mesmo um engajado "sociólogo da cultura", por mais enroscado que esteja na "desconstrução pós-moderna", ao apertar o botão da luz espera que a lâmpada acenda, e, ao virar a chave do carro, espera sem sombra de dúvida que as "relativas" leis da física e da química e a matemática em que são formuladas não pararão de funcionar naquele exato momento.

Por outro lado, o esforço de "desconstrução", como todos os esforços críticos, pode ser útil para balizar nosso pensamento e mostrar alguns dos nossos limites. Que não são muita novidade, aliás. Há 25 séculos, os gregos quebravam a cabeça com paradoxos não diferentes daqueles sobre os quais se debruçariam os matemáticos e lógicos Whitehead e Russell e, mais recentemente, Gõdel.

Os economistas, esses então, vivem com permanente enxaqueca, porque lidam com matérias que são, ao mesmo tempo, próprias da matemática e da física, da história e da cultura. Ou seja, de um lado há o risco do buraco negro de um excessivo grau de abstração; de outro, o lameiro do facilitário com que os malandros se valem das "ciências sociais". Com pequenas perversidades de um lado e de outro. Por exemplo, Paul Krugman, o economista (é claro...), recentemente contou a anedota do professor de economia hindu que assim tentava explicar aos alunos a reencarnação: "Se vocês forem sérios, aplicados, fizerem bem os seus deveres, na próxima encarnação voltarão como físicos. Se forem malandros e relaxados, voltarão como sociólogos" (...)

Não pretendo tirar conclusões, porque prefiro não apanhar nem de um lado nem de outro. Já sofri a minha quota de patrulhamento. Mas, que seria bastante útil um pouco mais de rigor no discurso brasileiro, seria. Só haveria ganhos se começássemos a praticar a semântica do sujeito-verbo-predicado, em vez do nosso tropical desrespeito pelas palavras e pelo fato de que, por trás delas, tem de haver certo sentido nas coisas...

A Razão não é Propriedade Privada[278]

Alan Sokal[279]

A Folha de 22/9 trouxe artigo de Roberto Campos sobre uma "brincadeira" de minha autoria no qual o autor expõe – como é seu direito – sua análise do caso e de seu significado político. No entanto, em seu zelo de interpretar a controvérsia decorrente numa camisa-de-força de esquerda/direita, Campos distorceu os meus motivos políticos – claramente declarados, aliás –, recrutando-me contra a minha vontade para sua cruzada ideológica direitista.

A história é conhecida. Submeti à "Social Text", revista norte-americana de crítica cultural identificada com a "esquerda pós-modernista", um artigo paródico no qual afirmava que a "ciência pós-moderna" aboliria o conceito de realidade objetiva e, desse modo, sustentaria intelectualmente o "projeto político progressista".

O artigo foi preenchido de citações perfeitamente genuínas de proeminentes intelectuais norte-americanos e franceses – Stanley Aronowitz, Sandra Harding, Jacques Derrida, Jean-François Lyotard, Jacques Lacan, Gilles Deleuze e dúzias de outros – escrevendo bobagens sobre a matemática e a física, tudo acompanhado de blandícias rasgadas.

Os editores da "Social Text" aceitaram e publicaram o artigo, sem perceber que se tratava de uma paródia. Logo depois, revelei a "brincadeira" em outra revista, "Lingua Franca", em que expliquei os meus motivos intelectuais e políticos.

A "confissão" desencadeou uma torrente de reportagens na mídia do mundo anglo-saxão e de outros países. Os temas subjacentes têm se tor-

---

[278] Publicado na Folha de São 'Paulo em 6 de outubro de 1996.

[279] Alan Sokal é professor de física na Universidade de Nova Iorque. Tem colaborações científicas na Itália e no Brasil (Universidade Federal de Minas Gerais). Durante o governo sandinista, ensinou matemática na Universidade Nacional da Nicarágua. Junto com o belga Jean Bricmont, escreveu "Les Impostures Scientifiques des Philosophes (Post-)Modernes".

nado objeto de inúmeros debates nos círculos universitários norte-americanos.

Segundo Roberto Campos, o caso demonstraria a falência intelectual da esquerda, reduzida à "parolagem e às pretensões intelectuais". Mas será que é mesmo assim? Embora o pobre leitor do artigo de Campos não o suspeitasse jamais, eu pertenço à esquerda – entendida amplamente como corrente política que condena as injustiças e as desigualdades do sistema capitalista e que procura eliminá-las, ou pelo menos minimizá-las.

Sem dúvida, a esquerda mundial está passando por uma crise intelectual e estratégica, provocada não tanto pelo colapso do comunismo – sistema opressivo que a esquerda democrática sempre condenou –, mas pela crescente globalização do capital e a conseqüente dificuldade de sujeitá-lo a controle democrático.

Foi nesse contexto que escrevi a paródia: não com a intenção de ridicularizar a esquerda, mas de fortalecê-la por meio da crítica de seus excessos.

Pois excessos têm sido cometidos, sobretudo nos Estados Unidos, onde a esquerda sempre foi marginal e marginalizada, excluída da responsabilidade cotidiana de elaborar um programa político, de defendê-lo e, eventualmente, de implementá-lo.

Nessa situação de impotência, exacerbada nos anos 80 e 90, a esquerda norte-americana se fragmentou. Reduzimo-nos a uma coleção de lutas setoriais – negros, latinos, mulheres, gays, operários –, todas valorosas, mas sem ligação estratégica entre si.

Pior, uma parte da esquerda intelectual fechou-se no ambiente universitário, em que as lutas intestinas da profissão substituíram a verdadeira política: na frase memorável do sociólogo Todd Gitlin, "marcharam sobre a Faculdade de Letras enquanto a direita tomava a Casa Branca".

Foi num meio acadêmico cada vez mais voltado para si próprio que, com base em idéias originalmente frutíferas e libertadoras – feminismo e multiculturalismo, por exemplo –, se construiu um novo escolasticismo, representado especialmente pela corrente pós-moderna. Esta, porém, nunca constituiu a totalidade, nem mesmo a maioria, da "esquerda acadêmica".

Para cada artigo sobre a transgressividade sexual de Madonna, publicaram-se cinco analisando rigorosamente a desigualdade salarial entre mulheres e homens. Para cada livro escrito em incompreensível jargão desconstrucionista, editaram-se dez de fascinante história social.

Por esse motivo, a reação à minha "brincadeira" nos meios esquerdistas norte-americanos foi bem o contrário do que Roberto Campos – cego por seus preconceitos e imaginando "patrulhadores" do politicamente correto atrás de cada esquina – faz crer. Com exceção daqueles mais diretamente afetados – aqueles apanhados com as calças nas mãos –, a vasta maioria da esquerda intelectual norte-americana apoiou minha intervenção.

Assim, por exemplo, escrevendo em "The Nation", a cronista Katha Pollitt opinou que "essa demonstração do alto coeficiente de vazio nos estudos culturais – o modo como combina a submissão disfarçada à autoridade com o mais alucinado radicalismo de fachada – é mais do que oportuna".

A historiadora Ruth Rosen considerou que "a paródia de Sokal desvendou a hipocrisia praticada por esses pretensos revolucionários culturais. Afirmam querer democratizar o pensamento, mas escrevem propositalmente num jargão exclusivo para uma elite de iniciados. Pretendem que sua obra seria transformativa e subversiva, mas permanecem obsessivamente focados na construção social e linguística da percepção humana, não na dura realidade da vida das pessoas".

A revista esquerdista "In These Times" editorializou que "a relação entre esses esquerdistas acadêmicos e a sociedade norte-americana se assemelha cada vez mais àquela dos monges clausurados falando e escrevendo para si mesmos em latim. Ao contrário da vociferação conservadora contra a subversão marxista das universidades, o trabalho desses acadêmicos nada ameaça senão a possibilidade de renascimento de uma esquerda intelectualmente vigorosa".

Todos esses comentadores reconheceram a crise intelectual e estratégica da esquerda e insistiram na necessidade de enfrentá-la com um trabalho sério, baseado nos fatos, na ciência e na razão. Pois a razão e a honestidade intelectual não são propriedade privada nem da esquerda nem da direita.

Num passado não tão distante, as ditaduras militares, desde a Guatemala até a Terra do Fogo, torturavam e assassinavam em nome da "liberdade" (a liberdade do lucro, bem entendido). Hoje em dia, o Fundo Monetário Internacional organiza a redistribuição da riqueza dos pobres aos ricos, destruindo as economias do Terceiro Mundo em nome de "estabilizá-las". Os sacerdotes do Deus Mercado inventam belos encantamentos para disfarçar seus efeitos sobre os seres humanos.

Não foi por acaso que George Orwell, quem, mais do qualquer outro nesse século, desmascarou e condenou a desonestidade política, viesse de onde viesse, foi sempre um homem da esquerda.

A esquerda começa a reconhecer seus erros – que foram tantos – e a renovar-se intelectualmente. A direita terá a mesma coragem?

As Razões do Relativismo Civilizado[280]

Jesus de Paula Assis

> Insisto em que todos os escritores que pretendam informar seus leitores fiquem longe da filosofia ou que, pelo menos, não sejam intimidados ou influenciados por causadores de confusão como Derrida (...)
>
> *Paul Feyerabend* "Killing Time", cap. 15.

Alan Sokal é um nome em alta nas ciências humanas. Em abril, pregou uma surpreendente peça na revista norte-americana "Social Text" na qual, supostamente, pôs a nu a fragilidade do pensamento relativista. A polêmica foi trazida aos leitores da Folha pelo Mais! de 15/09/96. Deixando de lado o pitoresco da história toda, a farsa de Sokal mostra que existe, de fato, ao lado do evidente embuste de uma certa autoproclamada esquerda pós-moderna, uma profunda incompreensão quanto ao que sejam os estudos em filosofia da ciência e qual seu papel para o entendimento da atividade científica.

Primeiro, os fatos. Alan Sokal é professor de física na New York University e remeteu para publicação na revista acadêmica "Social Text" um artigo com o incrível título "Transgredindo Fronteiras, Rumo a uma Hermenêutica Transformativa da Gravidade Quântica". Sua pretensa argumentação era que as recentes pesquisas em gravidade quântica – um ramo nascente em física teórica – já teriam profunda influência política libertadora sobre a cultura, pondo definitivamente de lado o que hoje se aceita como método científico (identificado, portanto, com o pensamento conservador). O artigo contém exatas 109 notas de rodapé, nas quais

[280] Publicado na Folha de São Paulo em 6 de outubro de 1996.

aparecem de Derrida a Paulo Freire. Nenhuma citação foi inventada; todas estão exatamente como figuram nos originais.

Os editores de "Social Text" aceitaram o texto para publicação sem reservas. Dias depois, Sokal publicou na revista "Lingua Franca" outro artigo, no qual esclarecia que "Transgredindo ..." era uma piada.

De fato, apesar das citações corretas, "Transgredindo ..." não contém qualquer argumento bem encadeado. São citações esparsas, misturando incorreções científicas e históricas (estas sim, propositadamente inventadas) com a linguagem fátua que caracteriza uma fração do pensamento epistemológico contemporâneo.

Até aí, boa ironia, que não faz mal a ninguém, salvo às incautas vítimas. Mas elas que se danem. O problema começa quando se procura em Sokal informação sobre quem é realmente o objeto da ironia. Aí, a coisa muda de figura. No mesmo saco, aparecem Derrida, Lyotard e Latour, mas também filósofos como Thomas Kuhn e Paul Feyerabend, articuladores, estes sim, de um pensamento relativista "civilizado", diferente do pensamento (se é que a palavra cabe) relativista ensandecido ou propositadamente obscuro dos outros autores.

Sokal – no artigo publicado em "Lingua Franca" – argumenta que "teorizar acerca da 'construção social da realidade' não vai nos ajudar a encontrar um tratamento efetivo para a Aids ou a projetar estratégias para evitar o aquecimento global". E dai? Essa constatação trivial invalidaria esses estudos? Não mais do que afirmar, também trivialmente, que estudos em sismologia não vão ajudar a achar a cura para a Aids. Mas Sokal pensa de forma diferente: está sugerindo que nenhum estudo externo sobre a ciência tem sentido.

Para chegar a isso, usa uma estratégia falha. Logo no início de "Transgredindo ...", cita Thomas Kuhn e Paul Feyerabend como autores que "duvidaram da credibilidade da metafísica newtoniano-cartesiana", o que é, no mínimo, grosseiro. Daí, conclui que a idéia de que exista um mundo exterior a nossos pensamentos já não pode ser sustentada; liga tudo isso a Derrida, Lyotard, Ross, Latour e companhia, e conclui afirmando que toda essa tradição intelectual nos força a tomar uma nova direção quanto ao que devemos considerar "ciência". "Social Text" engoliu tudo (com gosto, frise-se) e publicou o artigo.

"Transgredindo ..." afirma portanto que existe uma tradição coerente que liga Kuhn a Derrida e isso, simplesmente, não é verdade. O fato de os editores de "Social Text" ratificarem a existência dessa linha de argumentação (tanto que publicaram o texto) não ajuda, não a torna real.

Uma coisa é dizer que a ciência natural assenta em bases que têm condicionantes históricos e sociais (relativismo civilizado); outra, é dizer que esses condicionantes são totalmente responsáveis pelo conteúdo das asserções científicas (relativismo enlouquecido). Dizer que a ciência acumula resultados, mas que os problemas sobre os quais se debruça não são sempre os mesmos é civilizado; dizer que cada campo de estudo é fechado em si próprio e que não existe qualquer termo de comparação entre eles, devendo todos, portanto, ser julgados em pé de igualdade, é bárbaro. Existe quem defenda essa barbárie, quem também veja machismo na matemática, em afirmações como 1+1=2. Mas frise-se que bárbaros existem em qualquer meio e são uma praga da qual a física também não está isenta.

Na verdade, a peça que Sokal chama de "modesto experimento" é completamente enviesada. "Social Text" é uma obscura revista norte-americana, um gueto da pós-modernidade que professa o que se chama acima de relativismo enlouquecido. Do fato de se dizerem relativistas (sem mais adjetivos), não segue que o sejam. Não mais do que a afirmação de alguns políticos de que são marxistas impute automaticamente toda bobagem que digam a Marx. Se Sokal tivesse remetido "Transgredindo ..." para uma revista científica de primeira linha (como "Synthese" ou "Social Studies of Science", só para citar dois exemplos), revistas que aceitam e publicam artigos de tendência argumentativa relativista (civilizada), é quase certo que o destino de suas páginas seria o lixo. Mas isso enfraqueceria seu "modesto experimento". Mas então, que experimento é esse que escolhe um adversário fraquíssimo e obscuro, vence-o e afirma que a vitória implica a derrocada de tudo o que (mesmo remota e enviesadamente) é defendido pelo oponente? Procurando um pouco, não seria difícil para Sokal achar uma pequena revista de física, a qual publicaria um artigo seu eivado de bobagens, unicamente por ser ele professor de uma universidade prestigiosa. E o que isso provaria? Que a física contemporânea deveria ser desacreditada? É evidente que não. O "modesto experimento", assim, deve ser colocado exatamente como é: modesto, modestíssimo. Provou que uma revista obscura e sem importância é também intelectualmente fraca. Parabéns.

Apesar disso, da evidente fragilidade de toda argumentação – isto é, do artigo original, mais o artigo que entrega a farsa –, não faltam entusiastas. Steven Weinberg, Prêmio Nobel de Física, saúda Sokal, dizendo que ele teria desnudado uma perniciosa tendência que mina a ciência contemporânea ("New York Review of Books", 8/8/96 e 3/10/96). Ou seja, desbancado o relativismo (o civilizado sai pelo ralo junto com o resto, claro), quem pode, portanto, com autoridade, falar sobre ciência? Apenas cientistas naturais ou filósofos que concordem inteiramente com eles. É o que Sokal tem em mente quando escreve que "teorizar acerca da 'construção social da realidade' não vai nos ajudar a encontrar um tratamento efetivo para a Aids ...". Existe implicada na afirmação uma grosseira confusão entre ciência e estudo sobre ciência. Uma ciência natural (a física ou a biologia) estuda o mundo natural, procura determinar regras que tornem esse mundo compreensível e que tenham certo caráter preditivo. A sociologia da ciência ou a filosofia da ciência não tomam como objeto de estudo o mundo natural, mas a própria atividade científica. Portanto, não há nada de surpreendente em que estudos em filosofia ou em sociologia da ciência não tragam a cura para a Aids. O que surpreende é que haja quem se entusiasme com uma conclusão tão pueril.

No fim das contas, o "modesto experimento" acaba sendo usado para invalidar toda uma importante tradição de pesquisa. Se se quer compreender a ciência contemporânea, é preciso levar em conta que o significado da expressão "atividade científica" varia com o tempo. Conforme a época, diferentes são os problemas estudados, diferentes são os métodos usados para pesquisá-los e diferentes são os valores atribuídos a cada enfoque. Se não se levar isso em consideração, corre-se o risco de julgar que o mundo sempre foi visto com os mesmos olhos e que só o presente fornece explicações aceitáveis para os fenômenos naturais. Pacientes estudos históricos foram mostrando essas variações de matiz entre problemas e métodos usados em diferentes épocas e tradições. Esses estudos acumulados pedem alguma explicação: como definir, então, a atividade científica?

Se nem sempre os problemas e os métodos foram os mesmos, deve-se concluir que a imagem em que a ciência natural (mais especificamente, a física) aparece como um contínuo que acumula teorias é falsa e torna-se tarefa importante encontrar algum modelo alternativo para compreender seu desenvolvimento. No extremo oposto, não se pode considerar cada época (ou cada teoria) um todo fechado em si mesmo, incomunicável, pois isso iria de encontro ao fato mais que evidente de que existe uma continuidade histórica de pesquisa científica. É assim razoável supor que o caminho está em encontrar um modelo para o desenvolvimento científico que leve em conta tanto o que existe de comum como o que existe de incomensurável entre diferentes épocas e disciplinas científicas, que veja as continuidades, mas que não deixe de consignar os pontos irredutíveis e intraduzíveis presentes em qualquer transição entre teorias científicas. E esse passo rumo à civilidade – entendida aqui como o esforço honesto para compreender melhor a cultura – é descartado simplesmente porque alguns grupos de autores são propositadamente obscuros ou delirantes e porque um subgrupo destes caiu em uma bem-tramada emboscada.

Mas devemos ser equilibrados: não apoiar a evidente fatuidade de "Social Text" e dos autores que a orbitam, nem se entusiasmar com o modesto experimento de Sokal. E esse ponto de equilíbrio se nutre das boas lições do relativismo. Mas apenas do civilizado.

Sokal, Parodista de Si Mesmo[281]

Olavo de Carvalho[282]

De cada nova série de vexames, a esquerda emerge revigorada pelo milagre da ablução verbal.

Tendo enviado a uma revista sociológica de esquerda um artigo de puro "nonsense" em jargão academês, para ver se o publicavam, o físico Alan Sokal acrescentou ao seu currículo o título de humorista. A "Social Text", caindo no engodo, ainda se melou toda ao procurar se justificar.

Mais que para simples divertimento, a proeza serviu para mostrar a inépcia intelectual da esquerda acadêmica. Roberto Campos, em artigo publicado na Folha (22/9), sublinhou o valor do experimento, que evidenciara a nudez real de uma das comunidades mais pretensiosas deste mundo. É surpreendente que agora apareça Alan Sokal dizendo (6/10) que Campos o interpretou pelos olhos "de um cego preconceito".

"A paródia", proclama Sokal, "não teve a intenção de ridicularizar a esquerda, mas de fortalecê-la pela crítica de seus excessos. Com exceção daqueles mais diretamente afetados – daqueles apanhados com as calças na mão –, a vasta maioria da esquerda intelectual norte-americana apoiou minha intervenção." O grosso da esquerda "começa a reconhecer seus erros, a se renovar intelectualmente", e Campos é que distorceu tudo ao enxergar no caso um vexame global.

Mas essa argumentação é um tanto bizarra. Um autor que desejasse edificar o pecador pela crítica de seus excessos, sem torná-lo alvo de riso, faria dele objeto de exortação, de análise ou coisa assim. Jamais de paró-

[281] Publicado na Folha de São Paulo em 21 de outubro de 1996.

[282] Olavo de Carvalho, então com 49 anos, jornalista, é autor de "O Jardim das Aflições: Ensaio sobre o Materialismo e a Religião Civil" e de "O Imbecil Coletivo: Atualidades Inculturais Brasileiras".

dia, um gênero que consiste precisamente em expô-lo ao ridículo pela imitação de seus trejeitos. Quanto a saber se o objeto da paródia sairá enfraquecido ou fortalecido, nenhum comediógrafo experiente buscaria controlar a esse ponto um efeito que depende inteiramente da livre reação moral da vítima. Ela pode aproveitar o estímulo para se regenerar ou então torná-lo ocasião de se expor a um ridículo maior ainda, exatamente como fez o diretor de "Social Text", arrastando de cambulhada, como bem viu Campos, muitas revistas congêneres. Se o ridículo produzido por Sokal foi impremeditado, isso só mostra que o humorista principiante está sujeito ao risco de se tornar personagem, no papel daquele marinheiro que, na privada, apertava o botão da descarga no preciso instante em que o navio era atingido por um torpedo.

Que alguns esquerdistas aplaudam *ex post facto* a paródia não prova que estejam livres dos vícios que ela denuncia. Prova apenas que não se solidarizam com colegas de militância apanhados em flagrante delito de vexame. Entregar os anéis para salvar os dedos não é nenhuma renovação intelectual, é apenas uma velha esperteza.

A esquerda, com efeito, tem vivido de denunciar seus próprios erros desde o dia em que, na Revolução Francesa, reconheceu a utilidade de guilhotinar um guilhotinador – um ato que elevou às nuvens o prestígio do movimento e lhe deu cacife para continuar guilhotinando a quem bem entendesse. Desde então, cada nova geração do esquerdismo nasce da orgulhosa proclamação do descrédito da anterior. O próprio marxismo emerge de uma crítica arrasadora dos erros da esquerda. De Robespierre a Alan Sokal, as moscas mudam, mas – como direi? – a caravana passa: de cada nova série de vexames, horrores e fracassos, a esquerda emerge revigorada pelo milagre da ablução verbal e imbuída de seu direito a infindáveis créditos de confiança, tanto mais renováveis quanto mais o débito entra sempre na conta da administração anterior. Sokal é apenas mais um oficiante do antigo ritual cíclico em que a esquerda se realimenta, dialeticamente, da sua própria negação.

Para cúmulo, Sokal procura minimizar o alcance de sua própria crítica, afirmando que só atacou uma minoria. Mas como explicar que a crítica a uma fração minoritária tenha provocado tamanha celeuma senão por essa fração ser representativa do todo? Sokal admite que seu artigo citava um rol de bobagens ditas "por proeminentes intelectuais" – e ninguém é proeminente por receber somente o aplauso da minoria. Derrida, Foucault, Lyotard, Lacan, Deleuze não são objetos de culto de um miúdo igrejório provinciano: são ídolos da "intelligentsia" mundial. Ridicularizados, comprometem necessariamente a falsa imagem de respeitabilidade intelectual da esquerda como um todo. Não há escapatória.

Sokal poderia ter preservado ao menos sua própria respeitabilidade, se não mostrasse ter a tradicional propensão da esquerda a julgar seus atos apenas pelas intenções alegadas, pulando fora da responsabilidade pelos efeitos reais, por mais previsíveis que sejam. Mas ele preferiu superar, como humorista involuntário, seus dons de parodista. Pois o ar de inocência com que um autor de paródia declara não ter tido intenção de ridículo faria dele um autêntico "pince-sans-rire", se não soubéssemos que ele acredita no que diz, e que, no caso, acreditar no que diz é admitir que não sabe o que faz.

O Rei está Nu[283]

Roberto Fernández[284]

Resenha de Impostures intellectuelles, por Alan Sokal e Jean Bricmont
(Paris, Odile Jacob, 1997)

"Impostura", de acordo com o dicionário, significa "embuste, engano artificioso; afetação de grandeza; superioridade, orgulho, confinante com a empáfia e a bazófia". Os cientistas Alan D. Sokal (New York University) e Jean Bricmont (Université Catholique de Louvain, Bélgica) sustentam que intelectuais de renome, associados à corrente convencionalmente conhecida como "pós-modernismo", têm incorrido sistematicamente em "abusos reiterados de conceitos e termos provenientes das ciências físico-matemáticas", a ponto de constituírem verdadeiras imposturas intelectuais. Podem ser identificados quatro tipos de abusos: (1) "falar abundantemente de teorias das quais se tem, no máximo, uma vaga idéia"; (2) "importar noções das ciências exatas para as ciências humanas sem dar a menor justificação empírica ou conceitual"; (3) "exibir uma erudição superficial ao jogar, sem escrúpulos, termos especializados na cara do leitor, num contexto em que eles não têm pertinência alguma"; e (4) "manipular frases desprovidas de sentido e se deixar levar por jogos de linguagem". Neste polêmico livro, os autores fundamentam suas teses mediante numerosas citações, organizadas por autor (Lacan, Kristeva, Irigaray, Latour, Baudrillard, Deleuze e Guattari e Virilio) e por tema (caos, teorema de Gõdel, relatividade restrita).

Sokal e Bricmont não se atêm a pequenos erros ou imprecisões isoladas ou àquelas próprias de um uso metafórico no discurso literário ou

---

[283] Publicado na Folha de São Paulo em 11 de abril de 1988.

[284] O autor, à época, era matemático, pesquisador do Instituto de Estudos Avançados da USP e membro da comissão organizadora do simpósio "Visões de Ciência: Encontros com Sokal e Bricmont", realizado na USP nos dias 27 e 28 de abril daquele ano.

poético. Pelo contrário, nos autores analisados, as teorias e conceitos científicos jogam um papel não-marginal, seja porque são usados nos fundamentos das suas teorias (Lacan e Kristeva), seja porque são precisamente o objeto de estudo (Irigaray, Latour, Deleuze e Guattari); em todo caso, seu uso contribuiu para que fossem elogiados por seu "rigor", "extrema precisão", "erudição surpreendente" e juízos similares.

A lista de exemplos é longa e bem documentada. Atribui-se ao psicanalista Jacques Lacan o abuso de tipo (2), quando declara, sem dar nenhuma fundamentação lógica ou empírica, que o toro (estrutura topológica correspondente a um anel) é "exatamente a estrutura do neurótico" e que outras estruturas topológicas correspondem a outras patologias mentais. Seu uso dos números imaginários é declaradamente feito como metáfora, mas conduz a afirmações curiosas como: o "órgão eréctil (...) é igualável à raiz de -1". Os textos em que Lacan recorre à lógica matemática, por outra parte, são considerados exemplos dos abusos (2) e (3) ao mesmo tempo: "Lacan exibe diante de não especialistas seus conhecimentos de lógica matemática; mas (...) a ligação com a psicanálise não está sustentada por lógica alguma". Sokal e Bricmont absolvem Lacan dos abusos de tipo (1), ainda que em certos textos ele apresente uma definição incorreta de conjuntos abertos, definições sem sentido da noção de limite e de conjuntos compactos, e confunda números irracionais com imaginários.

Os trabalhos sobre lingüística e semiótica de Julia Kristeva ilustram também exemplos de abusos de tipos (2) e (3). Conceitos matemáticos delicados são introduzidos sem que se explique sua possível relação com a lingüística e revelando óbvia falta de compreensão: o axioma da escolha, que justamente permite provar a existência de conjuntos sem construi-los explicitamente, é invocado como implicando uma "noção de construtividade"; a hipótese do contínuo é mencionada, se bem que o conjunto de todos os livros possíveis seja apenas enumerável, e o muito popular teorema de Gõdel é interpretado exatamente ao contrário. A intelectual feminista Luce Irigaray, por sua vez, num ensaio sobre o "subdesenvolvimento" da mecânica dos fluidos (identificados com a feminilidade), confunde a dificuldade matemática para obter soluções das equações de Navier-Stokes com a "impotência da lógica" e demonstra não compreender que elas são derivadas usando aproximações que excluem sua aplicação a escalas moleculares.

Jean Baudrillard, Gilles Deleuze, Félix Guattari e Paul Virilio valem-se de abusos de tipos (1) e (4). Sokal e Bricmont selecionam extensas citações, inclusive uma de quase três páginas, em que se justapõem numerosos termos científicos (atrator estranho, exponencial, fractal, caos, singularidade, energia potencial, superfície topológica, função, partícula etc.), em parágrafos intrincados e sem concatenação lógica de argumentos, num jogo de analogias baseadas nos diferentes sentidos vagamente atribuídos a esses termos na linguagem comum.

Os escritos de Virilio são, talvez, os mais abertos à sátira. Por exemplo, no que diz respeito ao papel das velocidades, ele confunde velocidade com aceleração e quantidade de movimento com a equação logística. Mas Deleuze e Guattari providenciam ainda outro tipo de exemplo importante. Em suas análises de filosofia da matemática, eles retomam confusões devidas a Hegel (classificação errada de frações, noção de função superada há 150 anos) e fazem uma descrição obscura e complicada do cálculo infinitesimal, enquanto marcam a necessidade de uma "exposição rigorosa" de seus princípios. Aparentemente, eles ignoram que tal exposição existe desde o início do século passado.

O capítulo dedicado a Bruno Latour é particularmente revelador, pois ilustra os riscos de se tentar uma análise profunda a partir de uma compreensão superficial. Com o propósito de demonstrar que a teoria da relatividade restrita é uma construção social, ele faz uma leitura semiótica do livro "Relativity", de Einstein, no qual se apresentam os argumentos baseados em trens, observadores e sinais luminosos, que todo estudante de física conhece bem. Latour engana-se e centra sua análise em elementos puramente pedagógicos da exposição de Einstein. Por exemplo, atribui grande importância à existência de três sistemas de referência a uma só vez (isso pode acontecer ocasionalmente numa exposição didática, mas a teoria trata da relação entre dois sistemas) e ao fato de os observadores serem humanos (eles são humanos nos exemplos do livro de Einstein, mas na maioria dos experimentos e fenômenos os "observadores" são instrumentos, discos de computador e até partículas elementares), e confere um papel privilegiado ao "narrador" (a teoria não tem nenhum sistema privilegiado nem "narrador", se bem que a exposição pedagógica precise de um).

De fato, a teoria da relatividade conta com uma rica história de mal-entendidos por parte de filósofos. Os que se originam na interpretação errada de Bergson são especialmente persistentes, como fazem notar Sokal e Bricmont num capítulo muito claro e explícito. Henri Bergson, por razões puramente filosóficas, recusou-se a aceitar as noções einsteinianas de simultaneidade e tempo próprio e procurou estender o princípio de relatividade às acelerações. Seus argumentos conduzem a predições que contradizem experiências atualmente conhecidas. No entanto, os erros bergsonianos reaparecem na obra de filósofos posteriores, como Jankélevich, Merleau-Ponty e Deleuze.

A teoria do caos é outra vítima de maltrato em livros e ensaios bastante difundidos. Sokal e Bricmont expõem e clarificam os erros mais típicos: o caos, quer dizer, a sensibilidade às condições iniciais, não marca nenhum "limite" ou "cul de sac" da ciência; pelo contrário, tem aberto novas possibilidades de pesquisa. O caos não significa o fim do determinismo (aparece em equações perfeitamente determinísticas), ainda que obrigue a adotar um sentido probabilístico da preditividade comparável ao adotado em mecânica estatística no último século. O caos não significa um descrédito à mecânica newtoniana, mas sim seu renascimento. De fato, esta última, considerada o paradigma do "pensamento linear", leva a equações não-lineares, que algumas vezes exibem caos, se bem que a mecânica quântica, considerada mais próxima do "pensamento não-linear" preconizado pelos pós-modernistas, seja exatamente linear.

O livro é escrito de forma direta, incisiva, sem ambigüidades, pedantismo, paráfrases ou elipses. Sokal e Bricmont não se interessam pelo vôo literário nem pelas sutilezas acadêmicas; querem apresentar seus pontos sem dar lugar a dúvidas. Explicam pacientemente os aspectos científicos (com ajuda de uma lista de referências que pode ser de grande utilidade para os interessados em iniciar-se nesses temas) e expõem com franqueza suas intenções: "defender os cânones da racionalidade" e da honestidade intelectual. Sua posição filosófica contraria o relativismo cognitivo e questiona as teses de Popper, Quine, Kuhn e Feyerabend (que nutrem o ceticismo epistemológico) e do "programa forte" em sociologia da ciência. Essa franqueza algumas vezes chega ao limite da agressão verbal e introduz no livro um tom quase fundamentalista, que pode provocar discussões desnecessariamente marcadas pela emoção.

Mas o legado mais importante deste livro é, precisamente, o catálogo de exemplos de erros, de falta de compreensão e até de preguiça intelectual de pensadores contemporâneos, quando analisam o conhecimento científico recente e não tão recente. É um mostruário sólido, convincente, irrecusável, que tem existência independente das opiniões dos compiladores. Está ali para que cada um julgue. Compreensivelmente, dentro da polêmica gerada pelo livro, ninguém põe em dúvida o fato de que os erros apontados são realmente erros. As críticas referem-se antes à relevância desses escritos dentro da obra dos autores considerados e às intenções finais de um livro como este. Sokal e Bricmont esclarecem que não julgam o resto das obras dos autores analisados, mas apenas as referências à física e à matemática (todavia, gostariam que outros, mais competentes, julgassem tendo em conta as imposturas apontadas), nem discutem se as imposturas são premeditadas ou de boa-fé (o título do livro fala de "imposturas", não de "impostores"). E, se bem Sokal e Bricmont confessem intenções filosóficas e até políticas, elas não vêm ao caso.

Os exemplos no livro falam por si. Para alguém com uma mínima formação científica, sugerem diversas questões para debate. Será que o hiato entre as "duas culturas" de Snow foi ampliado ou fossilizado? Será que todo um setor da intelectualidade, cuja atividade se baseia no discurso, nas argumentações teóricas, no confronto de pontos de vista, está perdendo a capacidade de compreender o método científico submetido ao controle inexorável dos experimentos? Será que a analogia injustificada e as "provas" por combinação de frases sugestivas são uma metodologia aceitável nas humanidades? Será que os argumentos baseados na precedência, inerentes às pesquisas nas humanidades, degeneraram-se num princípio de autoridade que acha os erros de Hegel mais confiáveis que 150 anos de desenvolvimento matemático? (Não é isso uma regressão aos tempos em que, quando as observações discrepavam da doutrina de Aristóteles, se preferia esta última?) Ou será que um verdadeiro menosprezo pela lógica e pelos desenvolvimentos científicos tem sido instalado em estratos visíveis da intelectualidade, perpetuado por círculos na mídia inclinados a modas ou não qualificados e amparado na falta generalizada de educação científica, na indiferença (próxima ao pedantismo dos próprios cientistas) e numa tradição humanista de tolerância e não comprometimento, que deixa nas mãos do tempo a depuração do que vale?

É indubitável que o trabalho de Sokal e Bricmont abre a oportunidade para um debate muito saudável e necessário, o qual, se for desenvolvido com grandeza, pode inclusive catalisar uma aproximação entre a ciência e as humanidades, em sua busca comum da compreensão da natureza e do espírito humano.

Descompusturas Intelectuais[285]

Jacques Derrida[286]

O "Le Monde" me pergunta qual comentário eu faria ao livro de Alan Sokal e Jean Bricmont –"Imposturas Intelectuais"–, presumindo que nele eu sou menos atacado do que outros pensadores. A minha resposta é: tudo isso é triste, não é mesmo? Primeiro, para o pobre Sokal. O seu nome está associado a um conto do vigário ("the Sokal's hoax" – o embuste Sokal–, como se diz nos Estados Unidos), e não a trabalhos científicos. Triste também porque a oportunidade de uma reflexão séria parece desperdiçada, ao menos num espaço amplamente público, que merece melhor destino.

Teria sido interessante estudar escrupulosamente as chamadas metáforas científicas, o seu papel, o seu estatuto, os seus efeitos nos discursos incriminados. Não somente nos "franceses"! E não somente nesses franceses. Isso exigiria que lêssemos seriamente, em sua estratégia e arranjo teóricos, um sem-número de discursos difíceis. Isso não foi feito.

Quanto a meu modesto "caso", ele é ainda mais burlesco, para não dizer extravagante. No início da impostura, nos Estados Unidos, depois do envio do embuste de Sokal para a revista "Social Text", eu fui, a princípio, um dos alvos preferidos, em particular nos jornais (eu teria muito a dizer sobre tal assunto). Pois era preciso, a todo custo, fazer o possível para desacreditar de imediato o "crédito", julgado exorbitante e embaraçoso, de um professor estrangeiro. Ora, toda a operação repousava, então, sobre algumas palavras de uma resposta improvisada num colóquio ocorrido há mais de 30 anos, em 1966, no curso da qual eu retomava os termos de uma

[285] Publicado no Le Monde e na Folha de São Paulo de 19 de abril de 1998.

[286] Jacques Derrida, recentemente falecido, fora filósofo e diretor da Escola de Altos Estudos em Ciências Sociais (Paris). Autor de "Espectros de Marx" (Relume-Dumará) e "Gramatologia" (Perspectiva). Tradução para a Folha: José Marcos Macedo, corrigida por Alan Sokal.

pergunta de Jean Hyppolite. Nada mais, absolutamente nada! Além disso, a minha resposta não era facilmente atacável.

Inúmeros cientistas chamaram a atenção para a farsa em publicações acessíveis nos Estados Unidos, como Sokal e Bricmont parecem reconhecer hoje – e com que contorções! – em seu livro destinado ao público francês. Fosse aquela curta observação discutível – o que eu facilmente aceitaria considerar –, ainda assim teria sido preciso demonstrá-la e discutir as suas conseqüências em meu discurso. Isso não foi feito.

Eu sou sempre econômico e prudente no uso da referência científica, e mais de uma vez tratei desse problema. Explicitamente. As várias passagens em que falo, de fato, e precisamente, sobre o "indecidível" e mesmo sobre o teorema de Gõdel não foram localizadas nem visitadas pelos censores. Tudo faz pensar que eles não leram o que era preciso ler para tomar pé das dificuldades. Sem dúvida, eles não foram capazes. Em todo caso, não o fizeram.

Uma das falsificações que mais me surpreenderam foi dizer que, hoje, eles nunca tiveram nada contra mim ("Libération", de 19/10/97: "Fleury e Limet nos reprovam um ataque injusto contra Derrida. Ora, tal ataque inexiste"). Agora, eles me relacionam precipitadamente na lista dos autores poupados ("Pensadores célebres como Althusser, Barthes, Derrida e Foucault encontram-se essencialmente ausentes de nosso livro"). Ora, esse artigo do "Libération" traduz um artigo do "Times Literary Supplement", no qual meu nome (e apenas ele) havia sido oportunamente excluído da mesma lista. Aliás, é a única diferença entre as duas versões. Sokal e Bricmont acrescentaram o meu nome na França, no último momento, à lista dos filósofos honoráveis, a fim de responder a objeções embaraçosas: tudo como manda o figurino do contexto e da tática! E do oportunismo! Esses indivíduos não são sérios.

Quanto ao "relativismo" que, dizem, os inquietava – no rigoroso sentido filosófico da palavra –, não há traço dele em minha obra. Nem de uma crítica da razão e das Luzes. Antes pelo contrário. O que eu levo mais a sério, em contrapartida, é o contexto mais amplo – americano e político –, que não posso abordar aqui, no interior desses limites; e, precisamente, os problemas teóricos foram também pifiamente abordados.

Tais debates têm uma história complexa: bibliotecas de trabalhos epistemológicos! Antes de opor os "eruditos" aos outros, eles dividem o próprio campo científico. E o do pensamento filosófico. Embora por vezes me divirta, levo a sério os sintomas de uma campanha, ou mesmo de uma caça, em que os cavaleiros maltreinados certas vezes têm dificuldades de identificar a presa. E, antes de tudo, o próprio terreno.

Qual é o interesse daqueles que lançaram essa operação num certo mundo universitário e, muitas vezes perto dele, em livros ou na imprensa?

Um semanário publicou duas imagens minhas (foto e caricatura) para ilustrar todo um "dossiê" em que meu nome não figurava uma única vez! Isto é sério? É honesto? Quem tinha interesse em se precipitar sobre uma farsa, em vez de participar do trabalho de que ela tristemente tomou o lugar? Iniciado há tempos, esse trabalho prosseguirá em outro lugar e de outro modo – é o que espero – com toda a dignidade: à altura do que se acha em jogo.

Uma Crítica sem Fundamento[287]

Alan Sokal e Jean Bricmont[288]

Não é necessário responder às críticas de Jacques Derrida sobre nosso livro –"Imposturas Intelectuais" –, pois ele de modo algum as formula em seu artigo. Ele se contenta em nos lançar ao rosto expressões pejorativas – "oportunidade de uma reflexão séria desperdiçada", "não são sérios", "cavaleiros mal-treinados", "censores" –, sem apontar um único erro em nosso livro ou criticar uma única de nossas análises. Aliás, desde a publicação do livro, assistimos à repetição do mesmo cenário: nossos detratores não formulam nenhuma crítica concreta; eles admitem implicitamente que aquilo que dizemos é verdadeiro, mas explicam que, por várias razões, não fica bem dizê-lo.

Uma vez que Jacques Derrida consagra a maior parte de seu artigo a defender-se contra um ataque que, de nossa parte, inexiste, talvez valha a pena esclarecer a relação (tênue) que existe entre ele e nosso livro. Uma antiga observação de Derrida a propósito da relatividade de Einstein é, de fato, citada na paródia de Sokal. Ora, o objetivo dessa paródia era, entre outros, zombar do tipo de discurso, muito freqüente no pós-modernismo norte-americano, que consiste em citar as obras de "mestres" como se substituíssem o argumento racional. Como os textos de Derrida e de Lacan, assim como os enunciados mais subjetivistas de Bohr e de Heisenberg sobre a interpretação da mecânica quântica, fazem parte das referências preferidas dessa microcultura, eles são um Cavalo de Tróia ideal para penetrar em sua cidadela.

Mas nosso livro, ao contrário da paródia, possui um alvo rigidamente limitado: o abuso sistemático de conceitos e de termos provenientes das

[287] Publicado no Le Monde e na Folha de São Paulo em 19 de abril de 1998.

[288] *Alan Sokal é professor de física na Universidade Nova Iorque, Jean Bricmont é professor de física teórica na Universidade de Louvain (Bélgica).* Tradução para Folha: José Marcos Macedo, corrigida por Alan Sokal.

ciências físico-matemáticas. Jacques Derrida não entra nessa categoria. Dizemos na introdução: "Embora o texto de Derrida citado na paródia de Sokal seja bastante divertido, ele parece isolado em sua obra; não incluímos, assim, um capítulo sobre Derrida neste livro". De resto, previnimos o leitor contra o "amálgama entre os procedimentos, muito diversos, dos autores" que discutimos; isso vale, *a fortiori*, para os autores que não discutimos, tais como Derrida. Ele tem razão, portanto, de se queixar quando a mídia, ao resenhar nosso livro, acrescenta às vezes a sua foto; mas a crítica deve ser dirigida aos jornalistas, e não a nós, que fomos os mais claros possíveis.

Estamos de acordo tanto para deplorar os amálgamas de que Derrida foi vítima quanto para deplorar os amálgamas que foram feitos entre a nossa crítica, que se atém à clareza e ao rigor – qualidades que não têm nenhuma coloração política –, e as correntes politicamente reacionárias, às quais somos totalmente estranhos e, de fato, firmemente opostos. Criticar a invocação abusiva do axioma da escolha não é a mesma coisa que atacar a segurança social.

Derrida nos faz somente uma crítica concreta: ele aponta algumas diferenças – e uma que lhe diz respeito – entre os artigos que publicamos no "Libération" (18-19/10/97) e no "Times Literary Supplement" (17/10/97). Ele conclui que se trata de um "oportunismo" desonesto: dizer uma coisa aos franceses e uma outra aos ingleses. Infelizmente, a verdade é bem mais banal. No "Libération", nós escrevemos: "Não criticamos de forma alguma toda a filosofia francesa contemporânea, mas só abordamos os abusos dos conceitos de física e de matemática. Pensadores célebres como Althusser, Barthes, Derrida e Foucault são esencialmente ausentes de nosso livro". Mas o editor do "Times Literary Supplement" nos pediu para formular essa última frase de forma afirmativa; nós a modificamos, então, para: "Pensadores célebres como Althusser, Barthes e Foucault (...) aparecem em nosso livro exclusivamente num papel menor, como admiradores dos textos que nós criticamos". Se omitimos Derrida nessa última lista, é pelo fato de que ele não aparece em nosso livro, nem sequer nesse papel menor! Notemos, de passagem, que a lista dos "excluídos" poderia ser muito mais longa: Sartre, Ricoeur, Lévinas, Canguilhem, Cavaillès, Granger e inúmeros outros se encontram totalmente ausentes de nosso livro. Nós atacamos uma forma de argumentação (ou de intimidação) que abusa de conceitos científicos, e não principalmente uma forma de pensamento.

Para terminar, repitamos pela enésima vez que absolutamente não nos opomos ao simples uso de metáforas, como parece crer Max Dorra, de quem o "Le Monde" publicou simultaneamente o ponto de vista. Não censuramos ninguém por utilizar termos correntes como "rio" ou "caverna" e nem mesmo termos que têm sentidos múltiplos, como "energia" ou "caos". Criticamos o uso de termos estritamente técnicos, como "conjunto compacto" ou "hipótese do contínuo", fora de seus contextos e sem a explicação de sua pertinência. Após tê-lo sublinhado tantas vezes – no livro e nos inúmeros debates que se seguiram –, é triste ver nossos detratores repetirem as mesmas trivialidades sobre o "direito à metáfora", sem se darem o trabalho de defender um único dos textos que nós criticamos.

Quinze Minutos de Notoriedade[289]

Bento Prado Jr.[290]

"Realismo", "idealismo" etc., já são, de antemão, nomes metafísicos. Isto é, indicam que seus partidários acreditam poder declarar algo determinado sobre a essência do mundo.
Na filosofia não podemos cortar uma doença do pensamento. Esta tem de seguir o seu curso natural, e a cura lenta é o mais importante (Eis por que os matemáticos são tão maus filósofos).

Wittgenstein

O panfleto de A. Sokal e J. Bricmont é escrito com fluência e não lhe falta graça (embora amiúde involuntária), para quem simpatiza com o estilo agressivo e iconoclasta, inevitável na prática da crítica da cultura. Ao contrário das pessoas, que são objeto de respeito por definição, os estilos culturais transformam-se em fetiches quando protegidos pela aura do respeito. Deixemo-nos levar, portanto, pelo verdor da verve juvenil e alegre (falo aqui apenas do estilo, já que ignoro a idade dos professores das universidades de Nova Iorque e de Louvain), que torna tão fácil a leitura deste pequeno livro, mesmo para aqueles que ainda não abandonaram os bancos escolares.

Tudo começou (este livro é o último episódio de um espetacular escândalo intelectual, que ferveu na mídia internacional: "New York Times" , "Le Monde" etc.) com um formidável passa-moleque aplicado com muito senso de oportunidade por Sokal a uma respeitável revista americana de "cultural studies", "Social Text". Sob um título perfeitamente cômico ("Transgredir as Fronteiras: Em Direção de uma Hermenêutica

[289] Publicado na Folha de São Paulo em 9 de maio de 1998.

[290] Bento Prado Jr. é professor de filosofia da Universidade Federal de São Carlos e autor, entre outros, de "Alguns Ensaios" (Max Limonad).

Transformativa da Gravitação Quântica"), que já de si implica em vários contra-sensos, publicou um ensaio em que parodia o estilo do pensamento "pós-moderno", de origem francesa, que teve mais eco nos "campi" norte-americanos do que no resto do mundo, produzindo intencionalmente um enxurrilho de sandices, onde os conceitos da física, da matemática e da lógica são sistemática e literalmente massacrados.

O mistério de como um texto visivelmente nulo foi aceito para publicação por uma boa revista (qualidade reconhecida por Sokal, isto é, pelo próprio autor do embuste que a expôs ao ridículo) permanece inteiro, a despeito das múltiplas declarações posteriores das partes em litígio, e não seria sensato tentar deslindá-lo aqui (1). O que nos interessa é tentar compreender o sentido e o alvo dessa impostura, a partir do que é exposto em "Imposturas Intelectuais" (2).

Qual o alvo visado pela paródia desmoralizadora? Sokal e Bricmont o definem como a "nebulosa pós-moderna". E é preciso reconhecer que essa empresa não é destituída de interesse (senão para a filosofia, pelo menos para a sociologia da cultura e das instituições pedagógicas). É impossível não reconhecer, na filosofia (e em seus efeitos nas ciências humanas) dos últimos 30 anos, a presença mais ou menos ubíqua de uma retórica sibilina e desconcertante. De fato, a incontornável obliqüidade da linguagem filosófica (alusiva por essência) é elemento propício à proliferação da desenvoltura, do tom "grand seigneur" que se permite liberdade sem limite na manipulação de conceitos científicos, sem qualquer respeito pelas condições de seu uso preciso ou pela sua mera significação. O ridículo é freqüente, e a antologia levantada pelos dois autores poderia ser muito ampliada. O estilo da "dissertation française" (3) não é imune à diluição retórico-literária, como se vê na narrativa de Lévi-Strauss (em "Tristes Trópicos") da ruptura do jovem "agregé" de filosofia com o blablablá de sua disciplina de formação e sua conversão à pesquisa empírica na antropologia.

Isto dito, vejamos como é definido esse alvo. Se a expressão "nebulosa pós-moderna" é um bom achado literário e promete efeitos cognitivos, o alvo é definido, ele mesmo, de maneira muito nebulosa: trata-se da nebulosa "pós-estruturalista" ou "desconstrucionista" (A. Bloom era mais preciso, falando de pensamento parisiense "pós-sartreano"). Mas a névoa é ainda mais espessa, já que inclui quase toda epistemologia e mesmo a filosofia de língua inglesa – o pobre Quine arca com a responsabilidade de desligar a ciência do real e insulá-la numa esfera puramente lingüística ou simbólica, abrindo curso à vaga do relativismo e do irracionalismo. Descobrimos que Quine é desconstrucionista. Com ele, entram na baila nebulosa, também, Merleau-Ponty e Bergson (um Bergson pós-moderno? só se for verdadeira a perspectiva pós-moderna que suprime a história).

Tudo isso culminando – como numa seqüência lógica – no abuso feminista de conceitos físicos para amparar uma teoria da diferença sexual que ataca o "falogocentrismo" de uma perspectiva emancipatória. Assim alinhados (4), os textos criticados (convenhamos, de natureza diferente e importância desigual) compõem uma espécie de "samba do crioulo doido". Mas o que é mais cômico? A pergunta de L. Irigaray: "A equação $E = Mc^2$ é uma equação sexuada?". Ou essa arqueologia da Desrazão que explica o delírio epistemológico-cosmológico de um certo feminismo a partir dos "equívocos" lógico-semânticos de Quine? Aparentemente, de fato, há crise da Razão.

É o que se pode ver no momento mais sério e original (mas o mais fraco) do livro, isto é, o "intermezzo" filosófico do capítulo três, em que os autores exprimem sua '"filosofia da ciência", em contraposição ao que consideram o "relativismo" hegemônico na epistemologia. Pontuado pela evocação elegíaca do "racionalismo moderno" (que não seria nem elementarmente empirista, nem arrogantemente racionalista, mas algo de intermédio, próximo do bom-senso comum) ou do espírito da "Aufklãrung", esse novo programa insiste em que o conhecimento científico deve, ao mesmo tempo, ter estrutura lógica e base empírica. Quem jamais disse o contrário? Nem Feyerabend.

O empirismo puro e bruto não poderia servir para quem pensa em física teórica, é claro. Mas Sokal e Bricmont nada podem conceder ao lado contrário, que insiste na construção lógica da teoria científica, já que os levaria, contra-vontade, na direção da melhor epistemologia. Daí recorrerem à transição "razoável" do conhecimento comum ao conhecimento científico: a ciência corta com o senso comum, mas não completamente. Mas brecando a tempo, pois nessa direção chegariam a uma perspectiva pragmatista, também suspeita de subjetivismo. A fórmula seria: um bom e saudável pragmatismo sem filosofia pragmatista, ciência sem pensamento. E, sobretudo, sem compromisso com a filosofia da lógica, que poderia nos afastar do mundo real com meros "jogos de linguagem" (curiosamente, os inimigos da retórica francesa são, pelas mesmas razões, inimigos da filosofia analítica de língua inglesa).

Menos original (já que no início do século muita asneira foi dita no mesmo sentido) é o capítulo 11 que consagram a "um olhar sobre a história das relações entre ciência e filosofia: Bergson e seus sucessores". O que os autores não revelam (não sabem?) é que Bergson reconheceu que seus argumentos técnicos, contra a interpretação filosófica que Einstein deu à teoria da relatividade, estavam literalmente errados (5). E proibiu, em conseqüência, no início da década de 30, a republicação de " Duração e Simultaneidade". Falar, portanto, de um erro tenaz que se perpetua é simplesmente contraverdade ou falsificação. Seria este caso, penso, pelo contrário, um exemplo de boa relação entre filosofia e ciência, ao contrário do que dizem os autores. Que, aliás, desencaminhados por seus informantes, não leram as melhores páginas que Merleau-Ponty consagrou à questão Bergson-Einstein. Deveriam ler os ensaios "Bergson Se Fazendo" e "Einstein e a Crise da Razão". Aí poderiam ver que a questão, de que tratam Bergson e Merleau-Ponty, não é apenas a do mau uso da ciência pelos filósofos (embora tratem também e bem desse assunto), mas sobretudo do mau uso da filosofia pelos cientistas. Ou, pelo menos, de um certo dogmatismo que, por exemplo, leva Einstein a dizer: "Não há, portanto, um tempo dos filósofos" (6).

Numa palavra, este livro põe em ridículo, muitas vezes com razão, um uso obscuro da linguagem por parte de filósofos. De fato, águas turvas podem dar ilusão de profundidade. No caso deste livro, ao contrário, as águas claras não escondem seu fundo raso. Os autores queriam jogar um paralelepípedo no ventilador e acabaram botando fogo num rojão que deu chabu. Mas ganharam os 15 minutos de notoriedade que a sociedade do espetáculo garante democraticamente a todo mundo. No que confirmam o velho Hegel (que relegaram ao inferno do "irracionalismo") que identificava, no coração da dialética da "Aufklãrung" a luta mortal pelo reconhecimento ou pelo puro prestígio. Ou o próprio Nietszche – nome polêmico neste contexto – que elaborou uma fina fenomenologia do ressentimento.

Notas

1. Mas é razoável pensar que o "prestígio da física no mundo contemporâneo" que os autores sublinham em seu panfleto não foi indiferente ao êxito do embuste. Prova de que não basta querer assumir uma postura de crítica face à cultura e à sociedade contemporâneas para se livrar de todas as formas de fetichismo.
2. Não sei se Sokal qualificaria sua própria artimanha para enganar os editores de "Social Text" de impostura intelectual. O dicionário Aurélio assim define a palavra "impostura": "1. artifício para iludir... 2. fingimento... 3. vaidade ou presunção extrema; falsa superioridade... etc.".
3. Pois é bem disso que se trata: o alvo dos autores é a filosofia francesa que, segundo eles, veio a corromper o bom funcionamento das universidades americanas na área das humanidades: eles não deixam de brincar com a fácil transição de "haute culture" ("alta cultura") para "haute couture" ("alta costura"). No fundo, as "humanidades" entendidas como frivolidade e luxo desnecessário, fustigadas por um espírito frugalmente puritano e pragmático.Trata-se de uma estratégia de defesa de território que não é nova. Já em 1987 Allan Bloom escrevia em seu "The Closing of American Mind": "A literatura comparada caiu amplamente nas mãos de um grupo de professores que foram influenciados pela geração pós-sartreana dos heideggarianos parisienses, em particular Derrida, Foucault e Barthes. Esta escola é chamada de desconstrucionismo e é o último, previsível, estágio da supressão da razão e da negação da possibilidade da verdade em nome da filosofia". A tese é a mesma, embora enunciada de uma perspectiva liberal-conservadora, numa atmosfera "high brow", enquanto a de Sokal e de Bricmont, que são de esquerda (o primeiro, com estadia militante na universidade da Nicarágua sandinista),

soa um pouco "red neck" uma espécie de estilo *monsieur* Homais das montanhas rochosas.

4. Na verdade, os autores não são os únicos responsáveis pelo estabelecimento desse "corpus" estapafúrdio. Na abertura do livro, citam 64 nomes de intelectuais que os auxiliaram na compilação do "corpus" de referência. Nesse "corpus", onde Hegel está presente, notamos a ausência inexplicável de Kant. Referência indispensável para quem ataca a idéia de que a ciência não nos dá acesso às coisas em si.
5. Bergson jamais criticou, é claro, a teoria enquanto tal.
6. Que seguramente não é uma tese propriamente científica. Mas não faltava, certamente, espírito filosófico a Einstein, que via problemas onde nossos autores só vêm evidências. Penso no Einstein que dizia (contra uma epistemologia ingenuamente realista): "O incompreensível é que o mundo seja compreensível".

Imposturas e fantasias[291]

Alan Sokal e Jean Bricmont[292]

Já nos habituamos a ver nosso livro "Impostures Intellectuelles" ser debatido por pessoas que não o leram. Porém, é surpreendente que alguém que obviamente leu nosso livro – um professor de filosofia, aliás – possa ter escrito uma longa resenha, em um jornal sério, na qual ignora quase tudo o que escrevemos no livro e ainda nos atribui coisas que não escrevemos (Jornal de Resenhas, nº 38, 9/5/98, p. 10).

Nosso livro surgiu a partir da peça pregada por um de nós, que publicou, na revista americana de estudos culturais "Social Text", uma paródia repleta de citações sem sentido, mas infelizmente autênticas, a respeito da física e da matemática, extraídas de obras de eminentes intelectuais franceses e americanos. No entanto, apenas uma pequena parte do dossiê descoberto durante a pesquisa bibliográfica de Sokal pôde ser incluída na paródia. Após mostrar esse longo dossiê a amigos, cientistas ou não, fomos (lentamente) nos convencendo de que poderia valer a pena torná-lo acessível a um público mais amplo. Desejávamos explicar, em termos não-técnicos, por que as passagens citadas são absurdas ou, em muitos casos, simplesmente carentes de sentido; e também desejávamos discutir as circunstâncias culturais que permitiram a esses discursos adquirir tamanho renome e permanecer, até então, sem exame. Um segundo alvo de nosso livro é o relativismo cognitivo, a saber, a idéia de que as asserções fatuais – sejam elas mitos tradicionais ou teorias científicas modernas – podem ser consideradas verdadeiras ou falsas apenas "em relação a uma cultura particular".

---

[291] Publicado na Folha de São Paulo em 13 de junho de 1998.

[292] *Alan Sokal é professor de física na Universidade Nova York, Jean Bricmont é professor de física teórica na Universidade de Louvain (Bélgica).* Tradução para Folha: Caetano Plastino.

Como Bento Prado Jr. reage a este livro? Deixemos de lado os epítetos pejorativos: "panfleto", "ressentimento", "red neck", "estilo monsieur Homais", "15 minutos de notoriedade". É óbvio que ele não gosta de nosso livro, mas honestamente não compreendemos por quê. Ele admite nossa tese principal: "Este livro põe em ridículo, muitas vezes com razão, um uso obscuro da linguagem" por parte de famosos filósofos-literatos franceses (Lacan, Kristeva, Baudrillard, Deleuze e outros). Ele não procura defender nenhum dos textos que criticamos, e ainda acrescenta que "a antologia levantada pelos dois autores poderia ser muito ampliada". Muito bom.

Quais são então as suas críticas?

Ele se queixa de nosso alvo – "a nebulosa pós-moderna" – ser "definido, ele mesmo, de maneira muito nebulosa: trata-se da nebulosa 'pós-estruturalista' ou 'desconstrucionista'". Mas essa "definição" é invenção do próprio Prado; ademais, ele suprime a definição dada no primeiro parágrafo de nosso livro: "Uma corrente intelectual caracterizada pela rejeição mais ou menos explícita da tradição racionalista do Iluminismo, por elaborações teóricas independentes de qualquer teste empírico, e por um relativismo cognitivo e cultural que trata as ciências como 'narrativas' ou construções sociais como quaisquer outras".

Prado afirma, sem apresentar a mínima evidência, que nosso alvo pós-moderno "inclui quase toda a epistemologia e mesmo a filosofia de língua inglesa". Ele nos atribui a idéia de que "o pobre Quine arca com a responsabilidade de desligar a ciência do real (...). Descobrimos que Quine é desconstrucionista". Sejamos sérios! Quine figura apenas uma vez em nosso livro (p. 65-66), em que apoiamos sua asserção de que os enunciados científicos não podem ser testados individualmente, mas criticamos as formulações mais extremas dessa tese.

Prado chega a nos atribuir uma "arqueologia da Desrazão que explica o delírio epistemológico-cosmológico de um certo feminismo a partir dos 'equívocos' lógico-semânticos de Quine". Mas isso é pura invenção, sem nenhuma base em nosso livro. Nosso capítulo filosófico não menciona o feminismo e nosso capítulo sobre Irigaray não menciona Quine.

Prado afirma que relegamos Hegel "ao inferno do 'irracionalismo'". Mas Hegel é mencionado só em duas breves passagens de nosso livro (p. 16-17, 146) e somente a propósito de seus escritos sobre o cálculo diferencial e integral – erros que foram repetidos 150 anos depois, por Deleuze. Não tomamos nenhuma posição a respeito da filosofia de Hegel.

Prado zomba de termos supostamente considerado Bergson um pós-modernista. De fato, escrevemos (p. 166): "Obviamente, Bergson não é um autor pós-moderno. (...) Há certamente uma seriedade em Bergson que contrasta nitidamente com a desenvoltura e o caráter 'blasé' dos pós-modernos". Por uma razão diferente, incluímos um capítulo sobre os mal-entendidos de Bergson e seus sucessores (Jankélévitch, Merleau-Ponty e Deleuze) a respeito da relatividade: porque os consideramos um exemplo que ilustra a "trágica ausência de comunicação entre os cientistas e certos filósofos (e não os menores)" (p. 168) – uma situação que persiste ainda hoje, a julgar pelos próprios mal-entendidos do professor Prado.

Ele afirma que "Bergson jamais criticou, é claro, a teoria (da relatividade) enquanto tal" e que "Bergson reconheceu que seus argumentos teóricos (...) estavam literalmente errados". Ambas as asserções são falsas. Como mostramos (p. 175-176), Bergson fez uma predição empírica a respeito do comportamento de relógios em movimento que é diferente da predição da teoria da relatividade (talvez ele não tivesse percebido que sua predição contradiz a relatividade, mas essa é uma outra questão; na verdade, um de nossos objetivos é refutar a opinião difundida de que Bergson não criticou a relatividade, mas apenas sua interpretação).

E embora Bergson não tenha publicado "Durée et Simultanéité" (Duração e Simultaneidade) após 1931, ele repetiu as mesmas idéias em "La Pensée et le Mouvant" (O Pensamento e o Movente), de 1934, e, pelo que sabemos, nunca as negou e muito menos explicou o que havia de errado com elas. Mas, se o tivesse feito, isso apenas reforçaria nossa questão principal, que não concerne a Bergson, mas a seus sucessores: por que eles repetiram os mesmos erros décadas depois de terem sido corrigidos, paciente e pedagogicamente, por numerosos físicos?

Prado conclui dizendo-nos condescendentemente que, "desencaminhados por seus informantes, (Sokal e Bricmont) não leram as melhores páginas que Merleau-Ponty consagrou à questão Bergson-Einstein. Deveriam ler os ensaios 'Bergson Se Fazendo' e 'Einstein e a Crise da Razão'". Perguntamo-nos como Prado pode estar tão seguro acerca do que temos e do que não temos lido. Não apenas conhecemos esses ensaios (que contêm graves mal-entendidos sobre a relatividade), como criticamos explicitamente um deles em nosso livro (ver nota 232, p. 180-181).

Cabe notar que as confusões de Merleau-Ponty sobre a relatividade são sistemáticas: repetem-se em suas conferências no final dos anos 50 no Collège de France, conforme examinamos (p. 179-181). Essas mesmas confusões reaparecem no livro "Le Bergsonisme" (1968), de Deleuze.

Consideremos, finalmente, o capítulo de nosso livro dedicado à filosofia da ciência: trata-se de um esforço pedagógico para esclarecer os fundamentos conceituais do conhecimento científico e, em particular, para desfazer algumas confusões comuns a respeito de questões como a impregnação teórica da observação, a subdeterminação das teorias pelos dados e a suposta incomensurabilidade entre paradigmas. Em particular, examinamos algumas ambigüidades nos escritos de Kuhn e Feyerabend e criticamos a corrente "construtivista social" radical da sociologia da ciência (Barnes, Bloor, Latour).

Não pretendemos que essas idéias sejam novas; de fato, elas se enquadram no "mainstream" da filosofia analítica contemporânea da ciência. Nossa principal preocupação é, antes, desfazer os mal-entendidos que têm proliferado dentro de muitos domínios das ciências sociais e que têm conduzido, pelo descuido de pensamento e linguagem, a um relativismo cognitivo radical.

Estamos cientes de que essas questões filosóficas são sutis e ficaremos contentes se nossas idéias forem submetidas a uma crítica vigorosa. Infelizmente, os comentários de Prado pouco contribuem para esse debate, ao refletirem uma compreensão confusa daquilo que escrevemos. Prado afirma que consideramos que o relativismo é "hegemônico na epistemologia", mas nós não dissemos nada disso. Muito pelo contrário, o relativismo é uma tendência minoritária dentro da filosofia analítica, mas se tem tornado dominante em certos setores das ciências humanas, mais como um vago "Zeitgeist" ("espírito do tempo") do que como uma doutrina filosófica coerente.

Prado distorce nossas idéias sobre a relação entre conhecimento científico e conhecimento ordinário, ao desconsiderar nossa distinção entre metodologia e conteúdo. Insistimos na continuidade entre o "método científico" e a atitude racional cotidiana, mas salientamos que os resultados científicos "amiúde entram em conflito com o senso comum" (p. 57).

Em suma, estamos perplexos diante da reação a nosso livro. Quando inicialmente tomamos contato com os textos de Lacan, Deleuze e outros, ficamos chocados com seus abusos grosseiros, mas não sabíamos se valeria a pena gastar tempo para revelá-los. Esses autores ainda são levados a sério? Foram pessoas das ciências humanas que nos convenceram de que poderia valer a pena. Assim, esperávamos dar uma pequena contribuição a esses campos, acrescentando mais uma voz contra o aviltamento do pensamento pela proliferação de um jargão inútil e pretensioso.

Sabíamos, é claro, que seríamos duramente atacados pelos nossos alvos e seus discípulos. Mas uma coisa que não previamos era a hostilidade agressiva de algumas pessoas que não são, pelo visto, fãs dos autores criticados. Talvez nosso livro tenha estimulado "uma estratégia de defesa de território" por parte de pessoas que, como Prado, erroneamente o tomaram como um lance numa disputa territorial. Mas não escrevemos este livro para defender as ciências naturais das ameaças do pós-modernismo e do relativismo; esse perigo é quase inexistente. Também não se trata de um ataque à filosofia ou às ciências humanas em geral; muito pelo contrário, é um modesto esforço para apoiar nossos colegas nesses campos, que há tempos denunciam os efeitos perniciosos do jargão obscurantista e do relativismo visceral. As reações corporativistas contra nosso livro estão, pois, fora de lugar.

Obviamente, Prado e muitos outros não gostam de nosso livro. Mas por que razão? Sua crítica baseia-se inteiramente em suas próprias fantasias, não em uma leitura honesta daquilo que escrevemos. Uma vez eliminadas essas fantasias, seu artigo não contém um único argumento racional contra nossas teses. Talvez uma modesta manifestação de racionalismo provoque profundas reações irracionalistas.

A d e n d o

DO USO E DO DISCURSO *IN DIGESTO*

I. Anexos Conexos – Norma e Discurso, Sistema e Linguagem (Ricardo Aronne)

O capítulo em adendo, que ora se abre, passa a integrar esta obra como um anexo importante, partido em três momentos para os quais este serve de intróito. Trata-se de um conjunto de três textos da Profa. Me. Dra. Clarice Sönghen, vertendo sobre a questão do discurso e a articulação hermenêutica do sistema. Resulta em um tríptico em formato de quarteto. São temáticas centrais, naquilo que se inscreve em uma *signologia*, na epistemologia transparadigmática do Prismas, nosso Grupo de Pesquisa em Direito Civil-Constitucional, útero das linhas das quais se extraem os estudos ora vertidos.

Clarice Sönhgen é uma pesquisadora-líder do Prismas (CNPq/PUCRS), onde atua em diversos setores do conhecimento, transdisciplinarmente. É docente dos programas da Faculdade de Direito e da Faculdade de Letras, onde figura como produtiva cientista. Tem trabalhos defendidos em diversas instituições: da Universidade de Tókio a universidades dos quatro cantos do continente europeu. Encabeça o programa *Novum Organum*.

A linguagem e o discurso, como claramente denunciam os textos precedentes, possuem um papel fundamental na construção do Direito, ubicando uma hermenêutica emancipatória do sujeito e do método, como a dança envolve o dançarino em um rodopio crítico, tópico, sistemático, complexo e caótico.

É na moldura da linguagem, que resultam impressos os tons multiprismáticos dos valores, através do discurso que o intérprete ordena, em graus variáveis e variantes de comunicação. Plural. Sistemática. Complexa. Não-linear. Fractal. Como a vida. Sensível às condições iniciais. Caótica.

Os primeiros textos têm natureza doutrinária-semiológica, com a seminalidade natural dos fecundos textos do Prismas. O último dos três é uma resenha metodológica da epistemologia perelmaniana, como elemento introdutório à respectiva retórica. Marcado pela natureza crítica da autora, qualificada por seu rigor, acaba por retomar como fio-condutor do texto, àquele elemento motivador dos dois antecedentes: a crítica ao paradigma da modernidade e da modernidade tardia.

Na medida em que o tema desta obra guarda convexidade, por certo atrai as discussões que se lhe orbitam com naturalidade. É o caso da Teoria do Discurso, campo de amplo domínio daquela que foi convidada a trazer este insular ponto de continental importância.

O discurso pode se exteriorizar, basicamente, mediante três *formas signológicas* distintas, como elemento de comunicação. Os três com ética e estética própria. Três gêneros que se compartimentam em múltiplas espécies. Com ganhos em concreticidade axiomática e perdas em complexidade axiológica. As matemáticas, as linguagens (no sentido lingüístico) e as artes. A pós-modernidade, mormente em Foucault, mas em diversas outras matrizes, já demonstrou dever-se dialogar com todas estas linguagens.

Daí também a escolha do nome dado a esta reunião, em forma de adendo, com papel de anexo. Uma metodologia alinhada à pragmática é repositora da coerência da própria condição do método, o qual, por inadvertidamente qual a liquidez da pós-modernidade, se faz plural para atingir uma metacondição, necessariamente intersubjetiva, de rigor. Torna-se o método do método. A partir daí dialoga, para além de sua transdisplinar condição, na esfera da Filosofia da Ciência.

Os textos que seguem dizem respeito a este diálogo. São matrizes para tanto. Em nossas próprias matrizes. São, pois, raízes. Como reunião dogmática, na forma de um pequeno Digesto. Em seu conteúdo, para as matrizes tradicionais, um material de grande teor indigesto.

Os textos que seguem são fundamentais. Referidos em diversos dos ensaios que forjaram o livro que ora se dá a ler. Devem estar disponíveis desde logo a todos os pesquisadores. Assim, aqui estão. Alinhados sem encaixe. Para desalinho. Não meu. Sequer dos meus.

Uma nova matriz, sem uma nova Matrix. Sem o comprimido vermelho, mantendo as bifurcações. Um sonho da humanidade, (...) ao despertar.

II. Epistemologia e metodologia científica: uma perspectiva pluralista (Clarice Costa Sönhgen)

Considerações iniciais

Na história das ciências, a revolução científica do século XVI, provocada pelas descobertas de Copérnico, Galileu e Newton, iniciou uma nova ordem para a ciência. No entanto, no século XVIII, a transformação técnica e social realizada na história da humanidade já suscitava uma reflexão sobre os fundamentos da sociedade no que tange, principalmente, ao distanciamento entre o conhecimento oriundo do senso comum e o conhecimento científico, produzido por poucos e inacessível à maioria que, em última instância, pode ser traduzido pela investigação acerca da relação entre a teoria e a prática.

Nos últimos duzentos anos, houve a predominância da racionalidade cognitivo-instrumental da ciência e da tecnologia em detrimento de outras lógicas de racionalidade.[1] Ou seja, a ciência moderna adotou o modelo do sujeito epistêmico e rejeitou o sujeito empírico.[2] Isso resultou na separação entre o sujeito e o objeto de conhecimento.

Inobstante, nas últimas décadas, os avanços da microfísica, da astrofísica e da biologia *restituíram à natureza as propriedades de que a ciência moderna a expropriara.*[3] Como conseqüência, é possível afirmar que o objeto retorna recriado como a continuação do sujeito cientificamente autobiográfico.[4] Vivenciamos a expectativa de complementarmos o conhecimento com o nosso próprio conhecimento e, em última e atual instância, com o conhecimento de nós mesmos.

---

[1] Santos, Boaventura de Sousa. *A crítica da razão indolente: contra o desperdício da experiência*, v.1, p. 81.

[2] Esse entendimento pode ser ilustrado através da obra de Kant, E. *Crítica da razão pura*, na qual está a base em que foi construída a distinção dicotômica entre sujeito e objeto.

[3] Santos, Boaventura de Sousa. Op. cit., p. 83.

[4] Na obra *Discurso do método de Descartes*, é possível verificar o caráter autobiográfico da ciência.

Atualmente, questionamos os conceitos científicos, principalmente, a partir da inevitabilidade de uma razão pragmática para ciência que intervenha no real. Nesse sentido, necessitamos de uma reflexão epistemológica, inicialmente, interdisciplinar, que dialogue com muitos saberes. É possível perceber que o rigor científico extremado determina um distanciamento entre sujeito e objeto através de uma relação que interioriza o sujeito à custa da exteriorização do objeto.

Desse modo, a incomunicabilidade entre os muitos saberes limita qualitativamente as investigações científicas, pois a precisão quantitativa do conhecimento nasce estruturalmente limitada. Apesar disso, os fatos observados têm insistido em escapar às amarras a que a ciência os restringe, uma vez que, necessariamente, os objetos entrecruzam-se com aquilo que está determinado como seu *exterior*,[5] tornando-se menos reais que a própria relação.

Indubitavelmente, uma ruptura epistemológica parece ser necessária na ciência, envolvendo uma reflexão acerca da(s) metodologia(s) praticada(s) nas investigações científicas de um modo geral e, especialmente, no caso deste artigo, àquelas que são oriundas das ciências administrativas e econômicas.

Paradigma da heterogeneidade científica

Entendemos que desde a antiguidade, inclusive em Aristóteles, a ciência é persecutória da completude, ou seja, os pensadores clássicos mantiveram-se empenhados em estabelecer uma espécie de *universalização* das ciências[6] como garantia da própria cientificidade. Desse modo, o método científico visando esta totalidade também nasce comprometido com o isolamento do objeto através da exclusão de outros, além da exclusão do sujeito.

Diante dessa proposta minimalista para a teoria e prática científica, a ciência evoca domínios de investigação claramente definidos nos quais os cientistas aperfeiçoam métodos de análise e elaboram conhecimentos excludentes. Entretanto, ocorre que os diferentes estudos vêm evidenciando que os aspectos considerados externos inscrevem-se na ordem que seu apagamento procurou estabelecer.[7] Sendo assim, o paradigma vigente está

[5] A expressão *exterior* foi utilizada a fim de evidenciar a necessidade de serem ultrapassados os limites da imanência do objeto sem prejudicar a identidade dos saberes conexos.

[6] É importante enfatizar a pluralização do termo *ciências*, o que implica a busca de uma completude para cada saber científico de modo independente, paradoxalmente, comprometendo o acesso ao desejado universal.

[7] Os aspectos externos correspondem ao objeto e ao sujeito.

em crise, pois os elementos externos que não absorve, e os internos deslocados subvertem a ordem da ciência normal.[8]

Destarte, a concepção de um novo paradigma científico começa a surgir a partir dessa crise paradigmática. Se considerarmos a heterogeneidade como princípio fundamental para uma análise epistemológica, verificaremos a necessidade de uma pluralidade metodológica que nega o monismo vigente nas pesquisas científicas desta natureza. Para tanto, são relevantes a prática dos profissionais e o modo como estes têm concebido as diferentes propostas metodológicas.

A maior parte dos pesquisadores de diferentes áreas do conhecimento acaba defendendo as suas posições teóricas pelas predições que fazem. E isto, porque um valor bastante importante, retido na avaliação de cada teoria, é a sua capacidade de fazer predições. Deste modo, as teorias valem por aquilo que propõem e pela sua capacidade de não serem contrariadas pelos fatos. Estas regras mínimas acabam sendo compensadas por todo um sistema de enquadramento, de confirmação das hipóteses e do seu relacionamento lógico, de acordo com princípios mínimos que são aceitos e exigidos pela maior parte dos autores.

Nesse sentido, há o risco de os pesquisadores preocuparem-se, precipuamente, com a análise superficial dos fenômenos e a generalidade dotadas de uma base teórica externa. Diante desta postura, torna-se importante provar e defender as potencialidades de investigação das suas propostas teóricas.

Na realidade, o seu método deveria constituir um novo programa de investigação metodológica. Ou seja, os pesquisadores das ciências de um modo geral deveriam preocupar-se com os aspectos descritivos a que são conduzidos pela reconstrução lógica das explicações, assim como pelas posições dos vários programas de investigação possíveis. Além disso, avaliação racional e crítica do conteúdo metodológico deve ser feita, esclarecendo as limitações e as vantagens de cada projeto.

É importante enfatizar que não existe um único método que deva ser seguido por todos os investigadores. Do ponto de vista científico, não existe um método rigoroso de comparação de diferentes projetos de investigação, pois somente uma avaliação crítica e racional poderá motivar o progresso das pesquisas científicas.

---

[8] A teoria dos paradigmas de Thomas Kuhn entende que a ciência está sempre comprometida com a epistemologia defendida por uma comunidade científica. Nesse sentido, Kuhn afirma que um paradigma é aquilo que os membros de uma comunidade científica partilham. E, inversamente, uma comunidade científica consiste em homens que compartilham de um paradigma. Em um estado de ciência normal, o paradigma passa a ser repassado aos demais pesquisadores. Entretanto, quando a comunidade científica identifica objetos estranhos que não correspondem à expectativa do grupo, ocorre a crise paradigmática. Kuhn, Thomas. *A estrutura das revoluções científicas*, p. 219-224.

As teorias precisam explicar os fenômenos, assim como prever fenômenos e comportamentos. Além da contemplação, os estudos científicos devem ter a capacidade de fazer predições e avançar com conclusões que possam ser falsificáveis, pois eliminar a possibilidade de falsificação de uma teoria é reduzir a ciência a meras crenças.[9]

A racionalização de qualquer acontecimento dessa natureza apresenta um forte desafio ao ensino porque seus profissionais podem encontrar dificuldades para explicar a relação entre fatos, teorias e julgamentos de valor em face da realidade. Portanto, não devem ficar adstritos à sua experiência prática.

Práxis: teoria e prática

A partir de uma base antropológica integrada à construção do conhecimento, entendemos que teoria, prática e práxis são conceitos diferentes de um mesmo processo. E mais, teoria e abstração não se identificam por completo, sendo aquela um conceito de maior teor que esta, sendo esta um momento daquela.

Para chegarmos à unidade da teoria e a prática na práxis, é preciso aprofundar a *relação* e, conseqüentemente, a *identidade* e a *diferença* entre teoria e prática. É importante verificar onde pode acontecer a cisão e onde deve acontecer, igualmente, o encontro entre um e outro, em um momento em que esta unidade deve aparecer. Isso constitui o aparente paradoxo de uma questão eminentemente dialética.

Em todos os aspectos que investigarmos essa relação, é o homem quem deve estar no centro. O homem, com sua ação, sua presença e sua relação com o mundo. Uma presença que é uma ação sobre o mundo material e, conseqüentemente, sobre si mesmo. Só a ação do homem faz dele o próprio sujeito, duplamente entendido, sujeito de si e de sua ação individual e, em um estágio superior, sujeito do mundo.

A raiz do significado da ação do homem determina e esclarece o *significado cultural* que só o homem atribui à sua ação. Esta significativa ação do homem sobre o mundo não deixa de ser uma *ação prática*. Portanto, para falar em *teoria* é necessário focalizar o significado cultural – antropológico – básico da ação. No entanto, não podemos esquecer que esta relação implica uma dependência da *teoria* com referência à *prática*. Só a prática é fundamento da teoria ou seu pressuposto no sentido de que o homem não teoriza no vazio, fora da relação de transformação tanto da natureza, do mundo – cultural/social – como, conseqüentemente, de si mesmo.

---

[9] Popper, Karl R. *A lógica da pesquisa científica*. p. 1972.

Além disso, a teoria que não se enraíza nesse pressuposto não é teoria porque permanece no horizonte da *abstração*, da conjetura, porque não ascendeu ao nível da ação. Por conseguinte, não permitiu ao homem avançar em direção à práxis. Práxis entendida como o coroamento da relação teoria e prática e como questão eminentemente humana – consciente.

Quando dizemos que há uma mútua dependência entre o que o homem faz e sua inserção neste processo, aqui entra a questão da própria "definição" do homem como problematização. Nesse sentido, assim como o homem como ser não está acabado, ou seja, encontra-se em permanente estado de potência, e não ato puro "perfeito"[10] é no fazer que se faz constantemente, e nesta relação entre fazer e fazer-se ele cresce e se "define" como homem. Isso implica dizer: como ser da ação – práxis – da cultura e do discurso – da teoria, da "meditação" –, em um dinamismo sem precedentes, em uma definição aberta, *problemática* e não acabada.

Ao mesmo tempo em que a prática é o pressuposto básico ou o fundamento da teoria, ela não pode ser entendida separadamente da teoria. A tentativa de compreensão da prática apenas como prática, isto é, como prática pura, divorciada da teoria, pode nos comprometer com um certo acento demasiado da prática e distorcer o caráter de ação consciente e transformadora, impossibilitando-nos de passar da prática à práxis. Ou seja, impossibilitando-nos da síntese ou unidade.

Inobstante isso, a prioridade da prática não coloca a teoria como mero ornamento. Se há uma primazia da prática, ela não dispensa a teoria, assim como não dissolve a teoria na prática, assim como não podemos dissolver a prática na teoria.

Em relação à teoria, é necessário considerarmos outro aspecto importante: não é possível falar em teoria sem falar em *aspecto teórico da prática*.[11] Para fazer uma reflexão sobre seu ato, ou seja, para pensar a sua prática, o homem tem de abstrair. Mas este aspecto da abstração não deve nem desvincular a teoria da prática, nem menosprezar um dos pólos da relação.

Ao mesmo tempo em que teoria não é só abstração, tem de apresentar este lado abstrato. Nesse sentido, referimos ao aspecto teórico da prática. Este aspecto teórico possibilita ampliar o ato para o seu significado cultural e dá a esta relação teoria/prática certo caráter teleológico do ato humano.

Desse modo, a teoria mantém uma *autonomia relativa* em face da prática, pois se antecipa a ela e acaba influindo na prática em sua capaci-

---

[10] Essa diferença foi criada por Aristóteles. Cf. Sciacca, M. F. *História da filosofia*. p. 302-306.

[11] Pereira, Otaviano. *O que é teoria*. p. 75.

dade de modelar idealmente um processo. É o ato de poder projetar – *práxis*.

Nesse sentido, a separação entre teoria e prática não existe de modo absoluto. Trata-se de um reforço mental de compreensão. Mesmo quando falamos que a teoria precede a prática, no sentido de projetá-la, e pode ser um instrumento da práxis, é importante lembrar que o homem é o ser da constante ebulição desta relação. Não há como idealizar uma prática se ele já não se encontra inserido nesta prática. Um processo em que o modo é fator mais decisivo que o tempo, concebido como uma seqüência natural dos acontecimentos.

Assim, esta separação é uma questão formal que pode resultar em um duplo vício: colocar a prioridade na teoria e na prática. Em ambas perspectivas, há o risco de priorizarmos o *senso comum*, reduzindo ou dissolvendo demasiadamente o teórico no prático.

A dependência exclusiva do *senso comum* pode ser prejudicial porque esconde ou dissimula muitos elementos básicos à compreensão da realidade devido à sua simplificação. A simplificação demasiada das coisas pode acomodar um estado de inconsciência ou de *genuinidade teórica* e representar um considerável obstáculo à articulação crítica de nossa visão de mundo e de nosso ascenso à práxis.

Há outra questão que é importante enfatizar e que o senso comum dissimula constantemente: o ato teórico – o aspecto teórico da prática ou a reflexão sobre a ação – nem sempre aparece de modo explícito, uma vez que teoria e prática são indissociáveis

De um modo geral, a teorização da prática ocorre implicitamente. *O próprio sentido de unidade no interior da práxis já assimila a teoria na ação*,[12] pois a prática corresponde ao lado mais perceptível dessa relação, uma vez que é o dado concreto e visível dela que pode ser considerado a objetivação da teoria.

Pereira adverte que "o senso comum acentua certa tendência de menosprezo à teoria e até nos esconde esta percepção. Perceber esta sutil presença, direta ou indiretamente, da teoria, em maior ou menor grau, é ascender à consciência da ação e nos fazer sujeitos. Aliás, este menosprezo ao que 'não aparece' é também uma atitude ingênua e a-crítica".[13]

O autor também adverte para um outro vício a que devemos escapar: é o de pensar que a teoria se articula só a partir do ato de pensar. Na realidade, o ato teórico estabelece-se a partir da complexidade humana que concebe o homem como um *todo*, aparentemente paradoxal, constituído e

---

[12] Pereira, Otaviano. *O que é teoria*, p. 83.

[13] Idem, p. 83.

constitutivo do conhecimento. Este homem que está relacionado ao mundo e aos acontecimentos é *o homem todo como um permanente projeto*.[14]

Considerações finais

Em face das considerações anteriores, endossamos a tese principal defendida neste fragmento textual que corresponde à necessidade de uma ruptura com o isolamento entre as disciplinas a fim de fazer progredir a ciência. Para tanto, é necessário preservarmos uma perspectiva que reconheça e conceba a existência de suas ligações e solidariedades. Os múltiplos aspectos da complexidade da realidade humana devem ser religados a ela para resgatar seu verdadeiro sentido.

Desse modo, é importante enfatizar a tese de que nenhuma ciência é redutível à outra. Mesmo as ciências *exatas* também são humanas, pois surgem em uma história humana e em uma sociedade humana. O grande desafio está na articulação dessas ciências no que tange às diferenças de seus conceitos fundamentais que não podem ser traduzidos automaticamente de uma linguagem à outra.

Além disso, reafirmamos a urgência de uma práxis que integre teoria e prática em uma pluralidade metodológica a partir de uma proposta concernente à realidade.

Sendo assim, a formulação de um novo paradigma que enfrente esses desafios parece inevitável. Uma nova revolução científica já foi iniciada e um novo projeto metodológico que visa à rearticulação dos modos de investigação instituiu uma unidade das ciências com base no pluralismo.

Referências bibliográficas

DESCARTES, R. *O discurso do método*. São Paulo: Martin Claret, 2000.

KANT, E. *A crítica da razão pura*. São Paulo: Abril Cultural, 1980.

KUHN, T. *A estrutura das revoluções científicas*. São Paulo: Perspectiva, 1991.

MORIN, E. *A cabeça bem-feita*. Rio de Janeiro; Bertrand Brasil, 2000.

PEREIRA, O. *O que é teoria*. São Paulo: Brasiliense, 1995.

SANTOS, B. S. *A crítica da razão indolente: contra o desperdício da experiência*. São Paulo: Cortez, 2002.

SCIACCA, M. F. *História da filosofia*. São Paulo: Mestre Jou, 1968.

[14] De acordo com Pereira, o ato de teorizar (na prática) apresenta-se a partir de uma gama enorme de aspectos deste modo complexo que é o homem. O homem como nó de relações com o mundo. O homem como paixão e como projeto. É verdade que é um projeto que ainda não deu certo (?!). Mas vamos continuar apostando nesta grande paixão. Pereira, Otaviano. *O que é teoria*, p. 85.

III. Hermenêutica e Ligüística (Clarice Costa Sönhgen)

Introduzindo

As reflexões que seguem situam a investigação hermenêutica em uma relação com a ciência lingüística. Busca-se justificar a necessidade de um movimento hermenêutico que não seja apenas interpretativo, mas também compreensivo. Trata-se, portanto, de uma abordagem que ultrapassa os limites de uma lingüística imanente e pretende alcançar a subjetividade de seu objeto – língua – inter-relacionado com o sujeito.

1. Jogos da (lingua)gem

Inicialmente, é importante observar que uma reflexão dessa natureza convoca, no mínimo, uma síntese da concepção saussuriana de língua; uma vez que os estudos póstumos a Ferdinand de Saussure continuam suscitando, e ao mesmo tempo, dirimindo dúvidas, que vigem até hoje, no que tange principalmente, às noções de sistema e valor do signo lingüístico.

Nesse sentido, é possível afirmar que o *Cours de Linguistique Générale* (1916), resultado da compilação por dois discípulos seus dos três cursos de Lingüística Geral, Charles Bally e Albert Sechehaye, com a colaboração de outro discípulo, Albert Riedlinger, é uma "obra aberta" devido às perspectivas que oferece ao leitor que adota uma visão reflexiva. Desse modo, justifica-se a possibilidade de novos estudos aprofundarem e acrescentarem novos materiais a partir do próprio Saussure. Entre eles, destaca-se a tradução italiana do *Cours* comentada por Tullio de Mauro (1967), que apresenta uma análise esclarecedora da obra saussuriana e que se tornou indispensável diante da sua fidedignidade à doutrina exposta pelo mestre genebrino.

É a partir de Saussure (1916) que foi postulada a idéia da relação no sistema lingüístico: tudo o que um elemento discursivo é depende da sua relação com todos os demais elementos que participam do seu mesmo sistema (*CLG*). Desse modo, nenhum elemento pode ser definido isoladamente, é somente na relação uns com os outros que os elementos obtêm suas semelhanças e diferenças. Essa complementaridade das partes, articuladas por meio de uma diferença, originou a teoria do valor lingüístico.

Apesar de interpretações excludentes da questão do valor na obra saussuriana, a teoria elaborada por Saussure sustenta o conceito de "valor", assim como restabelece a propriedade do "sentido". Para elucidar essa questão, torna-se necessário comparar os textos originais e o livro de 1916, pois Tullio de Mauro (1967) refere-se a uma "ambigüidade" relacionada ao conceito de *signo* como causa inicial de um desacordo textual:

> *Signo* é empregado por Saussure, ao longo de todas as suas lições e seus escritos, em duas acepções: por um lado, esse termo designa a entidade lingüística global, composta de uma face fonológica e de uma face semântica; por outro, ele designa apenas a face fonológica. Dessa dupla acepção, o lingüista tem consciência perfeitamente, e a justifica de uma maneira bem particular. Ela está fundada, segundo ele, sobre uma razão que, longe de depender de uma simples escolha terminológica, reflete a própria realidade dos objetos em questão: ele está de fato convencido de que toda palavra escolhida para denominar a parte significante da entidade global composta de uma face fonológica e de uma face semântica está naturalmente sujeita a um 'deslizamento' e tende inelutavelmente a referir a entidade global.

Ao introduzir um novo par terminológico *significante/significado*, Saussure procurou dissipar uma provável "ambigüidade", substituindo a expressão "o signo lingüístico é arbitrário" pela expressão "o laço que une um significante a um significado é arbitrário".

Sendo assim, torna-se importante observar que o caráter arbitrário dessa relação determina a "relatividade" do valor. Nesse sentido, Tullio de Mauro (1967, n. 2228) faz a seguinte citação:

> Se não fosse o arbitrário não haveria relatividade na idéia de valor, existiria um elemento absoluto. Sem ele os valores seriam, em certa medida, absolutos. Mas visto que esta união é perfeitamente arbitrária os valores serão perfeitamente relativos.

Do mesmo modo, Gadet e Pêcheux (1984) procuram recuperar esse entendimento, mais fidedigno à interpretação saussuriana, quanto à relatividade do valor e sua ligação com a arbitrariedade. De acordo com os autores, as confusões na redação do *Course* dissimulam a importância do "relativamente motivado" para uma discussão que pertence ao terreno lingüístico e, nesse sentido, o valor sustenta a arbitrariedade ao mesmo tempo em que a limita.

Para explicar melhor a noção de valor, Saussure retoma a questão da relação entre significante e significado. A língua é vista, mais uma vez, em seu conjunto. Ao introduzir os dois elementos (significante/significado), o mestre genebrino, ao mesmo tempo, indica que a ligação entre ambos é arbitrária. E, se assim não o fosse, a própria noção de "valor" perderia algo do seu caráter, pois não contém algo que seja externo à língua. Ou seja, a própria noção de sistema atribuída à língua supõe o duplo caráter do valor: *in absentia* e *in presentia* (Bouquet, 1997).

É importante que não seja esquecido o fato de que Saussure utiliza a metáfora do jogo de xadrez (Wittegenstein,1979) para explicar a noção de valor. De acordo com esta metáfora, um cavalo, por si só, fora da sua casa e das condições do jogo, não é um elemento do jogo de xadrez. Esse cavalo só se torna um elemento real e concreto quando revestido de seu valor que é obtido através das relações que mantém com os demais elementos do jogo no andamento da referida atividade.

Desse modo, a peça poderá ser substituída por outra sem prejudicar o jogo, desde que lhe seja atribuído o mesmo "valor". Saussure afirma que a noção de arbitrário deixa claro que é a coletividade quem estabelece os valores e que o indivíduo por si só não pode fixá-los.

Reconhecendo-se que o valor decorre da coletividade e, assim está imbricado com os valores da comunidade, o estudo do signo deixa de ser concebido de maneira isolada e passa a considerar as relações sintagmáticas e, principalmente, as relações paradigmáticas.

De acordo com Saussure, as relações entre os elementos lingüísticos se desenvolvem nessas duas esferas distintas e cada uma delas gera uma certa ordem de valores, como é possível observar no texto do C.L.G.:

> (...) os termos estabelecem entre si em virtude de seu encadeamento, relações baseadas no caráter linear da língua, que exclui a possibilidade de pronunciar dois elementos ao mesmo tempo. Estes se alinham um após outro na cadeia da fala. Tais combinações, que se apóiam na extensão, podem ser chamadas de *sintagmas*.

Essas relações são denominadas "sintagmáticas, pois são constituídas nas relações opositivas que os termos estabelecem entre si na cadeia sintagmática. Logo após, no *Course*, estão referidas as relações paradigmáticas":

> Por outro lado, fora do discurso, as palavras que oferecem algo de comum se associam na memória e assim se formam grupos dentro dos quais imperam relações muito diversas (...) Vê-se que essas coordenações são de uma espécie bem diferente das primeiras. Elas não têm por base a extensão; sua sede está no cérebro; elas fazem parte de um tesouro interior que constitui a língua de cada indivíduo.

A seguinte afirmação é encontrada no mesmo texto a fim de diferenciar as duas relações:

> (...) a relação sintagmática existe *in presentia*; repousa em dois ou mais termos igualmente presentes numa série efetiva. Ao contrário, a relação associativa une termos *in absentia* numa série mnemônica virtual.

Sendo assim, é possível afirmar que na concepção de sistema pensada por Saussure as duas relações são inseparáveis. E, nesse sentido, o *Course* apresenta a comparação entre os dois mecanismos da língua e uma coluna, enquanto parte de um edifício, esclarecendo a importância de as duas relações estarem presentes na análise da estrutura lingüística:

> Desse duplo ponto de vista, uma unidade lingüística é comparável a uma parte determinada de um edifício, uma coluna, por exemplo; a coluna se acha, de um lado, numa certa relação com a arquitrave que a sustém; essa disposição de duas unidades igualmente presentes no espaço faz pensar na relação sintagmática; de outro lado, se a coluna é de ordem dórica, ela evoca a comparação mental com outras ordens (jônica, coríntia etc.), que são elementos não presentes no espaço: a relação é associativa. (p. 143).

Desse modo, o signo é concebido dentro do jogo de seu funcionamento opositivo e diferencial. De acordo com Gadet e Pêcheux (1984), conceber o efeito *in absentia* da associação, em sua primazia teórica sobre a "presença" do dizer do sintagma, corresponde afirmar que o não-dito é constituinte do dizer, porque o todo da língua não existe senão sob a forma não-finita do "não todo".

Os autores afirmam que através do papel constitutivo da ausência, o pensamento saussuriano resiste às interpretações contrárias e isso demonstra uma ruptura com a idéia de complementaridade. A partir de uma leitura mais acurada da citação *supra*, é possível depreender que a relação paradigmática não é apresentada de forma ilimitada, uma vez que as associações que suscitam uma palavra apresentam um limite imposto pelas relações sintagmáticas, desde que estabelecidas dentro do sistema lingüístico.

Assim, é possível conceber que as relações associativas e sintagmáticas acontecem juntas em um sistema lingüístico e participam de uma restrição do elemento lingüístico – através da escolha do elemento considerado mais adequado conforme estabelecido pela cadeia paradigmática. Há, entretanto, uma relação "associativa" que aponta sempre para uma ausência de certo modo presente no discurso. Essa ausência guarda sempre algo de inapreensível, ilimitando as relações associativas.

Verifica-se, nos estudos saussurianos, a partir da questão da identidade do signo lingüístico, uma profunda reflexão sobre as relações que acontecem em um sistema lingüístico. Considerando essas relações como um jogo de linguagem através do qual emergem os sentidos, assumimos com Saussure o entendimento de que o signo não é nem puramente significante e nem puramente significado, mas a união dos dois.

O valor lingüístico, portanto, resulta de dois tipos de relação: relação do significado com o significante e relação do signo com os outros signos do sistema. A conseqüência dessa afirmação é a de que há uma indicação de uma semântica possível em Saussure. De acordo com essa concepção, o conceito de valor permite que se estude o sentido, assim como sugere que não pode haver seu domínio completo.

2. *A exterioridade do objeto língua*

Através dessa revisão do pensamento saussuriano, especificamente, do signo lingüístico, torna-se possível olhar para a *exterioridade* do objeto lingüístico a partir de seu próprio interior. A própria obra de Saussure rompe com a completude científica, indicando que a língua é uma realidade falha, em que o equívoco não cessa de aparecer (Milner, 1996). Nessa perspectiva, é possível incluir, nos estudos lingüísticos, uma análise da enunciação e do discurso que comporta o sujeito e o sentido.

A definição de signo parece excluir o sujeito, mas dele depende para ter uma identidade no sistema, assim a língua passa a ser vista como substância, e não como forma. Ao mesmo tempo em que a lingüística procurou instituir-se como ciência através de seu objeto circunscrito, inscreve a marca de um ausente em um silêncio:

> (...) ele é construído de sorte que o sujeito seja forcluído, sujeito cuja insistência, e queda repetidas cercam o Um de cada um dos significantes na sua relação com um outro, e conferem a todos o Um-por-Um que os estrutura em cadeia. Dentre as propriedades do signo, o diferencial assegura a sutura desejada: a identidade só se sustenta da ausência de todo em Si para o signo." (Milner, op. cit.)

A circunscrição do *Um* exclui o sujeito que é quem garante a atribuição de identidade do signo no sistema. Entretanto, o *CLG* institui a língua como Um, mas não sem deixar implícita, na noção de signo, sua constituição pelo *Não-Um*. Ou seja, o próprio elemento que deve assegurar a circunscrição do *Um* é atravessado pela multiplicidade das oposições na qual ele está presente.

3. *A inclusão do sujeito na atividade hermenêutica*

De acordo com Soares (1994), a atividade hermenêutica é

> (...) construtiva e captadora, ativa e passiva, oferecendo uma estrutura de acolhida para o objeto. Revela-se passiva, na medida em que deixa a este a configuração de seu próprio ser; por outro lado, constituindo uma angulação (vê-se sempre de algum lugar, situado em algum plano, sediado em alguma cultura), uma estrutura, a interpretação impõe recortes ao objeto: acolhe-o seletivamente. Acolhê-lo implica recusar sua plenitude ontológica, ao mesmo tempo que significa renunciar à própria auto-suficiência, isto é à plenitude da própria cultura – definida, por isso, pela metáfora espacial "horizonte", que corresponde a limite. Compreensão é, assim, fusão de horizontes.

Assim como em Saussure, é reconhecida a ausência em presença do *Outro*

> (...) o Outro aparece para nós situado, porque também nós sempre estamos situados: ele se recorta para nós sobre o fundo de nossos conhecimentos e valores, determinando o próprio perfil com autonomia e clamando por nossa contemplação ativa-criativa, capaz de transcender limites e preconcepções. Todavia, a autonomia não o traz

completo, facultando a nós o saber absoluto e objetivo de seu ser, pois contra o movimento autócnone do objeto se ergue o filtro seletivo pelo qual o mundo nos é acessível, sendo, como somos, seres históricos, culturalmente marcados, finitos.

Entre o sujeito e objeto há um movimento de deslocamento da interpretação à compreensão. Sujeito e objeto participam desse processo de modo interdependente, constituindo-se através de sua subjetividade e objetividade reciprocamente.

No nível discursivo, o sujeito constitui-se com o *outro/Outro*, possibilitando identificar-se. Em uma enunciação, um locutor único produz materialmente, no fio do discurso, determinadas formas lingüísticas que inscrevem o outro. Há uma espécie de jogo com o outro dentro do discurso que opera no espaço sugerido marcando sua presença. Trata-se, portanto, de uma alteridade, ou seja, uma heterogeneidade constitutiva do sujeito (Authier Revuz, 1982).

A base do sujeito passa por um lugar múltiplo, heterogêneo, em que a exterioridade está no interior do sujeito – no sujeito e no seu discurso está o *Outro*. O sujeito não se constitui em uma fala homogênea, mas na diversidade de uma fala heterogênea, conseqüência da divisão que se opera nele entre consciente e inconsciente (Lacan, 1978).

Ao reconhecer essa heterogeneidade, é possível assumir uma nova perspectiva teórica a partir da qual o objeto da lingüística – a língua – é constituído pela falta daquilo que a lingüística abandonou para se configurar como ciência.

A atividade hermenêutica envolve aspectos relacionados à heterogeneidade constitutiva do sujeito – com seus *outros*, suas tradições que formam seu ponto de vista, assim como aspectos relacionados com o objeto língua. O hermeneuta (re)constrói o discurso a partir da inter-relação desses aspectos, pois também exerce sua atividade ativa e passivamente como objeto.

A interpretação consiste em uma estratégia que faz parte do processo de compreensão. Trata-se de um exercício hermenêutico consciente, ou seja, de uma prática metalingüística que torna a linguagem objeto da linguagem.

A produção lingüística humana é contínua e não se compõe de palavras e frases isoladas. Diferentes sujeitos a concretizam em distintos momentos, pertencendo a agrupamentos sociais diversos e, por isso mesmo, integrando diferentes formações sociais, nas quais os sistemas de referência se entrecruzam e disputam seu predomínio. A língua, por sua vez, que vai se constituindo a partir desse confronto incessante, mantém-se porque se modifica em uma dinâmica constitutiva da linguagem.

Sendo assim, as ações da linguagem estão constantemente a produzir uma rede aberta de possibilidades associativas em conseqüência do equilíbrio entre duas exigências diferentes: diferenciação e repetição. Essa inclinação à diferença emerge das condições de produção e recepção de cada sujeito. Quanto à repetição, decorre do retorno do conhecimento cultural, que faz uso das mesmas expressões com os mesmos significados, já usados em situações anteriores.

A prática hermenêutica com base lingüística é uma atividade constitutiva da linguagem e da própria individualidade que se diferencia de qualquer interpretação que tome o sujeito como fonte de sentidos possíveis. Através da linguagem, os sentidos são produzidos ao mesmo tempo em que ela se refere a si mesma.

A atividade metalingüística destaca a língua de seu fluxo interativo, e seu caráter, por sua vez, é explicativo. O hermeneuta ao delas fazer uso deve utilizar consciente e deliberadamente uma metalinguagem com a qual passa a referir-se à língua. Trata-se, portanto, de uma atividade de conhecimento através da qual a linguagem passa a ser analisada, possibilitando operacionalizá-la.

Considerações finais: hermenêutica, lingüística e ciências sociais

Foucault (2000) observa que, a partir de Saussure, a lingüística desenvolve seus estudos sobre a língua em geral, diferentemente da filologia:

> (...) a lingüística saussuriana não considera a língua como uma tradução do pensamento e da representação; ela a considera como uma forma de comunicação. Assim, considerados, a língua e seu funcionamento supõem:
> pólos emissores, de um lado, e receptores, de outro; mensagens, ou seja, séries de acontecimentos distintos; códigos ou regras de construção dessas mensagens que permitem individualizá-las.

De acordo com o autor, nessa nova perspectiva, o coletivo não corresponderá mais à universalidade do pensamento; uma espécie de consciência social. A lingüística passa a relacionar-se com as ciências sociais de um modo novo *na medida em que o social pode agora ser definido ou descrito como um conjunto de códigos e de informações que caracterizam um grupo dado de emissores e de receptores.*

Determinados fenômenos, como a tradição, podem ser analisados a partir da lingüística. Ou seja, essa transformação ampliou os horizontes da análise da linguagem, possibilitando analisar os discursos que são constituídos e constitutivos dela. Permitiu, inclusive, estudar a prática hermenêutica em nível pragmático. É possível realizar essa análise através do que foi obtido na própria descrição da linguagem retomando, inclusive, Saussure.

Conforme Foucault (op. cit.), a lingüística pode ser articulada com as ciências humanas e sociais por uma estrutura epistemológica que lhe é própria e que lhe possibilita realizar ao menos a análise das produções discursivas.

Assim compreendemos a viragem epistemológica do estudo da atividade hermenêutica: o retorno das exclusões provocadas por equívocos (não) intencionais que violaram e comprometeram a interpretação de sua própria história.

Bibliografia

ARONNE, R. *Por uma nova hermenêutica dos direitos reais limitados: Das raízes ao pensamento contemporâneo.* Rio de Janeiro: Renovar, 2001.

AUTHIER-REVUZ, J. *Hétérogénéit montrée ét hétérogénéité constitutive: éléments pour une approche de lautre dans le discours.* DRLV 26, 1982.

BOUQUET, S. *Introduction à la lecture de Saussure.* Paris: Payot, 1997.

FOUCALT, M. *Arqueologia das ciências e história dos sistemas de pensamento.* Rio de Janeiro: Forense Universitária, 2000.

GADET, F. & PÊCHEUX, M. *La lengua de nunca acabar.* México: Fondo de cultura económica, 1984.

LACAN, J. *Escritos.* São Paulo: Perspectiva, 1978.

MAURO, T. "notas". In: SAUSSURE, F. *Cours de linguistique générale.* Paris: Payot, 1967.

MILNER, J. *O amor da língua.* Porto Alegre: Artes Médicas, 1996.

SAUSSURE, F. *Curso de Lingüística Geral.* Org. Bally C. & Sechehaye A. São Paulo: Cultrix, 1997.

SOARES, E. *O rigor da indisciplina.* Rio de Janeiro: Relume-Dumará, 1994.

WITTEGEINSTEIN, L. *Investigações filosóficas.* São Paulo: Abril Cultural, 1979.

IV. Nova retórica e argumentação: A razão prática para uma racionalidade argumentativa de Perelman (Clarice Costa Sönhgen)

Considerações iniciais

O presente artigo propõe um estudo acerca da argumentação jurídica constituída por uma concepção científica do direito, relacionada com uma análise lingüística, por sua vez, fundada na propositura de uma Nova Retórica Aristotélica. Visa provocar uma reflexão epistemológica desse saber com base na argumentação jurídica concebida a partir de uma nova racionalidade.

Essa perspectiva apresenta sua justificação no entendimento de que (a) a argumentação é constitutiva da atividade jurídica, (b) como atividade oriunda do raciocínio humano, o direito não se articula por si só e somente pode ser aplicado racionalmente por meio de argumentos, pois são os argumentos os caminhos da articulação e da aplicação do direito, assim (c) os argumentos correspondem à própria essência do raciocínio jurídico e (d) a teoria do direito somente é aceita na medida em que bons argumentos a sustentem e só pode ser aplicada a um caso concreto se outros argumentos demonstram a sua coerência com este caso.

A partir da metade do século passado, a teoria do discurso jurídico iniciou um processo de ruptura em relação ao modelo cientificista do direito com base na teoria da interpretação do discurso jurídico. É possível evidenciar um total redirecionamento dessa ciência do direito, no sentido de examinar os critérios para a racionalidade dos procedimentos jurídicos, por meio de uma investigação, que ultrapassa a natureza especial de um discurso jurídico prático geral[15] e, apresenta-se centrada em uma Nova Teoria da Argumentação que, por sua vez, depende das articulações e de seus articuladores argumentativos dirigidos à persuasão. Trata-se, portan-

---

[15] A partir de uma perspectiva vinculada à justificação jurídica, a atividade lingüística pode ser definida como discurso e, visto que se preocupa com a exatidão das afirmações normativas de discurso prático, pode ser definida como um caso especial de discurso prático geral. ALEXY, Robert. *Teoria da Argumentação Jurídica*, São Paulo: Landy, 2001, p. 26.

to, da necessidade de um duplo resgate: da produção doutrinária em face da produção técnica do conhecimento jurídico e de uma Nova Retórica consubstanciada nos ensinamentos aristotélicos a partir de sua natureza lingüística.

Para isso, a argumentação jurídica deve ser compreendida como uma atividade lingüística que ocorre em várias situações, dos tribunais à sala de aula. O ato de argumentar – de orientar o discurso no sentido de determinadas conclusões – constitui o ato lingüístico fundamental, pois a todo e qualquer discurso subjaz uma ideologia, na acepção mais ampla do termo. A neutralidade é apenas um mito, isto é, o discurso que se pretende neutro, ingênuo, contém também uma ideologia – a da sua própria objetividade.[16]

Partindo do postulado de que a argumentação está inscrita na língua, adota-se a posição de que a argumentação constitui atividade estruturante do discurso, uma vez que a progressão deste se dá por meio das articulações argumentativas responsáveis essencialmente pela eficácia da comunicação. Desse modo, a eficácia ou não da comunicação pode colocar em risco toda a conduta do argumentador, no sentido de conseguir provocar ou não a adesão de um auditório às teses por ele apresentadas.

Nesse sentido, Perelman e Olbrechts-Tyteca[17] sustentam que todo discurso se dirige a um auditório, ou seja, que é "em função de um auditório que qualquer argumentação se desenvolve". Os autores observam que, em uma perspectiva inicial, o ato de persuadir procura atingir a vontade, o sentimento do interlocutor, por meio de argumentos plausíveis ou verossímeis e apresenta-se como ideológico, subjetivo, temporal, dirigindo-se a um auditório particular, ao passo que o convencimento envolve inferências que podem levar o auditório à adesão aos argumentos apresentados.

Os autores ressaltam que, na realidade, a natureza do auditório ao qual os argumentos podem ser submetidos é que determina o alcance que lhe serão atribuídos.

No que tange à natureza desses dois tipos de raciocínio, tradicionalmente, a filosofia pareceu esquecer a noção aristotélica de dialética, prestigiando apenas o modo analítico de raciocinar. Aristóteles[18] deu a mesma importância tanto à demonstração analítica quanto à argumentação dialé-

---

[16] KOCH, Ingedore Villaça. *Argumentação e Linguagem*, São Paulo: Cortez, 1987, p. 19.

[17] PERELMAN, C.; OLBRECHTS-TYTECA, L. *Tratado da Argumentação* – A Nova Retórica. São Paulo: Martins Fontes: 1996, p. 6-16.

[18] No *Tópicos* (Livro I), Aristóteles estabelece uma comparação entre os silogismos analítico e dialético. O silogismo analítico corresponde a uma demonstração fundada em proposições evidentes, que conduz o pensamento à conclusão verdadeira – base da lógica formal; o silogismo dialético corresponde a um argumento construído sobre enunciados prováveis, por meio dos quais é possível chegar a conclusões verossímeis (cf. *Órganon I*. Madrid: Gredos, 1994).

tica. Enquanto os métodos de conhecimento desenvolvem-se frutiferamente no pensamento filosófico, o raciocínio dialético sofre deturpações que comprometem sua própria natureza e, conseqüentemente, seu desenvolvimento, pois aparece identificado com as técnicas de persuasão destituídas de ética.

Para Aristóteles, as proposições evidentes são aquelas que por si mesmas garantem a própria certeza, enquanto as proposições prováveis são as que enunciam opiniões aceitas pela maioria, especialmente por aqueles considerados sábios. Não há, portanto, em dissonância com o que foi propagado até então, nenhuma hierarquia entre esses dois modos de raciocinar.

Apesar disso, somente o raciocínio por demonstração analítica foi prestigiado no decorrer dos tempos. O raciocínio dialético, por sua vez, foi confundido com uma técnica capaz de lesar quaisquer meios para obter a adesão dos interlocutores. No entanto, ele não se reduz a recursos retóricos guiados exclusivamente pelo objetivo de vitória nos debates políticos e forenses. Aristóteles o distinguiu, com clareza, do chamado silogismo erístico, baseado apenas em premissas aparentemente prováveis.

Isso significa que, ao selecionar como objeto de sua preocupação filosófica o estudo do modo de raciocinar por argumentos, o pensador grego não pretendeu que qualquer encadeamento entre proposições, que desrespeitasse os postulados da demonstração analítica, pudesse, exclusivamente pela força retórica de quem o sustentava, alcançar o estatuto de argumentação dialética.

A retórica antiga, por sua vez, surgiu a partir de necessidades práticas em uma sociedade grega, de caráter essencialmente oral, onde a palavra escrita tinha uma função limitada em relação ao domínio absoluto da palavra falada. Além disso, ela aparece vinculada aos sistemas políticos, nos quais as decisões sobre assuntos públicos ou sobre litígios privados eram tomadas por grandes grupos de pessoas cuja opinião deveria ser ponderada em um dado sentido em detrimento de outro, em face de seu convencimento sobre uma determinada proposta.

Um dos fatores favoráveis ao desenvolvimento dessa arte de persuadir foi o sistema democrático ateniense. As decisões políticas eram tomadas em assembléia, constituída por cidadãos livres que podiam intervir livremente para apresentar, defender ou rebater propostas. As questões judiciais eram esclarecidas por meio de um sorteio entre cidadãos voluntários que formavam um jurado popular. A inexistência de juízes e políticos profissionais e a presença popular nessas instituições ensejaram o desenvolvimento das técnicas de persuasão.[19]

---

[19] Em Atenas, foram produzidos tratados de Retórica anteriores ao de Aristóteles, porém versavam somente sobre a retórica judicial e preocupavam-se apenas com um modo de organização do discurso para comover o público (cf. BERNABÉ, Alberto, *Retórica*: Aristóteles. Madrid: Alianza Editorial, 1998, p. 11-15).

Entretanto, a natureza do pensamento aristotélico não se constitui em uma série ordenada de argumentos para convencer. Aristóteles, dotado de um raciocínio estruturado e sistemático, situa a retórica no mesmo nível da dialética. Ambas têm em comum uma base argumentativa, mesmo sendo o raciocínio argumentativo retórico um raciocínio do possível. Desde o início, sua correta utilização da retórica não contribuiu apenas para que determinadas propostas triunfassem na assembléia, mas também para que as decisões políticas fossem o resultado de uma análise exaustiva das possibilidades.

Desse modo, a preocupação do pensamento filosófico no sentido de não legitimar todas e quaisquer manifestações do intelecto humano também estava presente na reflexão aristotélica. Destaca-se a acuidade excessiva de seu autor no que tange à adequação dos termos e expressões utilizados em suas construções teóricas, evidenciando sua preocupação em esclarecê-los. No entanto, seu esforço não provocou os resultados desejados em seus intérpretes.

Inobstante isso, Perelman[20] vem reabilitar a retórica[21] com base na noção aristotélica de dialética. Ele procura resgatar a idéia dialética como um saber necessário, sério, constituído por regras próprias e, desse modo, controlável. Além disso, o autor apresenta suas reflexões sobre o discurso argumentativo, desenvolvendo o raciocínio jurídico relacionado com a aplicação do direito.

A Nova Retórica representa uma contribuição muito significativa para a teoria do conhecimento jurídico, pois estabelece a ligação entre a aplicação de normas e o raciocínio dialético de formulação aristotélica, negando a existência de interpretações jurídicas verdadeiras. A partir desse estudo, as premissas da argumentação rompem com o critério da verdade ou falsidade, substituindo-o pela verossimilhança. Ou seja, o conhecimento jurídico deve preocupar-se com os meios de sustentar determinada decisão como sendo a mais justa, eqüitativa, razoável, oportuna ou conforme o direito em face de outras decisões igualmente cabíveis compatibilizadas com a ética oriunda das opiniões do senso comum.

Considerando a falência do modelo cientificista do conhecimento do direito, são abertas novas perspectivas para a dogmática jurídica fundamentadas no critério da adequabilidade dos meios – inerentes à norma

---

[20] Chaïm Perelman e sua colaboradora Lucïe Olbrechts-Tyteca iniciaram, na Bélgica, suas pesquisas procurando resgatar a idéia de dialética de Aristóteles. O resultado desses estudos foi a publicação, em 1958, do *Tratado da Argumentação* – A Nova Retórica.

[21] Aristóteles examinou as provas dialéticas nos *Tópicos* e demonstrou sua utilização na *Retórica*. Perelman preserva, em sua teoria, o termo *Retórica* para evitar distorções epistemológicas, uma vez que a palavra *dialética* adquiriu um sentido muito distante de seu sentido primitivo, principalmente devido à sua identificação com a própria lógica.

jurídica –, para o alcance dos fins – externos à norma –, por meio da argumentação retórica. Com a perda do caráter exclusivamente normativo da teoria do conhecimento jurídico, é estabelecida a integração entre a produção teórica e prática do direito.

O processo de produção do conhecimento jurídico passa a ser descrito sem postular o uso de determinado método a fim de legitimar cientificamente esse conhecimento. Ao restabelecer o estatuto científico desse saber, a Nova Retórica vem reunir a prática dos operadores do direito e a produção doutrinária. A ciência do direito articula essas duas perspectivas raciocinando argumentativamente.

Além disso, para consolidar o novo modelo, consubstanciado na argumentação, faz-se necessário inverter a razão cartesiana[22] da tese válida *a priori*. A Nova Retórica é o discurso do método de uma racionalidade que não deve evitar os debates, mas cuidar de tratá-los, analisando os argumentos que governam as decisões. A racionalidade corresponde à abertura para o múltiplo e o não-coercivo mediante a aceitação do pluralismo dos valores morais e das opiniões.[23]

Ao propor uma Nova Retórica, Perelman[24] não abandona completamente o cartesianismo e institui uma "argumentação que raciocina sem coagir, mas que também não obriga a renunciar à razão em proveito do irracional ou do indizível". O âmbito da argumentação é o do verossímil, do plausível, do provável, uma vez que a própria natureza da argumentação se opõe à evidência, pois não se argumenta contra a evidência; a evidência entendida como indício de verdade daquilo que se impõe por ser evidente.

Para Descartes, o verossímil era considerado como falso, portanto, destituído de razão. De acordo com essa concepção, uma ciência racional não se satisfaz com opiniões mais ou menos verossímeis, mas estrutura um sistema de proposições necessárias que se impõem a todos os seres racionais sem possibilidade de acordo. Desse modo, o desacordo representa o erro; e funda-se a dicotomia entre a razão e a emoção humana. Apesar disso, a tradição cartesiana com a limitação imposta à idéia de razão se instaura no pensamento científico ocidental.

Diante de uma nova perspectiva científica, conhecer a relevância das emoções nos processos de raciocínio não significa que a razão seja menos

---

[22] A expressão "razão cartesiana" refere-se à filosofia de Descartes – o cartesianismo –, que a partir da afirmação "Penso, logo existo" provocou um problema filosófico, a cisão fundamental entre razão e emoção. O cartesianismo formula e institui esse problema específico por meio dessa demonstração filosófica – *Cogito* – na qual Descartes supõe que é possível deduzir, em uma cadeia de raciocínios coerentes, que corpo e alma são duas substâncias distintas, e que suas propriedades são incompatíveis. (Cf. DESCARTES, René. *O Discurso do Método*. São Paulo: Martin Claret, 2000).

[23] MEYER, Michel. *Apud, Tratado da Argumentação*, PERELMAN, Chaïm; OLBRECHTS-TYTECA, Lucie. Op. cit.

[24] PERELMAN, Chaïm; OLBRECHTS-TYTECA, Lucie. Op. cit.

importante do que as emoções, que ela deva ser relegada ao segundo plano ou deva ser menos cultivada. Ao contrário, ao verificarmos a função ampliada das emoções, é possível enfatizar seus efeitos positivos e reduzir seu potencial negativo. Em particular, sem diminuir o valor da orientação das emoções normais, é natural que se queira proteger a razão da fraqueza que as emoções anormais ou a manipulação das emoções normais podem provocar no processo de planejamento e decisão.

É nesse sentido que a teoria do conhecimento jurídico vivencia uma ruptura histórica que está redirecionando sua trajetória. O problema que deve ser enfrentado pela dogmática jurídica não é o da verdade ou da falsidade de seus enunciados, mas das decisões possíveis, as quais a reinstauram no âmbito técnico-jurídico.

Por intermédio de uma teoria da argumentação, torna-se possível considerar a opinião dos homens, assim como o seu consentimento ou não em relação às teses que lhes são apresentadas ao assentimento. Na medida em que objeto dessa teoria é o estudo das técnicas discursivas que permitem provocar ou aumentar a adesão dos espíritos às teses apresentadas, seus graus de adesão não podem ser determinados *a priori* em relação à verdade ou à evidência. Nos casos de desacordo em relação às provas que estão sendo discutidas, assim como à sua interpretação, o uso da linguagem para persuadir e para convencer constitui-se no objeto da ciência jurídica.

Sendo assim, somente a prática de uma argumentação não-coerciva e não-arbitrária possibilita aos indivíduos a liberdade de uma escolha racional. Somente uma argumentação constituída por razões não-coercivas possibilita a todos escapar das amarras de uma verdade objetiva e universalmente válida. Trata-se, indubitavelmente, do resgate da racionalidade da aplicação do direito que se encontrava amordaçada nas interpretações cartesianas.

2. *Racionalidade prática e razão prática*

Desde o final do século XIX, a fundamentação teórica dos estudos científicos, no que tange aos seus princípios, tem sido atravessada pela crise do sujeito e da razão. A modernidade sustentou-se, principalmente, a partir de dois pressupostos: o domínio do mundo por um sujeito transparente a si próprio,[25] cognoscível por si mesmo,[26] e a concepção de razão como uma faculdade soberana e suprema capaz de ordenar o mundo.

---

[25] Nesse sentido, especialmente conforme Bacon e Descartes.

[26] A proposta de Kant resume-se em um exame crítico da razão que tem como finalidade a distinção ou o discernimento do que a razão pode ou não pode fazer. Trata-se, essencialmente, da preocupação crítica acerca de não se dizer mais do que se sabe (Cf. KANT, Immanuel., Op. cit., p. 5-39).

No entanto, não basta uma compreensão crítica para análise dessa crise. Ela não é suficiente devido à lógica interna que ordena essa compreensão, pois apresenta problemas que se encontram na raiz das concepções as quais pretende criticar. Assim, um caminho possível para essa crise é o abandono da lógica que a produziu, especialmente das concepções que fizeram da "necessidade" e da "universalidade" as leis supremas da compreensão do mundo, do sujeito e da razão.

Trata-se de uma nova proposta baseada na convicção de que a reformulação da articulação entre "lógica" e "racionalidade" para "retórica" e "racionalidade" promova uma nova perspectiva para repensar os problemas de um modo prático.

Inobstante, a tradição filosófica instaurou uma oposição profunda, das mais irredutíveis da cultura ocidental, colocando, de um lado, o exercício rigoroso do pensamento, a obediência a critérios seguros da sua avaliação e, do outro, a aventura sem princípios da linguagem que, por sua vez, se orienta, sobretudo, pelo prazer que propicia ou pelos efeitos que desencadeia.

Essa oposição, oriunda da cultura grega, foi concebida juntamente com outra oposição: o filósofo e o sofista. Ou seja, "ao primeiro é garantido um privilegiado acesso ao reino da verdade enquanto o segundo é remetido para o domínio, ontologicamente desvalorizado, da utilidade".[27] Esta noção opositiva advém de Platão, mas Aristóteles a reconsiderou ao tematizar sobre as relações entre a filosofia, a dialética, a sofística e a retórica, atribuindo à retórica características e funções precisas, em um sentido que procura apurar a importância e o estatuto do que é "verossímil", assim como a importância do processo em que ele emerge.

Apesar disso, a autonomia que esta via possibilitava aos estudos retóricos revelou-se insuficiente e, progressivamente, resultou na transformação da retórica em uma disciplina que, precipuamente, estudava e classificava as figuras de estilo. Assim, a retórica aristotélica ocupava-se com os argumentos, as paixões e o discurso. Excepcionalmente, a história reterá apenas o discurso originando um processo de uma limitação de seu âmbito que culminará na constituição de uma retórica restrita.[28]

Além dessa restrição, paralelamente, a retórica sofreu um processo de exclusão da filosofia: "A modernidade, ao consagrar como modelo uma matriz de racionalidade que se inspira na actividade científica, estabeleceu como pontos de referência centrais os ideais de certeza, de evidência, de verdade, atribuindo deste modo ao *método* uma função criterial da maior importância".[29] Através do método e de sua articulação entre os meios e

---

[27] CARRILHO. Manuel Maria. *Jogos de racionalidade*. Coimbra: Edições ASA, 1994., p. 11.

[28] Idem, p. 9-19.

[29] Idem, p. 12.

os fins, permanece garantida antecipadamente a eficácia do conhecimento e, conseqüentemente, sua previsão.

Essa concepção de racionalidade que vige no movimento epistemológico desde Descartes a Kant e continua até o positivismo do século XIX, ao excluir tudo o que não se revela conforme as exigências da necessidade ou aos imperativos da evidência, marginaliza um domínio do conhecimento e da ação do homem que revela antes do verossímil, do plausível e do provável.[30]

Destarte, o caminho possível é o da ruptura com a concepção moderna da racionalidade que desde Descartes até o século XIX determinou o padrão da cientificidade que se esgotou na forma de demonstração. Visando ao resgate de uma retórica aristotélica "ampla", Perelman procura estabelecer os direitos e o campo da argumentação.

O estudo da argumentação proposto pelo autor, diferentemente da demonstração lógica, trata da ambigüidade da linguagem natural e desenvolve-se a partir de premissas que não são de natureza axiomática: "a teoria da argumentação pode então se definir por um objectivo bem preciso, o do estudo do discurso na diversidade das modalidades que, de uma ou de outra forma, suscitem a adesão em relação àquilo que – idéia, tese, doutrina – se propõe".[31]

Diante dessa nova concepção, há a valorização da dimensão "persuasiva" do discurso, assim como da atenção ao seu destinatário, o "auditório", inaugurando uma concepção ampliada da racionalidade. A tradição racional cartesiana abandonou a razão prática enquanto a Nova Retórica se propõe a resgatar o estudo dos mecanismos não-formais do pensamento reinstituindo esta razão.

3. A nova racionalidade retórico-argumentativa

A abordagem discursiva com base em uma nova racionalidade retórico-argumentativa assume uma concepção ampliada da racionalidade que estende os limites anteriormente impostos à retórica e, ao mesmo tempo, estende os limites da demonstração lógica. Os fundamentos desta nova teoria da argumentação situam-se em uma perspectiva aristotélica que visa obter a adesão dos interlocutores do discurso sem as amarras da verdade lógica.[32]

---

[30] PERELMAN Chaïm; OLBRECHTS-TYTECA, Lucie. *Tratado da Argumentação*. São PAULO: Martins Fontes, 1996, p. 50-53.

[31] CARRILHO, Maria Manuel. Op. cit., p. 13.

[32] Aristóteles escreveu dois estudos dedicados à argumentação: os *Tópicos* que discute as teses e a *Retórica* que anuncia a relevância dos auditórios. A *Retórica* apresenta, especialmente, como objeto de estudo os julgamentos deliberativos que aparecem relacionados ao possível e ao preferível, diferentemente da verdade.

Para Aristóteles, tanto a dialética quanto a retórica "comportam a existência dos contrários", pois o ponto comum entre as duas é o trabalho com premissas prováveis, ou seja, com "possibilidades". Enquanto a dialética trata da arte de raciocinar sobre todo problema que se propõe a partir de coisas plausíveis, a retórica corresponde à faculdade de considerar em cada caso o que pode ser convincente, sendo que seu objeto é "ver os argumentos próprios de cada assunto", o modo como podem ser inscritos no discurso.[33]

Nesse sentido, a concepção da racionalidade retórico-argumentativa foi sendo construída a partir da valorização da linguagem. A Nova Retórica proposta por Perelman liberta a razão prática do irracional, uma vez que a exigência do consentimento do auditório substitui o critério da evidência para a determinação da racionalidade do pensamento. A razão prática opera, portanto, com a razoabilidade como critério da necessária aprovação das argumentações.

A denominada "viragem"[34] argumentativa da razão visa a pensar a racionalidade a partir de uma perspectiva essencialmente prática e dinâmica, desenvolvendo uma investigação atenta ao uso concreto de uma razão que pretende tratar, excluído o recurso à força e à violência, dos desacordos, das diferenças, das divergências e das polêmicas que se instauram no espaço ambíguo dos valores em face do qual a impossibilidade de recorrer à evidência não dispensa, contudo, uma tomada de decisão.

Essa racionalidade apresenta-se vinculada "não à idéia de verdade, mas à idéia de justificação, não às idéias extremas de necessidade ou arbitrariedade, mas à idéia de razão em situação, exigindo esta situação que a ordem da razão seja uma ordem adaptativa".[35]

Desse modo, é possível conceber uma racionalidade que rejeita dicotomias[36] e se associa à noção de preferível legitimando uma preferência justificada que promove um sentido à liberdade humana.

Considerando que os critérios objetivos de verdade não atendem satisfatoriamente ao problema da racionalidade, torna-se necessária uma razão prática que oriente as ações. A razão prática possibilita que a racionalidade das ações seja auferida pela justificação das escolhas. Para que uma justificação racional da ação e do pensamento seja possível, é necessária uma Teoria Geral da Argumentação que parta do paradigma da

---

[33] BERNABÉ, A. *Retórica*: Aristóteles. Madrid: Alianza Editorial, S.A., 1998, p. 51.

[34] A expressão "viragem", que é usada em associação à retórica e representa a reformulação da articulação retórica/racionalidade, pode ser encontrada em CARRILHO, Maria Manuel. Op. cit., p. 10.

[35] GRÁCIO, Rui Alexandre. *Racionalidade Argumentativa*. Coimbra: Edições ASA, 1993, p. 63.

[36] As dicotomias referem-se às clássicas oposições entre pensamento/ação, teoria/prática, formalismo/pragmatismo, racional/irracional. GRÁCIO, Rui. Alexandre. Op. cit., p. 63.

racionalidade prática, constituindo-se em uma terceira via entre o racional e o irracional. Uma teoria que apresenta como aporte teórico a razão prática tem condições de regulamentar a axiologia da ação e do pensamento, fornecendo os critérios da ação eficaz e da escolha razoável.

De acordo com Perelman e Olbrechts-Tyteca,[37] o objetivo de toda argumentação é provocar ou aumentar a adesão dos espíritos às teses que se apresentam a seu assentimento: uma argumentação eficaz é aquela que consegue aumentar essa intensidade de adesão, de modo que desencadeie nos ouvintes a ação pretendida ou, no mínimo, crie neles uma disposição para a ação, que se manifestará no momento oportuno.

Motivados pelas questões relativas à ação segundo a razão, Perelman & Olbrechts-Tyteca trouxeram ao primeiro plano a ação exercida pelo discurso. Esta nova perspectiva fez com que a argumentação e o pensamento argumentativo fossem concebidos em função da ação que preparam ou determinam, restabelecendo, assim, uma justificação recíproca com a retórica: uma retórica compreendida como a ponte entre os caminhos possíveis para persuadir as pessoas sobre um dado assunto, seja no âmbito de um auditório universal ou particular.[38]

A análise constitutivamente retórica da argumentação possibilita estudar relações da prática argumentativa com a opinião, a verdade e, especialmente, com a noção de auditório, pois essa noção "permite falar de razão como razão histórica e situada e pensar a racionalidade a partir da sua própria incarnação"[39] e se diferencia muito da retórica dos antigos.[40]

A noção de auditório "universal" vincula-se, primeiramente, a uma construção ideal e imaginária elaborada pelo orador em função de um discurso que pretende o consenso de todos os homens racionais sobre o

---

[37] PERELMAN, Chaïm; OLBRECHTS-TYTECA, Lucie. Op. cit., p. 17-22.

[38] Aristóteles incluiu em seu tratado de *Retórica* os gêneros oratórios *deliberativo*, *judiciário* e *epidíctico*. Para Aristóteles, o orador se propõe atingir, conforme o gênero do discurso, diferentes finalidades: no deliberativo, aconselhando o melhor, no Judiciário, pleiteando o justo e no epidíctico, que trata do elogio ou da censura, tendo apenas que se ocupar com o que é belo ou feio. Sendo assim, o gênero epidíctico parecia relacionar-se mais com a literatura do que com a argumentação. No entanto, de acordo com Perelman, os discursos epidícticos constituem uma parte central da arte de persuadir e a sua incompreensão deriva de uma concepção errônea dos efeitos da argumentação. A intensidade da adesão do auditório não se limita à produção de resultados puramente intelectuais, mas se estende à ação que desencadeia. Portanto, os discursos epidícticos têm por objetivo aumentar a intensidade de adesão aos valores comuns do auditório e do orador (PERELMAN, C.; OLBRECHTS-TYTECA, L. Op. cit., p. 53-60).

[39] GRÁCIO, Rui Alexandre. Op. cit., p. 69.

[40] De acordo com as teorias antigas, que limitavam a retórica à arte de falar bem, o discurso sempre era dirigido a um *conjunto de espíritos*, mas na nova concepção que visa à adesão do *auditório*, a argumentação é desenvolvida em função deste, o que desloca o objeto da teoria da argumentação para o estudo dos *meios de argumentação* que possibilitam obter ou aumentar a adesão dos outros às teses que lhes são apresentadas.

que é dito em um dado discurso. No entanto, essa concepção argumentativa não corresponde à pretensão de universalidade anteriormente referida. Trata-se de um reconhecimento, visado por um acordo prévio, a partir de uma base comum, dirigida a um determinado auditório que precisa ser convencido. Não há, portanto, um reconhecimento que se opera por uma imposição exclusiva em detrimento de todas as outras teses ou hipóteses, mas que procura superiorizar-se, pelo impacto sob o auditório, a outras teses ou hipóteses.[41]

É importante ressaltar que não existe, na argumentação, um critério automático e impessoal que mostre a superioridade de uma tese, mas um apelo à escolha e à decisão que considera os contextos, a liberdade dos indivíduos e a situação concreta a partir da qual raciocinamos.

Desse modo, mesmo diante da proposta perelmaniana de auditório universal, endossamos o entendimento de que a argumentação apresenta-se em um contexto do pensamento em que a lógica formal já não representa a única possibilidade de conhecimento. Diferentes lógicas são propostas, oportunizando um espaço para o verossímil e o plausível. Em decorrência disso, orador e auditório participam do discurso, não mais como elementos subjetivos e, portanto, irracionais, mas como fatores indispensáveis para a determinação de um resultado razoável.[42]

A Nova Retórica trata de uma concepção de razão que, em uma real instância, não antagoniza, mas complementa para além do alcance da razão tradicional: "uma razão argumentativa". Razão argumentativa que se interroga sobre a legitimidade de seus próprios procedimentos e posições e se questiona sobre as forças e agentes que a determinam.[43]

Esse autoquestionamento denota o caráter não-conclusivo e, concomitantemente, pluralista da perspectiva retórica perelmaniana. Uma Teoria da argumentação dessa natureza, ao mesmo tempo em que permanece aberta ao contingente, pois "o devir não lhe pertence",[44] também parte da premissa de que não existe verdade absoluta para a solução de diferentes questões controversas.

Além disso, o autor da Nova Retórica reconhece que a redução de todos os conflitos a uma única solução acaba por favorecer o uso da violência com a justificação de fundamentos absolutizados. O pluralismo defendido por Perelman revela uma diversidade de conhecimentos que, por sua vez, implica uma pluralidade de métodos.

---

[41] GRÁCIO, Rui Alexandre. Op. cit., p. 92.

[42] MONTEIRO, Cláudia Servilha. Op. cit., p. 62.

[43] BARILLI. *Rhétorique et Culture*, p. 70, *apud* MONTEIRO, Cláudia Sevilha. Op. cit., p. 33.

[44] PERELMAN, Chaïm. *Retóricas*. São Paulo: Martins Fontes, 1997, p. 189.

Sendo assim, Perelman realiza uma renovação do pensamento aristotélico no que tange à possibilidade da utilização de raciocínios dialéticos para o diálogo e a controvérsia, "ocasiões em que as razões apresentadas não se constituem em provas demonstrativas, mas em argumentos que possam ser mais ou menos fortes, mais ou menos pertinentes ou mais ou menos convincentes"[45] em um processo interativo racional.

Nessa interação, é possível observarmos um complexo relacional em diversos planos: "interação entre diversos argumentos enunciados, interação entre estes e o conjunto da situação argumentativa, entre estes e sua conclusão e, enfim, interação entre os argumentos contidos no discurso e aqueles que têm este último por objeto".[46] Seus limites ao jogo de elementos em questão são todos relativos, pois sua descrição sempre pode ser ampliada em mais de uma direção quanto ao tempo, à determinação da situação argumentativa, assim como de seu âmbito argumentativo que está sendo focalizado.

Apesar disso, são esses elementos que determinam, na maioria dos casos, a escolha dos argumentos, a amplitude e a ordem da argumentação. Diante deste empenho argumentativo, o orador utiliza a noção de *força argumentativa*. Essa noção aparece estritamente vinculada à intensidade de adesão e à relevância dos argumentos; ambas em função de uma argumentação contrária. Assim, a força argumentativa revela-se tanto pela dificuldade para refutá-la como por suas próprias qualidades.

Destarte, a força argumentativa dependerá dos auditórios e do objetivo da argumentação. Insistimos, portanto, na importância da adaptação ao auditório, às teses por ele admitidas, considerando a intensidade dessa adesão:

> Não basta escolher premissas nas quais se apoiar; cumpre prestar atenção, uma vez que a força do argumento se deve em grande parte à sua possível resistência às objeções, a tudo quanto o auditório admite, mesmo ao que não se tem nenhuma intenção de usar, mas que poderia vir opor-se à argumentação.[47]

Inobstante essa complexidade, a força de um argumento é relativa, pois um argumento conforma-se válido e eficaz,[48] em seu aspecto duplo e em duas direções. Ou seja, a organização do percurso argumentativo deve

---

[45] MONTEIRO, Cláudia Servilha. Op. cit., p. 39.

[46] PERELMAN, Chaïm; OLBRECHTS-TYTECA, Lucie. Op. cit., p. 523.

[47] Idem, p. 525.

[48] Em relação à validade e eficácia argumentativa, Perelman *et al.* observam que o "evidente é simultaneamente eficaz e válido, convence porque deve convencer. É em nome do evidente, tornado o critério do válido, que se desqualificará *toda a argumentação*, já que ela se mostra eficaz sem fornecer, porém, prova verdadeira, só podendo portanto prender-se à psicologia e não à lógica, mesmo no sentido amplo dessa palavra" (Cf. PERELMAN, Chaïm; OLBRECHTS-TYTECA, Lucie. Op. cit., p. 527).

dar conta destes critérios que, indubitavelmente, dependem do ponto de vista predominante, o qual determinará a força argumentativa.[49]

De acordo com o percurso argumentativo apresentado pelo orador ou pelos ouvintes, a força dos argumentos pode ser utilizada explícita ou implicitamente. Se o orador superestimar voluntariamente os argumentos que propõe, em geral tende a aumentar a sua força argumentativa. Por outro lado, o uso equivocado das técnicas argumentativas pode diminuir a força da argumentação ou até mesmo comprometê-la inescusavelmente.

Do ponto de vista da argumentação, portanto, não procede referirmo-nos a uma universalidade abstrata da razão, mas a uma universalidade concreta da comunicação.

4. Nova retórica: conceitos essenciais

De acordo com a nova abordagem retórica para o discurso, é relevante apresentar os conceitos essenciais da Nova Retórica a fim de compreender as relações fundamentais desta teoria da argumentação.

Conforme Perelman, o ponto de partida de sua teoria da argumentação corresponde ao acordo do auditório, a escolha das proposições e sua adaptação com vistas à argumentação, assim como a apresentação dos dados e forma do discurso.

5. O auditório

No processo de interação entre orador e auditório, o auditório corresponde ao "conjunto daqueles nos quais o orador quer influenciar pela sua argumentação",[50] e o orador é o indivíduo que promove a argumentação. Esta interação argumentativa requer uma adaptação do orador a seu auditório e a adesão deste às teses do orador. A adaptação do orador pressupõe a adoção de determinados procedimentos argumentativos que estão diretamente relacionados ao grau de conhecimento do auditório, uma vez que suas qualidades determinam o tipo de argumentação adotada, assim como o comportamento do orador. Para endossar seu entendimento, Perelman cita Vico:

---

[49] De acordo com Perelman e Olbrechts, "a força dos argumentos depende, pois, largamente, de um contexto tradicional. Às vezes o orador pode abordar todos os assuntos e valer-se de toda espécie de argumentos; às vezes sua argumentação é limitada pelo hábito, pela lei, pelos métodos e técnicas próprias da disciplina em cujo seio se desenvolve seu raciocínio. Esta determina amiúde o nível da argumentação, o que pode ser considerado fora de discussão, o que deve ser considerado irrelevante no debate" (PERELMAN, Chaïm; OLBRECHTS-TYTECA, Lucie. Op. cit., p. 528).

[50] Idem, p. 20-23.

Todo o objeto da eloqüência, escreve Vico, "é relativo aos nossos ouvintes, e é consoante suas opiniões que devemos ajustar os nossos discursos".[51] O importante, na argumentação, não é saber o que o próprio orador considera verdadeiro ou probatório, mas qual é o parecer daqueles a quem ele se dirige.[52]

Se o orador desconhecer o auditório, poderá construí-lo como uma presunção sua, mas o auditório presumido deve se aproximar da realidade, sob pena da argumentação perder em eficácia. Com esta noção de auditório presumido, Perelman enfatiza a importância do conhecimento prévio do ambiente cultural de cada auditório: "O conhecimento daqueles que se pretende conquistar é pois uma condição prévia de qualquer argumentação eficaz".[53]

Considerando essa flexibilidade do orador, são propostos três tipos de auditórios racionais: o auditório universal que é formado por pessoas razoáveis; o auditório composto por um único ouvinte que se forma mediante o diálogo com apenas um interlocutor e, por último, o auditório que pressupõe a deliberação consigo mesmo.[54]

A diferença substancial entre a Retórica de Aristóteles e a Nova Retórica reside exatamente na concepção de auditório universal elaborada por Perelman, a qual institui a própria racionalidade argumentativa a que se propõe. Nesse sentido, Monteiro:

> O modelo de argumentação racional perelmaniano é aquele que é desenvolvido diante de um auditório universal, da mesma forma como o imperativo categórico de Kant pretende valer para a comunidade de espíritos razoáveis. A argumentação filosófica é o exemplo a ser seguido para a argumentação racional. O discurso filosófico caracteriza-se principalmente por se dirigir ao auditório universal. Com efeito, o filósofo (orador) dirige-se ao auditório universal, que é fictício, e que é uma representação de seu próprio ambiente cultural.[55]

Trata-se, portanto, de um aspecto importante no pensamento de Perelman que precisa o caráter histórico e pessoal de toda a ação argumentativa. Além disso, os argumentos utilizados no auditório universal diferenciam-se do auditório particular quanto ao grau de adesão, pois atingem o seu patamar máximo em face do acordo requerido entre seus constituintes.

O acordo do auditório universal implica uma adesão prévia a determinadas teses razoáveis que são oriundas do "senso comum", ou seja, de

---

[51] VICO, G. *De Nostri Temporis Studiorum Rartione*, p. 10. *Apud* PERELMAN, Chaïm; OLBRECHTS-TYTECA, Lucie. Op. cit., p. 26.

[52] PERELMAN, Chaïm; OLBRECHTS-TYTECA, Lucie. Op. cit., p. 26-27.

[53] Idem, p. 22.

[54] Os dois últimos auditórios somente serão considerados racionais *se encarnarem a racionalidade ampliada do auditório universal* (Cf. MONTEIRO, Cláudia Sevilha. Op. cit., p. 63).

[55] MONTEIRO, Cláudia Servilha. Op. cit., p. 64.

opiniões comuns ou geralmente aceitas pelo auditório dentro de um espaço e um período determinados:

> O auditório universal é constituído por cada qual a partir do que sabe de seus semelhantes, de modo a transcender as poucas oposições de que tem consciência. Assim, cada cultura, cada indivíduo tem sua própria concepção do auditório universal, e o estudo dessas variações seria muito instrutivo, pois nos faria conhecer o que os homens consideram, no decorrer da história, *real, verdadeiro e objetivamente válido.*[56]

Quando a argumentação ocorre perante um único ouvinte, seja ele um ouvinte ativo do diálogo ou um ouvinte silencioso, a escolha do indivíduo que representa o auditório particular influencia os procedimentos da argumentação. Nestes casos, geralmente, o indivíduo escolhido "revela, de um lado, a idéia que ele faz desse auditório, de outro, as metas que espera atingir." Isso acontece quando o ouvinte único representa um grupo do qual é o "delegado, o porta-voz, em cujo nome ele poderá tomar decisões. Mas é o que ocorre quando o ouvinte é considerado uma amostra de todo gênero de ouvintes".[57]

No caso da deliberação consigo mesmo, o indivíduo que delibera é considerado uma representação do auditório universal. Do ponto de vista da Nova Retórica, "é a análise da argumentação dirigida a outrem que nos fará compreender melhor a deliberação consigo mesmo, e não o inverso".[58]

O acordo consigo mesmo é apenas um caso particular do acordo com os outros, pois uma crença, uma vez estabelecida, sempre pode ser intensificada. É natural que o indivíduo ao adquirir uma certa convicção procure consolidá-la a si mesmo, "sobretudo ataques que podem vir do exterior". Suas novas razões podem intensificar a convicção, "protegê-la contra certos ataques nos quais não se pensara desde o início, precisar-lhe o alcance".[59]

Assim, de acordo com Perelman:

> (...) se o estudo da argumentação nos permite compreender as razões que incitaram tantos autores a conceder à deliberação íntima um estatuto privilegiado, esse mesmo estudo nos fornece os meios de distinguir as diversas espécies de deliberação e de compreender, ao mesmo tempo, o que há de fundamentado na oposição entre *razões* e *racionalizações*, e o interesse real que se prende, do ponto de vista argumentativo, a essas racionalizações por demais menosprezadas.[60]

---

[56] PERELMAN, Chaïm; OLBRECHTS-TYTECA, Lucie. Op. cit., p. 37.

[57] Idem, p. 44.

[58] Idem, p. 46.

[59] Idem, p. 49.

[60] Idem, p. 50.

Na realidade, não existe distinção entre a argumentação diante de uma audiência universal e audiência particular; o orador depende do que já é aceito pela audiência.[61] De um modo geral, é possível afirmar que a argumentação pretende, portanto, convencer o auditório com base nas razões que já foram racionalizadas.

6. *O acordo*

É importante enfatizar que para a Nova Retórica, argumentar é, principalmente, influenciar o auditório por meio do discurso mediante a utilização de raciocínios para provar ou refutar uma tese que necessita da concordância de um interlocutor. Desse modo, a argumentação "tenta chegar a resultados geralmente aceitos do que é de fato dado quanto a convicções e atitudes, por meio de um processo de elaboração racional".[62]

Para tanto, é necessário que se estabeleça o contato intelectual entre os espíritos, ou seja, o discurso argumentativo pressupõe uma interação entre indivíduos que, acima de tudo, estão situados histórica e socialmente. As interações subjetivas não ocorrem fora do tempo e do espaço como ocorre com as operações demonstrativas.[63] Pelo contrário, elas são múltiplas em decorrência das diferenciadas influências e reações que a argumentação sofre e provoca no ambiente em que é produzida.

Visando à adesão dos ouvintes, essa interação argumentativa pressupõe uma linguagem comum e uma comunidade mais ou menos igualitária.[64] Deve existir uma comunidade que compartilhe uma linguagem comum, condicionalmente, fundada nos valores democráticos, pois a relação que se estabelece entre o orador e seu auditório é uma condição prévia para o desenvolvimento da argumentação.

Desse modo, a argumentação não pode representar intimidação, mas "exclusão da violência" sob todas as suas formas. Assim, o contato dos espíritos pode ser definido, na sociedade, de acordo com o sistema de legitimidade adotado. Ao considerar a relevância da intersubjetividade, a Nova Retórica reconhece as "implicações do contexto de diferentes ordens: histórico, cultural, político, sociológico e assim por diante".[65]

Diante da relevância desses aspectos, Perelman analisa o objeto dos acordos que podem servir de premissas, ou seja, procura, de um modo

[61] ALEXY, Robert. *Teoria da Argumentação Jurídica*. Op. cit., p. 138-141.

[62] Idem, p. 141.

[63] Perelman considera o tempo um elemento diferenciador entre demonstração e argumentação: a argumentação se dá sempre em um contexto histórico, justamente porque pressupõe o contato entre indivíduos que argumentam o que lhe confere certa plasticidade ao contingente.

[64] PERELMAN, Chaïm; OLBRECHTS-TYTECA, Lucie. Op. cit., p. 19-22.

[65] MONTEIRO, Cláudia Servilha. Op. cit., p. 60.

geral, dar conta do que é suscetível de constituir objeto de crença ou de adesão e agrupa esses objetos em duas categorias: a primeira, relativa ao "real", incluindo os fatos, as verdades e as presunções; a segunda, relativa ao "preferível", contendo os valores, as hierarquias e os lugares do preferível.[66]

Nesse sentido, os fatos e as verdades são elementos objetivos que se impõem a todos, sendo, portanto, válidos para o auditório universal. Entretanto, do ponto de vista argumentativo, podem ser desqualificados mediante a apresentação de outros fatos e verdades conflitantes e excludentes.

No que tange às presunções, elas são consideradas tão seguras quanto aos fatos e verdades quando oferecem bases suficientes para assegurar uma convicção razoável. Geralmente, estão relacionadas com o "senso comum", podendo, inclusive, também elas mesmas serem questionadas pelos fatos.

Em relação ao auditório particular, os objetos relacionam-se com os valores, as hierarquias e os lugares do preferível. Os valores, por sua vez, "intervêm, num dado momento, em todas as argumentações".[67] Especialmente nos campos jurídico, político, filosófico, eles intervêm como base de argumentação ao longo de todo o desenvolvimento. Trata-se de um recurso que serve para motivar o ouvinte a fazer certas escolhas em vez de outras e, sobretudo, para justificá-las de modo que se tornem aceitáveis e aprovadas por terceiros.

Desse modo, algumas escolhas podem recair sobre preferências e outras sobre o preferível. A generalidade ou a vagueza dos valores determina se eles são válidos para um auditório universal ou particular, ou seja, quanto mais vagos forem os valores, mais próximos estarão de serem aceitos por todos – auditório universal – e, quanto mais precisos, mais característicos se tornam às orientações de auditórios específicos – auditórios particulares.

Além disso, os valores podem ser "abstratos", como é o caso da justiça, ou "concretos", como a família e as instituições de um modo geral. Se comparados à verdade, que não admite hierarquias, os valores, ao contrário, admitem hierarquias, as quais, acompanhando a tipologia dos valores, podem ser classificadas em abstratas ou concretas.[68]

Para fundamentar valores ou hierarquias, Perelman propõe recorrer a premissas, de ordem muito geral, qualificadas com o nome de "lugares" –

---

[66] PERELMAN, Chaïm; OLBRECHTS-TYTECA, Lucie. Op. cit., p. 74.

[67] Idem, p. 84.

[68] MONTEIRO, Cláudia Servilha. Op. cit., p. 68.

topoi – dos quais derivam os Tópicos, ou tratados consagrados ao raciocínio dialético.[69]

Considerando a distinção entre lugares comuns e específicos, realizada por Aristóteles, o autor da Nova Retórica classifica-os em três grupos: o primeiro, "os lugares da quantidade", os quais são utilizados quando é afirmada a superioridade de um elemento sobre outro, com base em números;[70] o segundo, "os lugares da qualidade", que aparecem quando, por exemplo, o motivo oferecido para preferir algo advém de sua raridade, de seu caráter insubstituível, favorecendo o que não é excepcional,[71] e o terceiro, "os outros lugares", que se subdividem nos lugares do existente, que beneficiam os raciocínios baseados sobre elementos já existentes na realidade fática em detrimento do que é eventual ou mesmo impossível; lugares da essência, que indicam a superioridade de indivíduos que melhor representam a essência de determinado gênero e lugares da pessoa, que concedem prioridade ao que for relativo à dignidade e à autonomia da pessoa.[72]

Como pode ser observado, a Nova Retórica constitui-se, fundamentalmente, em uma classificação descritiva dos argumentos utilizados pelo orador diante de um auditório, a partir dessa estrutura de argumentos.

7. O uso das noções

Os acordos constituem um dado muito amplo e suscetível de ser utilizado de diversas maneiras. Para cada auditório existe um conjunto de coisas admitidas que têm a possibilidade de influenciar-lhe à recepção. Quando o auditório é especializado, é relativamente fácil de discernir as possibilidades: "será o *corpus* do saber reconhecido pelos praticantes de uma disciplina científica; será o sistema jurídico inteiro no qual uma decisão judiciária se insere".[73] Tratando-se de um auditório não-especializado as possibilidades são particularmente vagas, ainda que a elaboração filosófica possa contribuir a precisá-lo.

Desse modo, a natureza do acordo, a consciência de sua precariedade, de seus limites e, também, das possibilidades argumentativas que contém

---

[69] De acordo com Perelman, "os lugares designam rubricas nas quais se podem classificar os argumentos. Tratava-se de agrupar o material necessário a fim de encontrá-lo com mais facilidade, em caso de precisão; daí a definição dos lugares como depósitos de argumentos. Aristóteles distinguia *lugares-comuns*, que podem servir indiferentemente em qualquer ciência e não dependem de nenhuma, e os *lugares específicos*, que são próprios, quer de uma ciência particular, quer de um gênero oratório bem definido." Cf. PERELMAN, Chaïm; OLBRECHTS-TYTECA, Lucie. Op. cit., p. 94 e ARISTÓTELES. *Órganon*. Op. cit. p. 122-269.

[70] PERELMAN, C.; OLBRECHTS-TYTECA, L. Op. cit., p. 97-100.

[71] Idem, p. 100-105.

[72] PERELMAN, Chaïm; OLBRECHTS-TYTECA, Lucie. Op. cit., p. 105-108.

[73] Idem, p. 130.

podem ser interpretados diversamente. A questão da univocidade e precisão dos termos no que tange à interpretação da palavra à idéia constituiu-se paradoxalmente desde a antigüidade.

Na medida em que as experiências futuras e o modo de analisá-las não são inteiramente previsíveis, os termos passam a ser especificados a partir de uma margem de indeterminação suficiente para que possam aplicar-se ao real.

Saussure, por exemplo, utiliza a metáfora do jogo de xadrez, com base na idéia de Wittgenstein, para explicar a noção de valor do signo lingüístico.[74] De acordo com essa metáfora, um cavalo, por si só, fora da sua casa e das condições do jogo, não é um elemento do jogo de xadrez. Esse cavalo só se torna um elemento real e concreto quando revestido de seu valor que é obtido a partir das relações que mantém com os demais elementos do jogo no andamento da referida atividade.

Nesse sentido, é importante observar o que preceitua o artigo 112 do Código Civil Brasileiro: "Nas declarações de vontade se atenderá mais à intenção nelas consubstanciada do que ao sentido literal da linguagem". Trata-se de um artigo que determina o uso de mecanismos de interpretação da lei em prol da busca de informações precisas. E, em uma perspectiva ampliada de análise do texto legal, autoriza ao aplicador a livre investigação fundamentada na sua percepção do sentido, ou seja, legitima uma livre interpretação da lei, paradoxalmente, limitada ao seu juízo subjetivo de valor. Esse entendimento, portanto, parece escapar das amarras da hermenêutica jurídica.

Entretanto, quando o uso das noções não está formalizado, a aplicação gera problemas relacionados à organização e à precisão dos conceitos. Este é o caso das "noções confusas",[75] como a noção de *justiça* que só poderá ser especificada e aplicada se forem selecionados critérios com

---

[74] Wittgenstein, em sua obra *Investigações Filosóficas*, respectivamente no § 47, desenvolve a metáfora do jogo de xadrez para compará-lo ao jogo das significações da linguagem. Nesse mesmo sentido, ao tratar do valor do signo lingüístico, Saussure estabelece uma comparação com o jogo de xadrez, utilizando a mesma metáfora de Wittgenstein: "Tomemos um cavalo; será por si só um elemento do jôgo? Certamente que não, pois, na sua materialidade pura, fora de sua casa e das outras condições do jôgo, não representa nada para o jogador e não se torna elemento real e concreto senão quando revestido de seu valor e fazendo corpo com ele. Suponhamos que, no decorrer de uma partida, essa peça venha a ser destruída ou extraviada: pode-se substituí-la por outra equivalente? Decerto: não somente um cavalo, mas uma figura desprovida de qualquer parecença com ele será declarada idêntica, contanto que se lhe atribua o mesmo valor. Vê-se, portanto, que nos sistemas semiológicos, como a língua, nos quais os elementos se mantêm reciprocamente em equilíbrio de acordo com as regras determinadas, a noção de identidade se confunde com a de valor." (Cf. SAUSSURE, Ferdinand. *Curso de Lingüística Geral*. Op. cit., p. 128).

[75] As noções confusas são oriundas do obscurecimento da linguagem. PERELMAN, Chaïm; OLBRECHTS TYTECA, Lucie, Op. cit., p. 150.

base em aspectos incompatíveis com outros em um processo acurado de avaliação.

Caso não esteja em um sistema formal que possibilite descrevê-las e prevê-las, uma noção não pode ser perfeitamente clara *a priori*. Há certa indeterminação pelo fato de não ser dito como essa integração da experiência será realizada. Uma vez realizada a integração, o sistema em questão comportará, além das regras formais, regras semânticas, pragmáticas de acordo com o modelo do sistema projetado.

Perelman observa que quando as noções confusas estão integradas em sistema ideológicos muito diferentes,

> permitem a sua cristalização de um esforço de boa vontade global; mas sua aplicação particular tendo como finalidade uma ação combinada necessitará, a cada vez, de acertos apropriados. Assim é que a adoção da declaração universal dos direitos do homem por partidários de ideologias muito diferentes permitiu, como o diz J. Maritain, chegar a normas práticas que "diversamente justificadas por cada qual, são para uns e outros princípios de ação analogicamente comuns".[76]

Conforme Perelman, o uso de noções confusas compreendidas e interpretadas por cada qual segundo seus próprios valores, possibilitou o acordo que favoreceu o diálogo posterior. O autor acrescenta que no dia em que "terceiros, juízes ou árbitros forem designados para dirimir conflitos, com base na carta adotada, a interpretação variável de cada um dos signatários contará menos do que o próprio fato de haver aceito o texto cuja interpretação não é unívoca, o que aumentará na mesma proporção o poder de apreciação dos juízes".[77]

Em uma outra perspectiva, uma noção parece suficientemente clara enquanto não aparecem situações divergentes. No caso contrário, a noção se obscurece, mas, depois de uma decisão que regulamenta sua aplicação unívoca, ela parecerá mais clara do que antes contanto que essa decisão seja unanimente admitida, se não por todos, pelo menos por todos os membros de um grupo especializado, científico ou jurídico.

A relevância dessas observações está na evidência do fato de que a apresentação dos dados não consiste em uma mera escolha entre elementos prévios, mas em uma organização que explica o dinamismo da linguagem e do pensamento.

A razão, portanto, não se limita à descoberta da verdade e do erro, mas também para argumentar e organizar o jogo movente das preferências, para ordenar estruturas que, acima de serem eternas e absolutas, são solidárias de todo o sistema das significações práticas existentes.[78]

---

[76] PERELMAN, Chaïm; OLBRECHTS TYTECA, Lucie. Op. cit., p. 152.

[77] Idem, p. 152.

[78] GRÁCIO, Rui Alexandre.

8. Persuasão e convencimento

Ao tratar dessas duas categorias, Perelman nos remete à retomada do debate universal entre os partidários da verdade e os da opinião, entre filósofos, indagadores de absoluto; e retores, envolvidos na ação. Ele observa que é por conta desse debate que passa a ser elaborada uma distinção entre "persuadir" e "convencer" a partir da teoria da argumentação, considerando a importância da função desempenhada por certos auditórios.[79]

A Nova Retórica destaca as diferenças entre persuadir e convencer, descaracterizando a argumentação como discurso meramente persuasivo, e conseqüentemente, distanciado do uso ideológico da retórica. A diferença básica situa-se no objetivo do orador ao dirigir-se ao auditório, isto é, se ele deseja apenas persuadi-lo ou se pretende obter a adesão racional dos ouvintes, apelando para a convicção crítica deles, independentemente de qualquer apelo emocional e coercitivo.

Conforme Perelman:

> Para quem se preocupa com o resultado, persuadir é mais do que convencer, pois a convicção não passa da primeira fase que leva à 'ação'(...) Em contrapartida, para quem está preocupado com o caráter racional da adesão, convencer é mais do que persuadir. Aliás, ora essa característica racional da convicção depende dos meios utilizados, ora das faculdades às quais o orador se dirige.[80]

A convicção, portanto, é dotada de racionalidade e os critérios utilizados para separar a convicção e persuasão estão fundamentados em uma decisão que pretende isolar de um conjunto certos elementos considerados racionais.

Considerando como argumentação convincente àquela que obtém a adesão do auditório racional, um discurso convincente, por sua vez, é constituído por teses "universalizáveis" que são, portanto aceitas pelo auditório universal. Nesse sentido, dependendo do nível de aceitação das teses pelo auditório universal, serão ou não respaldadas as premissas da argumentação pelo senso comum, ou seja, diante da adesão do auditório, o acordo passa a ser legitimado pelo senso comum.

Em face da natureza do auditório, Perelman defende o seguinte ponto de vista:

> Nosso ponto de vista permite compreender que o matiz entre os termos *convencer* e *persuadir* seja sempre impreciso e que, na prática, deva permanecer assim. Pois, ao passo que as fronteiras entre a inteligência e a vontade, entre a razão e o irracional, podem constituir um limite preciso, a distinção entre diversos auditórios é muito

[79] PERELMAN, Chaïm; OLBRECHTS-TYTECA, Lucie. Op. cit., p. 29-30.
[80] Idem, p. 30.

mais incerta, e isso ainda mais porque o modo como o orador imagina os auditórios é o resultado de um esforço sempre suscetível de ser retomado.[81]

A Nova Retórica não propõe uma distinção teórica entre persuadir e convencer, pois não se preocupa em estabelecer critérios exaustivos e excludentes sobre a matéria. "É, portanto, a natureza do auditório ao qual alguns argumentos podem ser submetidos com sucesso que determina em ampla medida tanto o aspecto que assumirão as argumentações quanto o caráter, o alcance que lhes serão atribuídos".[82]

Endossamos esse entendimento acerca do relativismo conceitual por meio da observação realizada por Martins:

> Uma incursão pelo interior de qualquer conceito que se pretenda explicitar (quer dizer, postas as coisas nestes termos, que se pretenda, afinal demarcar) configura uma oportunidade de clarificação pelo menos tão lúcida quanto a que é legítima esperar – na hora de denunciar o *lócus* de onde fala a problemática – da delimitação das suas exterioridades pertinentes. (Dir-se-ia, eventualmente, "das suas fronteiras pertinentes"; mas não seria correcto: não cumpre ao conceito de fronteira instalar-se preferencialmente num dos pólos da oposição interior-exterior, pois ele é preenchido por ambos).[83]

Nesse sentido, corroboramos o entendimento de que o matiz entre a persuasão e o convencimento parece estar condenado a ser sempre impreciso até mesmo nas questões atinentes à prática de um modo geral.

9. Técnicas argumentativas

Nesta seção, passam a ser apresentadas as técnicas argumentativas consideradas por Perelman como as mais relevantes aos raciocínios dialéticos.

Como premissa inicial, a argumentação pretende convencer seu auditório com base naquilo que já é desejado ou conhecido por ele. No entanto, a pluralidade de auditórios inviabiliza uma adaptação ideal do orador e, em face desta dificuldade, o autor da Nova Retórica propõe as técnicas argumentativas que se constituem em modos de desenvolvimento de raciocínios.[84]

Essas técnicas podem ser utilizadas em quase todos os auditórios, pressupondo, evidentemente, sujeitos racionais que possam aceitar as teses

---

[81] PERELMAN, Chaïm; OLBRECHTS-TYTECA, Lucie. Op. cit., p. 33.

[82] Idem, p. 33.

[83] MARTINS, Rui Cunha. *Fronteira, Referencialidade e Visibilidade*. Porto Alegre: EDIPUCRS, 2000, p. 8.

[84] Perelman refere-se às técnicas argumentativas como "esquemas de argumentos para os quais os casos particulares examinados servem apenas de exemplos, que poderiam ser substituídos por mil outros". (Cf. PERELMAN, Chaïm; OLBRECHTS-TYTECA, Lucie. Op. cit., p. 212).

apresentadas. Para estudá-las, é necessário separar articulações que são parte integrante de um mesmo discurso e constituem uma única argumentação de um conjunto. Inobstante os riscos desta fragmentação, para compreendermos um esquema argumentativo, somos convocados, na maioria dos casos, a explicitar estruturas argumentativas incompletas de acordo com as condições que nos são apresentadas para seu discernimento, assim como nosso ponto de vista.

Os esquemas argumentativos, por sua vez, se caracterizam por processos de "ligação" e "dissociação". Os processos de ligação correspondem a uma solidariedade entre elementos distintos que permite estruturá-los a fim de valorizá-los positiva ou negativamente. De modo contrário, nos processos de dissociação podem ser discernidas técnicas de ruptura com o objetivo de separar elementos de um todo solidário, modificando seu sistema.

De acordo com Perelman, os raciocínios dialéticos têm, em comum com os raciocínios analíticos, a necessidade de "ligação" entre as premissas e conclusões. O autor apresenta três categorias de ligações: os argumentos quase-lógicos, os argumentos fundados na estrutura do real e os argumentos que fundam a estrutura do real.[85]

Os argumentos quase-lógicos são raciocínios não-formais que, uma vez considerados como raciocínios lógicos, seriam tratados como silogismos não-válidos ou raciocínios formais errados, porque a ligação entre as premissas e as conclusões é de caráter formal. No entanto, como raciocínios dialéticos, eles podem ser considerados válidos ou não, em função de seu conteúdo. Dentre estes argumentos, há aqueles que se vinculam às estruturas lógicas, como a contradição, a identidade total ou parcial e a transitividade, e os que apelam para relações matemáticas, como, por exemplo, a relação da parte com o todo, do menor com o maior e a relação de freqüência.

Enquanto os argumentos quase-lógicos mantêm uma relação mais ou menos estreita com certas fórmulas lógicas ou matemáticas, os argumentos baseados na estrutura do real utilizam este tipo de relação para estabelecer uma solidariedade entre juízos admitidos e outros que procuramos promover.[86] Eles são os que proporcionam uma ligação que se reflete entre as premissas e as conclusões como, uma relação de causa e efeito. Não tratam de uma descrição objetiva do real, mas do modo como se apresentam as opiniões a ele concernentes, "podendo estas, aliás, ser tratadas, quer como fatos, quer como verdades, quer como presunções".[87]

---

[85] PERELMAN, Chaïm; OLBRECHTS-TYTECA, Lucie. Op. cit., p. 215.

[86] Idem, p. 297.

[87] Idem, p. 298.

Os argumentos que visam, fundar a estrutura do real são os que se apóiam no caso particular, como as analogias e as possibilidades combinatórias de argumentações. O caso particular pode desempenhar, assim, papéis muito variados: "como exemplo, permitirá uma generalização; como ilustração, esteará uma regularidade já estabelecida; como modelo, incentivará a imitação".[88]

Perelman reconhece a impossibilidade da formalização das técnicas argumentativas diante da possibilidade de alguns argumentos serem reduzidos a um cálculo de probabilidades desde que observadas certas convenções. Neste caso, a questão suscitada refere-se ao modo como poderia ser estabelecido um acordo sobre essas convenções. O autor do Tratado da argumentação esclarece que

> (...) uma teoria da argumentação não deve nem buscar um método conforme a natureza das coisas, nem encarar o discurso como uma obra que encontra em si própria sua estrutura. Tanto uma como outra dessas concepções complementares separam fundo e forma, esquecem que a argumentação é um todo, destinado a um auditório determinado. Passa-se, assim, de um problema de comunicação a uma ontologia e a uma estética, ao passo que a ordem ontológica e a ordem orgânica são apenas dois desvios de uma ordem adaptativa. As exigências da adaptação ao auditório é que devem guiar no estudo da ordem do discurso; essa adaptação atuará, quer diretamente, quer por intermédio das reflexões do ouvinte acerca da ordem. O que ele encara como ordem natural, as analogias que ele percebe, como um organismo ou com uma obra de arte são apenas argumentos entre outros argumentos; o orador deverá levar isso em conta, da mesma forma que todos os fatores suscetíveis de condicionar o auditório. Método e forma poderão assumir, respectivamente, maior ou menor importância conforme se tratar de auditório particular, técnico ou universal. Mas uma teoria da argumentação que não abrangesse todos esses elementos conjuntamente sempre se afastará de seu objeto. A dissociação entre forma e fundo, que conduziu à desumanização da própria noção de método, conduziu também à acentuação do aspecto irracional da retórica. O ponto de vista argumentativo introduzirá por certo, em questões geralmente consideradas referentes unicamente à expressão, visões que mostram a secreta racionalidade.[89]

Portanto, a relevância da Nova Retórica de Perelman está em suas concepções epistemológicas que derivam de suas concepções jurídicas, as quais fundamentam a argumentação no plano da ação e a legitimam como um discurso prático.

Considerações finais

Este artigo destinou-se a defender o entendimento de que todo ser humano, ressalvadas as condições excepcionais em contrário, encontra-se

[88] PERELMAN, Chaïm; OLBRECHTS-TYTECA, Lucie. Op. cit., p. 399.

[89] Idem, p. 574.

inserido em um mundo lingüisticamente articulado. Nesse mesmo sentido, todo ser humano interage no mundo, procurando adaptar-se às suas articulações, na medida em que dá ao mundo uma articulação. Todo ser humano, portanto, possui uma teoria da comunicação que utiliza discursivamente em suas múltiplas interações lingüísticas para inscrever-se no mundo.

A interação social por intermédio da língua caracteriza-se, fundamentalmente, pela argumentatividade. Como ser dotado de razão e vontade, "o homem, constantemente, avalia, julga, critica, isto é, forma juízos de valor".[90] Por meio da argumentação, o discurso pode ser orientado para determinadas conclusões que expressam a adesão à sua ideologia subjacente.

Desse modo, toda atividade discursiva procura interferir na opinião e escolhas de seus interlocutores. Para tanto, o discurso apresenta, em sua própria estrutura, elementos lingüísticos com unidades significativas, que são articuladas com a intenção de organizar certas orientações argumentativas que visam ao convencimento. Assim, a linguagem é concebida como forma de ação sobre o mundo que visa influenciar o comportamento do interlocutor, fazendo com que compartilhe de determinadas opiniões.[91]

Perelman, com a sua dupla formação acadêmica, filosófica e jurídica, deu um novo impulso aos estudos sobre a argumentação, aliando os principais elementos da retórica de Aristóteles a uma visão atualizada do assunto a partir da Nova Retórica.

A Nova Retórica elaborada por Perelman representa a crítica ao paradigma da razão cartesiana que instituiu o cientificismo jurídico. A nova teoria possibilitou o conhecimento referente à ação prática argumentativa, assim como a aproximação de uma nova racionalidade para o discurso jurídico com base na retórica aristotélica a partir de uma análise lingüística possibilitando sua articulação à vida prática do direito.

Essa proposta não nega a demonstração lógica, mas tenta ampliar e complementar a razão cartesiana, reapresentando a razão prática a partir de um novo modo de tratar os raciocínios não-formais.

A relevância dessa teoria encontra-se na propositura de uma metodologia cuja análise *a posteriori* dos raciocínios possibilita o desenvolvimento das técnicas argumentativas. As técnicas argumentativas aplicadas nos discursos possibilitam analisar diferentes esquemas argumentativos.

Outro aspecto importante refere-se ao fato de a argumentação pressupor o contato entre os espíritos e exigir que esse contato seja realizado

---

[90] KOCH, I.V. *Argumentação e Linguagem*. Op. cit., p. 19.

[91] SITYA, Celestina Vitória Moraes. *A lingüística textual e a análise do discurso*. Frederico Westphalen: Ed. URI, 1995, p. 12-16.

sem coações. Essa liberdade aparece configurada pela relação que se estabelece entre orador e auditório – particular ou universal.

A inclusão do auditório universal à retórica aristotélica é significativa na medida em que fundamenta uma argumentação que se propõe a ser racional. A racionalidade do modelo argumentativo é garantida pelo consenso entre seres razoáveis, constituintes de um auditório concreto que pode ser persuadido sem a pretensão da verdade universal.

O movimento dialético no desenvolvimento da argumentação traduz a dimensão dialógica dos discursos, ou seja, a necessidade da superação de um conflito por meio do apelo que ultrapassa o senso comum. Essa dimensão é inerente à prática judicial que precisa tratar das controvérsias e apresentar soluções razoáveis para elas.

O modelo científico moderno havia excluído dos discursos a possibilidade de um tratamento racional às questões controversas. Conseqüentemente, limitou a razão que a contemporaneidade procura ampliar a partir da racionalidade prática.

Referências bibliográficas

ALEXY, Robert. *Teoria da argumentação jurídica*. São Paulo: Landy, 2001.

ARISTÓTELES. *Tratados de Lógica: Órganon*. Madrid: Gredos, 1994.

ARONNE, R. *Por uma nova hermenêutica dos direitos reais limitados: Das raízes ao pensamento contemporâneo*. Rio de Janeiro: Renovar, 2001.

BERNABÉ, A. *Retórica*: Aristóteles. Madrid: Alianza Editorial, S.A., 1998.

CARRILHO, Manuel Maria. *Jogos de racionalidade*. Coimbra: Edições ASA, 1994.

GRÁCIO, Rui Alexandre. *Racionalidade argumentativa*. Coimbra: Edições ASA, 1993.

KOCH, Ingedore Villaça. *Argumentação e linguagem*. São Paulo: Cortez, 1987.

MARTINS, Rui Cunha. Fronteira, referencialidade e visibilidade. *Revista de Estudos Ibero-Americanos*. Porto Alegre: EDIPUCRS, 2000.

MONTEIRO, Cláudia Servilha. *Teoria da argumentação jurídica e nova retórica*. Rio de Janeiro: Lúmen Júris, 2003.

PERELMAN, Chaïm; OLBRECHTS-TYTECA, Lucie. *Tratado da Argumentação* a nova retórica. São Paulo: Martins Fontes, 1996.

—. *Rhétorique et Philosophie* Pour une théorie de l'argumentation en philosophie. Paris: Presses Universitaires de France, 1952.

SAUSSURE, Ferdinand. *Curso de lingüística Geral*. São Paulo: Cultrix, 2000.

SITYA, Celestina Vitória Moraes. *A lingüística textual e a análise do discurso*: uma abordagem interdisciplinar. Frederico Westphalen: Ed. URI, 1995.

VOGT, Carlos. *Linguagem, pragmática e ideologia*. São Paulo: HUCITEC, 1989.

WITTGENSTEIN, Ludwig. *Investigações Filosóficas*. São Paulo: Abril Cultural, 1979.

Impressão:
Evangraf
Rua Waldomiro Schapke, 77 - P. Alegre, RS
Fone: (51) 3336.2466 - Fax: (51) 3336.0422
E-mail: evangraf.adm@terra.com.br